WILLIAM WALKER

LA GUERRA DE NICARAGUA

(RELATOS DEL FILIBUSTERO QUE MURIÓ FUSILADO EN TRUJILLO, HONDURAS)

ERANDIQUE
COLECCIÓN

LA GUERRA DE NICARAGUA
(RELATOS DEL FILIBUSTERO QUE MURIÓ FUSILADO EN
TRUJILLO, HONDURAS)
WILLIAM WALKER

©Colección Erandique
Supervisión Editorial: Óscar Flores López
Diseño de portada: Andrea Rodríguez
Administración: Tesla Rodas/Jessica Cordero
Director Ejecutivo: José Azcona Bocock

Primera Edición
Tegucigalpa, Honduras—Septiembre de 2024

ÍNDICE

WILLIAM WALKER: MÉDICO, ABOGADO, FILIBUSTERO Y CONQUISTADOR

¿Qué se traía entre manos el filibustero yanki William Walker con Centro América? ¿Era Nicaragua apenas el primer paso para después conquistar Honduras, Guatemala, El Salvador y Costa Rica y anexarlos a la Unión Americana?

Muchos han pretendido dibujar a Walker simplemente como un mercenario loco al que se le dio la gana iniciar una guerra en el corazón selvático del continente.

No hay nada más alejado de la realidad.

Walker fue, en realidad, un tipo con formación académica y política. Nacido en Nashville, Tennessee, antes de filibustero fue médico, abogado y periodista.

Estudió en la Universidad de Nashville. Allí fue presidente de la Sociedad de Debates.

Luego se matriculó en la carrera de Medicina en la Universidad de Pensilvania. Viajó posteriormente a Francia y otros países de Europa, regresó a Estados Unidos, donde estudió Derecho y abrazó el oficio de periodista como redactor del Daily Crescent.

Posteriormente, abrazó la doctrina del Destino Manifiesto (política expansionista de Estados Unidos).

Todos las naciones del continente, incluyendo las centroamericanas, estaban en la mira…

Inspirado por esos ideales de dominación, creó su propio ejército privado y se echó a la campaña militar.

"Generalmente se ha creído que al pretender apoderarse de la América Central, el propósito de Walker era anexarla a la Unión Americana o a la nueva confederación del sur que se tenía en proyecto; pero él afirma, y es lo probable, que su verdadero objeto era establecer una república militar y dividida en tres castas: la de los blancos de habla inglesa, compuesta principalmente de naturales del sur de los Estados Unidos, que serían los dueños de la tierra; la de los esclavos para cultivarla, formada de negros e indios de pura raza, y la de los mestizos, verdaderos parias que debían ser despojados y destruidos sin piedad, entendiéndose por mestizos todos los demás centroamericanos".

Estas palabras de Ricardo Fernández Guardia en el prólogo nos dan ciertas luces sobre Walker; sin embargo, no sirven para "iluminar" por completo sus verdaderas intenciones.

A pesar de sus fracasos (La República de Sonora y sus diez meses como presidente de Nicaragua), Walker nunca cedió a los infortunios. Estaba decidido a todo…

Huyó de Nicaragua, donde dejó como recuerdo el letrero de "Aquí fue Granada", ciudad a la que destruyó en un arranque ira.

Walker pretendió volver a hacer realidad sus sueños de conquistador. En 1860, estando en Nueva Orleans, leyó que el Imperio Británico iba a traspasar las Islas de la Bahía a Honduras.

Y decidió, motivado por el descontento de los colonos ingleses en las islas, tomar cartas en el asunto. No fue bien recibido y más bien se inició una tenaz persecución que concluyó con su captura y fusilamiento en la bahía de Trujillo el 12 de septiembre de 1860. Tenía apenas 36 años.

Está enterrado en el Cementerio Viejo de Trujillo.

Posiblemente sea el extranjero más famoso enterrado en Honduras.

Colección Erandique ha publicado dos libros que hablan sobre este personaje: Filibusteros y Ferrocarriles, la turbulenta infancia de Honduras (Despachos de prensa 1845-73) y Vida y Obra del general Santos Guardiola.

Hombre malvado, pero con carisma, Walker también pasó a la historia como el último gran filibustero.

La literatura fue otras de sus pasiones. Este libro es un testimonio de ello.

ÓSCAR FLORES LÓPEZ
Editor Colección Erandique

INTRODUCCIÓN

La rivalidad política y social que desde hace un siglo existe entre las ciudades de León y Granada de Nicaragua, ha sido y sigue siendo la mayor de las desgracias que pesan sobre Centro América. Por ella se han derramado torrentes de sangre; por ella estuvimos a punto de ser esclavizados y destruidos a mediados del siglo XIX, y si en el curso del presente llegásemos a perder nuestra soberanía, esa misma rivalidad insensata será la causa principal del cataclismo. El odio entre leoneses y granadinos abrió en 1855 las puertas de Nicaragua a un enemigo despiadado y terrible. Para expulsarlo fue necesario que los cinco jirones de la que fue República federal de Centro América se uniesen contra el usurpador, a quien favorecían abiertamente en los Estados Unidos poderosos auxiliares y en Nicaragua los traidores a su patria y a su raza.

El momento escogido por los que llamaron a los filibusteros en ayuda de sus intereses de bandería, no pudo ser más peligroso para nuestra independencia. Se agitaba entonces en los Estados Unidos la magna cuestión de la esclavitud, y los dueños de esclavos habían concebido el plan de crear en el sur del país una gran república formada por los Estados esclavistas, que debía irse apoderando de todos los territorios bañados por el golfo de México y también de las Antillas. De la misma época es el manifiesto firmado en Ostende por tres ministros diplomáticos de los Estados Unidos, en que declaraban esencialmente necesaria para el bienestar de su país la posesión de Cuba, y las expediciones filibusteras norteamericanas dirigidas contra esta isla y México, no permitían dudar de la realidad del peligro.

Ninguna de estas amenazas evidentes prevaleció sin embargo sobre las pasiones políticas. Filibusteros contratados en calidad de mercenarios desembarcaron en Nicaragua, y, aprovechándose de la guerra fratricida que devastaba a este infortunado país, no tardaron en adueñarse de él. Un año después de su llegada, la convención nacional demócrata que reunida en Cincinnati eligió candidato a la presidencia de los Estados Unidos a James Buchanan, uno de los firmantes del manifiesto de Ostende, declaró el 3 de junio de 1856 que simpatizaba con los esfuerzos que se estaban haciendo para regenerar a Nicaragua, obligándose a darles su apoyo. Ahora bien, estos esfuerzos tendían nada menos que a suprimir la soberanía del país, a restablecer en él la esclavitud abolida en Centro América desde 1824, a despojar de la propiedad de la tierra a la raza dominante, y, por último, a destruir esta misma raza. Los autores de tan extraña regeneración eran unos aventureros enganchados en los garitos, tabernas y calles de San Francisco, Nueva York, Nueva Orleans y otras ciudades de los Estados Unidos[1].

Su jefe se llamaba William Walker y estaba lejos de ser un hombre vulgar, como pudiera suponerse. Había nacido en la ciudad de Nashville, capital del Estado de Tennessee, el 8 de mayo de 1824. Era médico, abogado y periodista. Estudió en su país natal y en Europa. Muy inteligente, enérgico, audaz y valeroso, era austero, soberbio, implacable y de una ambición sin límites. Después de haber perseguido en vano y de varios modos la fortuna, fue a parar a San Francisco de California durante la fiebre del oro, en 1850. Partidario ardiente de la esclavitud creía necesario, como muchos de sus compatriotas en aquel tiempo, extender los dominios del sur para salvar esta inhumana institución amenazada por los abolicionistas del norte, y le parecía lícito seguir despojando a México de sus territorios, por cuanto el progreso de este país era inferior al de los Estados Unidos. Pasando de la teoría a la práctica, invadió en 1853 la Baja California y declaró fundada la "República de Sonora", de la que sus secuaces lo eligieron "presidente"; pero no obstante los refuerzos y auxilios enviados de San Francisco, la expedición fue un fracaso completo.

A pesar de su derrota, Walker regresó a California con la fama de ser un caudillo excepcional, y poco después le ofrecieron el mando de una empresa filibustera destinada a Nicaragua. En el libro que publicó

---

[1] A este respecto el New York Herald decía el 7 de noviembre de 1855: "Gracias al coronel Walker pronto nos veremos libres de muchos individuos ociosos e inútiles. Desde hace cerca de dos años las esquinas de las principales calles de Nueva York y las aceras de los edificios públicos se veían invadidas por enjambres de vagos y holgazanes, procedentes de todas partes del país. Esta muchedumbre perniciosa se compone de presidentes de bancos quebrados, generales en cierne y clérigos corrompidos. En la fisonomía de todos ellos se pinta el horror que les inspira el trabajo honrado. Estas gentes sin ambiciones nobles, sin energía, sin oficio ni nada que lo valga, infestan las esquinas en espera, cual lobos hambrientos, de que estalle una revolución o un incendio para dar rienda suelta a sus instintos de rapiña..."

a principios de 1860, del cual ofrecemos hoy una nueva traducción castellana[2], relata prolijamente las peripecias de esta aventura extraordinaria, que fue motivo de graves preocupaciones en la América española, los Estados Unidos y la Europa occidental. No satisfecho con haberse convertido en amo de Nicaragua, aspiraba a serlo de las cinco repúblicas centroamericanas[3] y lo habría logrado tal vez si Costa Rica no hubiese tenido la suerte de poseer un patriota insigne: Juan Rafael Mora, el primero en proclamar la guerra santa que libertó a Nicaragua del yugo extranjero.

Generalmente se ha creído que al pretender apoderarse de la América Central, el propósito de Walker era anexarla a la Unión Americana o a la nueva confederación del sur que se tenía en proyecto; pero él afirma, y es lo probable, que su verdadero objeto era establecer una república militar y dividida en tres castas: la de los blancos de habla inglesa, compuesta principalmente de naturales del sur de los Estados Unidos, que serían los dueños de la tierra; la de los esclavos para cultivarla, formada de negros e indios de pura raza, y la de los mestizos, verdaderos parias que debían ser despojados y destruidos sin piedad, entendiéndose por mestizos todos los demás centroamericanos. "Teniendo como compañero al negro esclavo — escribe el "regenerador"—, el hombre blanco llegaría a arraigarse allí, y juntos el uno y el otro destruirían el poder de la raza mestiza que es la perdición del país", y luego añade: "Por consiguiente la esclavitud negra tendría en Nicaragua una doble ventaja. A la vez que proporcionaría mano de obra para la agricultura, tendería a separar las razas y a destruir los mestizos, causantes del desorden que ha reinado en el país desde la Independencia".

Además de las razones muy plausibles aducidas por Walker para demostrar que no se proponía la anexión a los Estados Unidos, deben añadirse las que revela una carta dirigida por él desde Granada de Nicaragua al cubano Goicouría, el 12 de agosto de 1856. En este documento intimo descubre su verdadero sentir cuando escribe:

---

[2] La primera traducción española de la obra de Walker se debe a don Fabio Carnevalini y se publicó en Nicaragua en 1884.

[3] El lema «Five or None» (Cinco o Ninguno) escrito en la bandera del primer batallón de rifleros que mandaba el coronel Sanders, traduce claramente las intenciones de Walker a este respecto.

"Diga usted a….que me dé noticias y me diga si Cuba debe ser y será libre; pero no para los yanquis[4]. ¡Oh, no! Ese hermoso país no lo merecen los yanquis bárbaros. ¿Qué haría en la isla esa raza de cantores de salmos?"

No obstante, lo resuelto por el partido demócrata en Cincinnati y la elección de Buchanan, el gobierno de Washington no prestó a Walker el apoyo prometido. Las amargas quejas formuladas en2 su obra a este respecto no dejan lugar a duda; pero no es menos cierto que las autoridades federales tampoco pusieron obstáculos a los protectores y auxiliares de la empresa filibustera. De los puertos de los Estados Unidos salían libremente soldados, armas y pertrechos de guerra para Nicaragua, y no fue sino después de la expulsión de Walker, en mayo de 1857, cuando el gobierno federal procuró impedir de verdad la salida de nuevas expediciones filibusteras. Con todo eso, el 12 de noviembre del mismo año Walker pudo burlar la vigilancia de las autoridades, saliendo de Mobila con unos 200 hombres en el vapor "Fashion" y el 24 llegó a la boca del río Colorado en Costa Rica, penetrando luego en el San Juan.

El Castillo Viejo y dos de los vapores del río fueron sorprendidos y capturados por sus gentes; pero el 28 de diciembre el comodoro Paulding, comandante de la fragata de guerra norteamericana "Wabash", apresó a Walker en la Punta de Castilla excediendo sus instrucciones, que sólo eran de perseguirlo en el mar. Este hecho motivó un acalorado debate político en los Estados Unidos entre parciales y adversarios del audaz filibustero, quien a su regreso de Nicaragua había sido triunfalmente aclamado en Nueva Orleans y Nueva York[5]; porque Walker no sólo tenía entusiastas admiradores entre los esclavistas del sur, sino también entre los abolicionistas del norte, y su memoria provoca todavía los ardientes ditirambos de escritores patrioteros que lamentan amargamente su fracaso y lo

---

[4] Para Walker, hombre del sur, los yanquis eran los del norte de los Estados Unidos, los abolicionistas.

[5] El reputado escritor norteamericano Richard Harding Davis dice sobre esto en la revista neoyorquina "Collier's" del 6 de octubre de 1906: "A su llegada a Nueva York se le dio una bienvenida semejante a la que anteriormente había tenido Kossuth y a la del almirante Dewey en nuestros días. La ciudad estaba decorada con banderas y arcos triunfales, y por todas partes hubo banquetes, fiestas y reuniones públicas en honor suyo".

pintan como un héroe legendario y uno de los precursores del imperialismo norteamericano.

Acusado de violación de la neutralidad de los Estados Unidos, Walker compareció el 1° de junio de 1858 ante la corte de justicia de Nueva Orleans. Fue defendido por Pierre Soulé y absuelto por el tribunal[6], sentencia que equivalía a autorizarle a volver en son de guerra a Centro América, como en efecto lo hizo saliendo de Nueva Orleans el 9 de junio de 1860, a despecho de dos proclamas del presidente Buchanan en que condenaba enérgicamente los ataques dirigidos contra naciones amigas de la Unión americana, por "hombres perdidos y sin ley", que se alistaban "bajo la bandera de cualquier aventurero para robar y matar a ciudadanos inofensivos de Estados vecinos que nunca les han hecho daño alguno".

Después de una corta escala en la isla de Roatán, Walker fue a desembarcar en el puerto hondureño de Trujillo, apoderándose de él sin dificultad; pero ya Inglaterra, que lo venía combatiendo sordamente desde 1855, había notificado al gobierno de Washington su resolución de repeler a mano armada toda nueva tentativa filibustera dirigida contra Centro América. De suerte que ante las amenazas del comandante Salmon del barco de guerra de S. M. B. "Icarus", Walker se vio obligado a salir furtivamente de Trujillo, internándose con el propósito de penetrar en Nicaragua. En el río Aguán rechazó una fuerza hondureña que lo perseguía; sin embargo, cerca de la desembocadura del Río Tinto el general don Mariano Álvarez, comandante de Yoro, y el capitán Salmon le hicieron deponer las armas sin condiciones; y no obstante que Walker se había rendido al marino inglés con la esperanza de salvar la vida, éste lo entregó a las autoridades de Honduras, que lo fusilaron en Trujillo el 12 de septiembre de 1860.

La trágica muerte de Walker enardeció mucho los ánimos de sus amigos y partidarios en los Estados Unidos, y si no hubiese estallado tres meses después el movimiento separatista del sur, es indudable que Centro América habría sido nuevamente invadida por los que aspiraban a convertirla en un país de esclavos y de parias. El triunfo

---

[6] El jurado de San Francisco de California había absuelto igualmente a Walker, a su regreso de la Baja California, en 1854.

de los abolicionistas del norte nos libró para siempre de tan terrible peligro, y el filibustero al modo de Walker sólo es ya un recuerdo histórico; pero según confesión de un escritor norteamericano "ha sido suplantado por el especulador, sin que se note que la moral del mundo haya ganado nada con el cambio"[7].

Esta frase lapidaria entraña una advertencia que debemos tener presente, porque indica con claridad el nuevo peligro que nos amenaza: la esclavitud económica. Pero los Estados Unidos son una gran nación en cuyo seno palpitan las ideas más nobles y generosas, y es seguro que un día u otro surgirá en ella el nuevo

Lincoln, llamado a romper las cadenas doradas que forjan a mansalva especuladores sin conciencia.

Ricardo Fernández Guardia

San José de Costa Rica, enero de 1924.

---

[7] James Jeffrey Roche, The Story of the Filibusters. Londres,1894.

A LOS QUE ME ACOMPAÑARON EN NICARAGUA

dedico este esfuerzo encaminado a justificar sus actos y sus móviles. A los que viven, con la esperanza de que pronto estaremos de nuevo en el país por el cual hemos sufrido más que las angustias de la muerte: los reproches de un pueblo por cuya felicidad estuvimos dispuestos a morir. A la memoria de los que perecieron en la demanda, haciendo votos porque mientras tengamos vida no disfruten de paz los enemigos que difaman sus nombres y procuran arrebatar los laureles depositados sobre sus tumbas.

W.W.

PREFACIO

Ninguna historia es tan difícil de escribir como la de los tiempos en que se vive. Muy pocos, si los hay, logran sustraerse a la manera de pensar y a las opiniones de moda que gobiernan la vida de los demás, y todos absorben hasta cierto punto los vahos y miasmas contenidos en el aire que respiran. La tarea resulta más ardua todavía cuando nos proponemos narrar acontecimientos en que hemos tomado parte; porque, así como en el ardor de la batalla el soldado sólo ve confusamente por entre la polvareda y el humo las grandes maniobras que la deciden, el hombre que se ha mezclado en luchas intestinas o conflictos entre naciones no suele ser el más llamado a hablar de hechos que en parte se deben a su voluntad y a sus actos. Pero si el escritor de memorias acierta a tener rectitud y discreción, puede aportar materiales destinados a servir en lo futuro y hasta sus mismos errores podrán ser instructivos andando el tiempo. El autor de esta narración no abriga la esperanza de alcanzar la verdad perfecta en todo; tan sólo ruega al lector que le otorgue su confianza cuando expresa el deseo de relatar con exactitud los hechos que se refieren a la presencia de los americanos en Nicaragua y de razonar rectamente sobre ellos.

1 de marzo de 1860.

CAPÍTULO I: El "Vesta" y sus pasajeros

El 5 de mayo de 1854 unos naturales de Nicaragua que habían sido desterrados por el gobierno de su país desembarcaron en El Realejo y allí siguieron para Chinandega con el objeto de organizar una revolución contra las autoridades constituidas. Entre ellos estaban D. Máximo Jerez, D. Mateo Pineda y D. José María Valle, ciudadanos principales del departamento de Occidente. Habían salido de la isla del Tigre en un barco mandado por el americano Gilbert Morton y eran por todos unos cincuenta y cuatro cuando sorprendieron la guarnición del Realejo. Después de llegar los revolucionarios a Chinandega se les unieron muchos y sin mayor tardanza marcharon sobre León. En el camino que a esta ciudad conduce encontraron las fuerzas del gobierno en varios puntos, derrotándolas otras tantas veces; y viendo el presidente D. Fruto Chamorro la actitud del pueblo y la imposibilidad en que estaba él de resistir a la revolución en León, huyó solo y sin escolta tomando el camino de Granada. Pasaron algunos días sin que llegase allí, por haberse extraviado en los bosques y cerros de la región de Managua; y cuando sus partidarios casi habían perdido ya la esperanza de volverle a ver, entró a caballo en la ciudad donde residían sus principales adeptos.

Una vez que los revolucionarios mandados por Jerez hubieron llegado a León, organizaron un gobierno provisional nombrando director a D. Francisco Castellón. Este caballero había sido candidato para el cargo de director en las elecciones de 1853 y sus amigos aseguraban que tuvo mayoría de votos, pero que Chamorro había logrado obtener el puesto cohechando abiertamente a los miembros del colegio electoral. A Chamorro se le dio posesión del cargo y no tardó en encontrar pretextos para desterrar a Castellón y sus principales partidarios a Honduras, donde ejercía el poder ejecutivo el general Trinidad Cabañas. Favorecidos por éste, Jerez y sus compañeros pudieron hacerse a la vela en la isla del Tigre con las armas y municiones necesarias para ir a desembarcar en El Realejo.

Estando sus enemigos políticos en Honduras, Chamorro convocó una asamblea constituyente y la constitución del país fue enteramente revisada y modificada. La de 1838 ponía el poder ejecutivo en manos de un supremo director electo por dos años; la nueva creó el cargo de presidente, cuyo titular debía elegirse cada cuatro. Desde todo punto de vista esta nueva constitución daba al gobierno mayor suma de poder que la anterior y por esto era odiosa para el partido que se intitulaba liberal y grata a los que tomaron el nombre de partido del orden. La nueva constitución fue publicada el 30 de abril de 1854 y sus partidarios dicen que también se promulgó en esa fecha. Los opositores sostienen que nunca fue promulgada. Sea como fuere, la revolución hecha expresamente contra ella empezó el 5 de mayo, antes de que fuera posible promulgarla en los lugares lejanos de la capital.

Los revolucionarios leoneses dieron el nombre de director provisional a su poder ejecutivo, resolviendo mantener la ley orgánica de 1838. Tomaron el nombre de demócratas y como divisa una cinta roja puesta en el sombrero. A Chamorro le daban sus partidarios el título de presidente, proclamando así su adhesión a la nueva carta fundamental, y llamándose legitimistas ostentaron una cinta blanca en contraposición a la roja de los demócratas.

Durante el mes de mayo el gobierno provisional fue reconocido por todas las municipalidades del departamento de Occidente y algunas de las otras poblaciones, y el ejército democrático, como se le llamaba, marchó al sur, llegando a Granada a principios de junio. La tardanza de los demócratas en León y Managua había dado a Chamorro tiempo para organizar sus tropas, y aunque éstas eran poco numerosas rechazó a Jerez y sus secuaces (porque a éstos no se les podía llamar ejército) cuando trataron de tomar a Granada por asalto. Después del primer rechazo, Jerez se situó frente a la ciudad aparentando ponerle sitio. Sin embargo, la chusma que le seguía se ocupaba más en el saqueo de las tiendas de los suburbios que en desbaratar los planes del enemigo. La llegada de algunos oficiales y soldados de Honduras ayudó a Jerez en su empeño de organizar "el ejército democrático" y vino a probar el apresuramiento con que Cabañas reconoció el gobierno provisional.

Varios meses estuvo Jerez en Granada procurando en vano apoderarse de la plaza principal de la ciudad. Entretanto todas las poblaciones del Estado se declararon en favor de Castellón y los amigos de éste señoreaban los lagos y el río de San Juan por medio de pequeñas goletas y bongos. Las goletas estaban a las órdenes de un médico americano o inglés que había residido en los Estados Unidos y se llamaba Segur, no obstante ser Desmond su verdadero nombre. En el mes de junio de 1855 Corral consiguió tomar el Castillo y las goletas del lago a los demócratas, y poco después Jerez levantó el campo frente a Granada, retirándose rápidamente y en desorden a Managua y León. A la retirada de Granada siguió casi en el acto la fuga de los demócratas de Rivas, y algunas semanas después la adhesión de muchos propietarios al partido legitimista vino a patentizar la vuelta que habían dado las cosas.

Bien les fue a los demócratas con que Chamorro, gastado por larga enfermedad y las preocupaciones, muriese poco después de salir ellos de Jalteva. Lo enterraron en la parroquia de la plaza principal de Granada y al enemigo se le ocultó cuidadosamente su muerte. Su nombre era para los legitimistas una fuerza y para los enemigos de éstos motivo de terror. Si hubiese vivido, una mano mucho más vigorosa que la de Corral habría llevado a los demócratas fugitivos a empellones hasta la plaza de León. Muerto Chamorro, el ejército legitimista quedó bajo el mando de Corral y la presidencia recayó en uno de los senadores, D. José María Estrada, con arreglo a la constitución de 1854.

Entretanto, causas que obraban fuera de Nicaragua debían influir poderosamente en la suerte del gobierno provisional. El presidente Carrera de Guatemala, amigo de los principios sustentados por el partido de que era jefe su compatriota Chamorro, determinó moverse contra el gobierno de Cabañas en Honduras. Con este motivo Álvarez y el contingente hondureño recibieron orden de regresar de Nicaragua, lo que desalentó a los jefes demócratas. Honduras, amenazado en el norte por el poder muy superior de Guatemala, no sólo necesitaba de todos los recursos disponibles, sino que difícilmente podía tener la esperanza de resistir, sin auxilio exterior, al poder de Carrera y sus indios.

Los mismos nicaragüenses no podían censurar a Cabañas por su determinación, y la amistad entre Castellón y el presidente de Honduras no fue alterada por la política que éste tuvo que seguir. Continuó la alianza entre los gobiernos de León y Comayagua, al parecer vinculados por un destino común; pero estrechamente ligada como estaba la causa de Castellón a la de Cabañas, su suerte no debía resolverse en Honduras ni tampoco en Guatemala. El mismo día que alumbró el más señalado triunfo de los demócratas nicaragüenses, estaba destinado a presenciar la caída del gobierno de Cabañas, y para saber la causa de tan extraño resultado es preciso alejarse de Centro América y ponerse a considerar lo que estaba pasando en California.

Tres días después de haber desembarcado Jerez y sus compañeros en El Realejo, o sea el 8 de mayo de 1854, hubo una escena novelesca en la línea divisoria de la Alta y la Baja California. Aquel día una pequeña partida de americanos marchó desde la hacienda de Tía Juana hasta el mojón que marca la frontera entre los Estados Unidos y México, y allí entregaron sus armas a un oficial del ejército de la primera de estas naciones. Aquellos hombres estaban pobremente vestidos; pero hasta en el momento de rendirse se portaron con cierto valor y dignidad —no me refiero a su jefe—, que no eran impropios de quienes habían aspirado a fundar un nuevo Estado. Eran los que quedaban de la llamada expedición a la Baja California y algunos de ellos habían visto arriar la bandera mexicana en La Paz, cediendo el lugar a otra confeccionada para el caso. Pasaron muchos trabajos y corrieron muchos peligros; y gran número de ellos, enteramente novatos en la guerra, habían aprendido la primera lección de este arte difícil a costa de largos ayunos, vigilias y marchas por una de las regiones más inhospitalarias del continente americano.

Los obstáculos naturales de la Baja California, la escasez de víveres, los largos intervalos entre los sitios donde hay agua, las faldas abruptas de las montañas, los grandes yermos arenosos hacen que en ese territorio no sea un pasatiempo la guerra, aun para una fuerza militar bien equipada; y si a estas dificultades naturales se añade un enemigo que conoce bien el país y puede reunir siempre mayor número de combatientes, se tendrá alguna idea de lo que tuvieron que arrostrar los de la expedición a la Baja California. Sin embargo, al traspasar la frontera no dieron señales de desaliento; antes bien miraron al enemigo que acosaba su retaguardia y sus flancos tan resueltamente a la cara como si acabasen de dejar un campo de triunfo y de victoria. Este hecho basta por sí solo para probar que las ideas comunes sobre esta expedición son falsas; y como varios de los que estuvieron con el coronel Walker en la Baja California tomaron parte en los sucesos de Nicaragua, no está por demás investigar los móviles a que obedecieron en su primera empresa, móviles tan mal entendidos por el pueblo americano.

Cuando salieron aquellos hombres de California se proponían llegar a Sonora, y el ser tan pocos los decidió a desembarcar en La Paz. Obligados por este motivo a hacer de la Baja California un campo de operaciones hasta poder reunir bastante gente para penetrar en Sonora, la necesidad de quedarse en la Península les deparó una organización política. La intención de su jefe era establecer tan pronto como le fuera posible una colonia militar —que no había de ser necesariamente hostil a México— en la frontera de Sonora, para proteger a este Estado contra los apaches. La primera idea del establecimiento de esa colonia nació en Auburn, condado de Placer, California, a principios de 1852. Algunas personas contribuyeron allí para enviar dos agentes a Guaymas a fin de obtener una concesión de tierras cerca de la vieja ciudad de Arispe, a cambio de resguardar la frontera contra los indios. Estos agentes, uno de los cuales era Mr. Frederic Emory, llegaron a Sonora cuando el conde Raousset de Boulbon acababa de comprometerse a establecer varios centenares de franceses cerca de la mina de Arizona, y el gobierno del Estado de Sonora esperaba que los franceses hiciesen el trabajo que los americanos querían emprender. De suerte que Mr. Emory y su compañero fracasaron en su proyecto, y como el conde de Boulbon llegó poco tiempo después a Sonora, el plan de Auburn fue abandonado. El gobierno de Arista, o más bien individuos a él pertenecientes, se pusieron a hostilizar a Raousset de Boulbon por hallarse interesados en un reclamo relativo a la mina cuyo laboreo había contratado éste, y las intrigas del coronel Blanco llevaron a los franceses a la revolución, y más tarde, durante una enfermedad de su jefe, a celebrar un convenio para salir del país.

Al mismo tiempo que llegó a California la noticia de haber salido los franceses de Sonora, Mr. Emory propuso a Mr. Walker revivir la empresa de Auburn, y éste, en compañía de su antiguo socio Mr. Henry P. Watkins, salió embarcado para Guaymas en el mes de junio de 1853, con el propósito de visitar al gobernador de Sonora y ver de conseguir una concesión que pudiera ser favorable para las poblaciones de la frontera. Walker tuvo el cuidado de proveerse de un pasaporte expedido por el cónsul mexicano en San Francisco; pero le sirvió de poco en Guaymas. Al siguiente día de su llegada a este lugar, el prefecto le ordenó presentarse a la policía y después de un largo interrogatorio le prohibió internarse, negándose a visarle el pasaporte para Ures. Viendo los obstáculos que le cerraban el paso desde el principio, Walker resolvió regresar a California. Estando ya a bordo del barco para volverse, el prefecto le hizo saber que el gobernador Gándara había dado la orden de visarle el pasaporte para que pudiese ir a la capital. El mismo correo portador de la orden de Gándara dirigida al prefecto Navarro, trajo también la noticia de que los apaches habían estado en una hacienda situada a pocas leguas de Guaymas, donde mataron a todos los hombres y los niños, llevándose a las mujeres en un cautiverio peor que la muerte. Los indios hicieron saber que pronto vendrían a la ciudad "donde llevan el agua a lomo de burros", refiriéndose a Guaymas, y los vecinos de este puerto, atemorizados por el mensaje, parecían dispuestos a recibir a cualquiera que los resguardase de su salvaje enemigo. Lo cierto es que varias mujeres del lugar instaron a Walker para que se dirigiese inmediatamente a California y trajera bastantes americanos a fin de contener a los apaches.

Por lo que Walker pudo ver y oír en Guaymas, se convenció de que un cuerpo de americanos, relativamente pequeño, podía situarse en la frontera de Sonora y proteger a las familias de la línea divisoria contra los indios, y de que este acto sería humanitario y no menos justo, así lo sancionase o no el gobierno mexicano. La situación de la parte norte de Sonora era en aquel tiempo y sigue siendo, todavía una ignominia para la civilización del continente; y hasta que por una cláusula del tratado de Gadsden se rescindió otra del de Guadalupe Hidalgo, el pueblo de los Estados Unidos fue ante el mundo el más directamente responsable de los crímenes de los apaches. Ningún pueblo tiene como el americano el deber de libertar la frontera de las crueldades de la guerra salvaje. El norte de Sonora estaba realmente más dominado por los apaches que, bajo las leyes de México, y las contribuciones que echaban los indios se pagaban con mayor puntualidad y certeza que los impuestos al recaudador. El estado de aquella región era la mejor disculpa de todo propósito americano de establecerse allí sin el consentimiento oficial de México; y aun cuando habrían ocurrido seguramente cambios políticos a consecuencia del establecimiento de una colonia cerca de Arispe, se podían justificar con el argumento de que cualquier organización social —obténgase como se obtenga— es preferible a ésa en que los individuos y las familias están enteramente a merced de los salvajes.

Pero los hombres que habían salido por mar con rumbo a Sonora se vieron obligados a permanecer durante un tiempo en la Baja California y la conducta observada por ellos allí puede dar la medida de los propósitos que los animaban en su empresa. En todas partes donde estuvieron procuraron establecer la justicia y mantener el orden, y a los que de ellos mismos violaron la ley se les castigó sumariamente. En la antigua misión de San Vicente ocurrió un hecho que pone de relieve el carácter de la expedición y el de sus caudillos. Varios soldados urdieron una trama para desertar y saquear las haciendas de ganado a su paso para la Alta California. Uno de los comprometidos delató el plan y los fines de los conspiradores, que fueron sometidos a un consejo de guerra, declarados culpables y sentenciados a morir pasados por las armas. Una ejecución militar es una buena prueba para la disciplina de una tropa; porque ningún deber repugna tanto al soldado como quitar la vida al camarada que ha compartido con él los peligros y las privaciones de su dura profesión.

Además, el cumplimiento del deber resultaba en este caso aún más difícil, porque el número de los americanos era corto y cada día iba disminuyendo; pero por muy penoso que fuese, los encargados de cumplirlo no vacilaron, y el mismo sitio en que las desventuradas víctimas de la ley pagaron su delito con la vida, sugirió una comparación entre la manera que tenían los expedicionarios y el gobierno mexicano de cumplir respectivamente con la obligación de defender a la sociedad. La fuerza expedicionaria designada para vengar la ley aplicando el mayor de los castigos que impone al delincuente, se situó casi a la sombra de las ruinas de la iglesia de los padres misioneros. Las habitaciones destechadas del viejo convento, los arcos carcomidos de la espaciosa capilla, los vastos campos desiertos con señales de haber sido cultivados, las siluetas fugitivas de los indios medio desnudos que estaban recayendo en el salvajismo de que los habían salvado los santos padres, todo proclamaba la clase de protección que México había dado a las personas y a la propiedad en la península. En cuanto a las funciones vitales del gobierno, los

25

expedicionarios podían sostener sin temor la comparación de sus actos con los de México en la Baja California; y la ruina y desolación que acarreó la medida tan desacertada como injusta de la secularización de las misiones, bastaría para que la República Mexicana no pudiera reclamar el pleito homenaje de la península.

Lo más interesante es saber que los de la expedición a la Baja California probaron en todas partes donde estuvieron que su deseo no era destruir sino reorganizar la sociedad. Todos eran jóvenes y la juventud suele errar cuando se pone a demoler antes de estar lista para construir; pero eran también hombres llenos de ardor militar, sedientos de adquirir una reputación en el ejercicio de las armas, y los instintos del soldado antes lo llevan a edificar que a demoler. Su índole es conservadora; la primera de las leyes militares es el orden. Por consiguiente, aquellos hombres, aunque jóvenes, no eran impropios para echar los cimientos de una sociedad más estable que todas las que pudieron haber encontrado era Sonora o la Baja California. Fracasaron, sin embargo. Para el propósito que ahora se tiene, no importa determinar si este fracaso se debió más a la conducta observada por otros que a la suya. Basta decir que los últimos restos de la expedición llegaron a San Francisco hacia mediados de mayo de 1854.

El jefe de la expedición, William Walker, o el coronel Walker como se le llamaba entonces, reasumió las tareas de editor de un diario después de su regresó a Alta California. Uno de los propietarios periódico, Byron Cole, se había interesado por Centro América durante varios años y particularmente por Nicaragua. En conversaciones frecuentes con Walker, le instó Cole para que abandonase la idea de establecerse en Sonora y dedicara sus trabajos a Nicaragua. Poco después de haberse enterado de la revolución emprendida por Jerez y Castellón, Cole vendió su parte en el periódico de San Francisco, embarcándose con destino a San Juan del Sur. Salió para Nicaragua en el vapor del 15 de agosto de 1854, acompañado de Mr. William V. Wells, el cual tenía los ojos puestos en Honduras. Después de muchos atrasos y molestias, Mr. Cole pudo llegar a León, desde San Juan del Sur, y allí obtuvo de Castellón una contrata en que éste le autorizaba para enganchar trescientos hombres destinados a prestar servicio militar en Nicaragua, debiendo los oficiales y soldados recibir un sueldo mensual especificado y cierto número de acres de tierra terminada la campaña. Con esta contrata regresó Cole a California en los primeros días de noviembre y en el acto se fue a ver a Walker para interesarlo en la empresa. Desde que éste leyó la contrata rehusó hacer nada en virtud de ella, por ser contraria a la ley emitida por el congreso en 1818, que vulgarmente se conoce con el nombre de ley de neutralidad. Díjole sin embargo a Cole que, si quería volver a Nicaragua, a fin de obtener de Castellón un contrato para colonizar, algo se podría hacer. De acuerdo con esto Cole se embarcó por segunda vez para San Juan y el 29 de diciembre de 1854 le otorgó Castellón una contrata para colonizar, en virtud de la cual debían introducirse trescientos americanos en Nicaragua, garantizándoles a perpetuidad el derecho de portar armas. Cole remitió a Walker la concesión, recibiéndola éste en Sacramento a principios de febrero de 1855.

Algunos días después de recibir la contrata fue Walker a San Francisco para ver si era posible conseguir los medios de llevar doscientos o trescientos hombres a Nicaragua. Encontró allí a un su antiguo condiscípulo, Mr. Henry A. Crabb, quien precisamente acababa de regresar de los Estados del Atlántico; y como había pasado por Nicaragua en su viaje de California a Cincinati, le dio brillantes informes sobre las riquezas naturales y ventajas del país. A su paso por el camino del Tránsito, Crabb oyó hablar de los sucesos que estaban ocurriendo en la República, la revolución de León y el sitio de Granada, y supo también que Jerez estaba ansioso de conseguir auxilio americano para la campaña contra los legitimistas.

Esto sugirió la idea de introducir en la sociedad de Nicaragua un elemento para regenerar esta parte de Centro América. Entretanto Crabb había obtenido en los Estados del Atlántico la cooperación de Mr. Thomas F. Fisher en aquel entonces y ahora todavía vecino de Nueva Orleans, y la del capitán C. C. Hornsby, el cual había servido en uno de los llamados Diez Regimientos durante la guerra de México. Los tres, Crabb, Fisher y Hornsby salieron de Nueva Orleans en enero de 1855. Yendo para San Juan del Norte encontraron a bordo del vapor a Mr. Julius De Brissot. Este iba, según dijo para las islas Galápagos y se les agregó, quedándose en Nicaragua con Hornsby y Fisher, en tanto que Crabb seguía con dirección a San Francisco.

Cuando Walker encontró allí a Crabb, estaba éste en espera de noticias de Fisher, quien se había detenido en el Istmo para visitar a Jerez, a fin de que le autorizase a enganchar americanos destinados a servir en el ejército democrático.

No tardó mucho Fisher en venir personalmente a California trayendo la autorización de enrolar quinientos hombres para Jerez, con promesa de una paga de las más exorbitantes, tanto en dinero como en tierras, para los oficiales y soldados. Parece que Fisher, Hornsby y De Brissot encontraron en el Istmo a John H. Wheeler, ministro de los Estados Unidos, recién llegado; y como el excelentísimo señor deseaba mucho visitar el campo democrático de Jalteva, así como a Chamorro en Granada, antes de resolver qué autoridad reconocería, Fisher y sus compañeros fueron a uno y otro campo en calidad de escolta del ministro y bajo la protección de la bandera americana, no obstante lo cual obtuvo Fisher de Jerez la contrata que llevó a San Francisco. Hornsby y De Brissot fueron por su lado a Rivas, después de haber salido de Granada, y celebraron con D. Máximo Espinosa un convenio quijotesco para tomar el fuerte del Castillo Viejo y el río San Juan a los legitimistas, quienes acababan de expulsar a los demócratas de dicha fortaleza. Con todo eso, estos dos caballeros no tardaron en darse con un canto en los pechos de poder salir escapados de San Juan del Sur para San Francisco, a bordo de un vapor, y poco después de la llegada de Fisher aparecieron en California.

Crabb y Walker se conocían desde la infancia y pensaban de igual manera sobre el estado en que se hallaba Centro América y lo que era necesario hacer para regenerarla. De suerte que Crabb propuso generosamente que se diese a Walker todo el beneficio del contrato celebrado por Fisher con Jerez, y a causa de ciertos movimientos políticos que a la sazón ocurrían en California determinó quedarse allí; pero Walker, dando las gracias a Crabb por su ofrecimiento, rehusó aprovecharse del contrato con Jerez, prefiriendo obrar de acuerdo con el otorgado por Castellón a Cole, no sólo por estar del todo exento de objeciones legales, sino también porque era más racional y había sido firmado por autoridad competente para contratar. Hornsby y De Brissot se metieron en la empresa de Walker y adelante se verá que entrambos y Fisher sirvieron en calidad de oficiales en la República de Nicaragua.

Entretanto Walker había tenido el cuidado de que ningún indicio de que se obraba en secreto pudiera despertar la sospecha de ser su empresa ilegal o injusta. Llevó la concesión de Cole al fiscal del distrito Norte de California, el Honorable S. W. Inge, y después de estudiarla declaró este caballero que al proceder de acuerdo con ella no se violaba ninguna ley. En aquel entonces se suponía también que el general Wool, comandante de la división del Pacífico, tenía poderes especiales del presidente para impedir las expediciones contrarias a la ley de 1818. El general habitaba en Benicia y solía leer a muchas personas las cartas escritas por él al entonces secretario de la Guerra, coronel Jefferson Davis, en defensa de su conducta para con la expedición a la Baja California.

Esas cartas, que por lo visto el anciano caballero consideraba como modelos de lógica y estilo, se las leyó entre otros a Walker, al mismo respecto de cuyos actos había surgido la discusión con el secretario. De su contenido dedujo Walker ser exacto lo que generalmente se pensaba acerca de los poderes conferidos a Wool, de acuerdo con la ley de 1818. De consiguiente, al saber que éste se hallaba en San Francisco, salió en su busca y lo encontró en el muelle pocos minutos antes de las cuatro de la tarde, hora en que salía el vapor de Sacramento. El general iba a tomarlo para Benicia, y después de escuchar lo que Walker le expuso sobre la índole de la concesión otorgada a Cole y su propósito de proceder de acuerdo con ella, el anciano, estrechándole cordialmente la mano, le dijo que no sólo no estorbaría la empresa, sino que le deseaba muy buen éxito. Obtenida así la sanción de las autoridades federales competentes, Walker prosiguió en sus esfuerzos para conseguir los medios de llevar los colonos a Nicaragua, conforme a la contrata de Cole, no tardando en comprender que tan sólo lograría procurarse una miserable suma de dinero y tendría que arreglárselas del modo más económico.

Estando ocupado en estos preparativos preliminares, recibió Walker un daño en un pie que lo tuvo recluido hasta mediados de abril, y es lo cierto que cuando salió embarcado de San Francisco la llaga no estaba aún del todo cicatrizada. Confinado en su habitación por este motivo, escasamente pudo hacer algo más, en lo de allegar recursos, que obtener mil dólares de Mr. Joseph Palmer, de la razón social Palmer, Cook y Cía., en cuya casa había conocido al coronel Fremont, con quien habló de la empresa de Nicaragua; y a éste, que había pasado por el Istmo el año anterior, le pareció bien el negocio. Respecto del coronel Fremont y de Mr. Palmer, será probablemente justo decir que no estaban enteramente al tanto de todas las opiniones de Walker sobre la esclavitud; pero también es cierto que en aquel tiempo no era menester externar estas opiniones. Además del auxilio dado por Mr. Palmer, dos amigos de Walker le ayudaron mucho, Mr. Edmund Randolph y Mr. A. P. Crittenden.

Después de muchas dificultades se celebró un contrato con un tal Lamson para el transporte de cierto número de hombres en el bergantín "Vesta", de San Francisco a El Realejo. El convenio se hizo por medio de un patrón llamado McNair, en quien se pensó para que tomara el mando del "Vesta"; pero después de pagado el dinero de la contrata de fletamento a Lamson, riñó éste con McNair y tuvo que tomar otro capitán para su barco. Todos los pasajeros y provisiones se hallaban a bordo del bergantín hacia el 20 de abril, y cuando se creía que ya éste estaba a punto de aparejar, el sheriff[8] lo embargó en virtud de una demanda presentada por un antiguo acreedor del propietario Lamson. Por la noche, después del embargo, hubo algunos indicios de que el bergantín se preparaba para hacerse a la mar y por este motivo envió el sheriff un pelotón de ocho o diez hombres armados de revólveres a fin de impedir la fuga.

Entre los del pelotón y los conocidos que tenían entre los pasajeros hubo una especie de riña, más en broma que de veras, y el nuevo capitán, perdiendo la cabeza de miedo, saltó al muelle por encima de la baranda, llevándose los papeles del barco. Al cabo de algunos días dictó el marshall[9] un auto contra el bergantín por el valor de las provisiones, y el cúter del servicio fiscal W. L. Marcy se situó a popa del "Vesta" con orden de no dejarlo aparejar llevándose al delegado del marshall. Para mayor seguridad, el sheriff mandó desenvergar las velas y almacenarlas. Según parece, el propietario no tenía ningún dinero para pagar los reclamos presentados contra el

---

[8] Cargo semejante al de alguacil mayor. N. del T.
[9] Jefe de la policía. N. del T.

barco, y todos pensaban que las probabilidades de emprender el viaje eran muy pocas.

A pesar de todo, Walker dio a los pasajeros el consejo de quedarse a bordo y todos lo siguieron, excepto unos pocos. No tardó Walker en encontrar un capitán para el "Vesta" en la persona de Mr. M. D. Eyre, el cual pretendía saber algo de navegar. El autor del reclamo contra Lamson, motivo del embargo, resultó ser oriundo de Stockton y amigo de Crabb, y la circunstancia de que miraba con buenos ojos el viaje del bergantín, le hizo dar facilidades para levantar el embargo. De Lamson dependían en realidad los procedimientos entablados por los comerciantes que le habían vendido las provisiones, y cuando se le dijo que corría peligro deteniendo a los pasajeros en San Francisco, convino en que se retirase el reclamo, después de bastantes vacilaciones; pero las costas del sheriff por motivo del empleo del pelotón y otros gastos alcanzaban a más de trescientos dólares, y como Walker había gastado casi su último dólar, se podía creer que esta insignificante suma iba a paralizar toda la empresa. Las costas reclamadas por el sheriff eran muy crecidas, cuando no ilegales; pero como tenía las velas almacenadas, el "Vesta" parecía estar en su poder.

Con todo eso, Walker pudo conseguir que el sheriff le diese una orden para que el guardalmacén entregara las velas, y como al sheriff se le dejó ignorante del retiro del reclamo, éste supuso que el cúter detendría al bergantín en el puerto si intentaba salir. Además, tenía a bordo un guardián, y como éste había sido miembro de la cámara legislativa de California, era de creerse que estaría ojo avizor para el caso de ocurrir cualquier movimiento sospechoso. Poco antes del anochecer fue informado el capitán del cúter de encontrarse ya libre el "Vesta" de las garras del marshall, y por medio de uno de los oficiales del "Marcy" se arregló que a eso de las diez de la noche viniesen sus marineros a bordo del bergantín para envergar las velas. A la hora señalada llegaron los marineros del gobierno de los Estados Unidos, y los pasajeros hicieron entrar al guardián del sheriff en su camarote, donde permaneció detenido durante varias horas. El trabajo de envergar las velas se hizo rápida y silenciosamente; después de la medianoche, en la madrugada del 4 de mayo de 1855, el vapor "Resolute" vino a situarse al costado del "Vesta" y le echó una amarra, remolcándolo por entre las embarcaciones hasta el canal y luego hasta la mar, pasando por los cabos. El guardián del sheriff fue transbordado al "Resolute", se soltaron las sirgas y el "Vesta" se hizo a la mar con gran alegría de sus pasajeros que durante dos semanas habían vivido entre la esperanza de partir y el temor de ser detenidos.

Cuando el bergantín estuvo en alta mar resultaron a bordo cincuenta y ocho pasajeros que iban a los trópicos en busca de un nuevo hogar. Entre ellos figuraba Achilles Kewen, que había mandado una compañía en el año 1850 en Cárdenas, a las órdenes de López; Timothy Crocker, el cual sirvió al mando de Walker durante toda la expedición a la Baja California; C. C. Hornsby, a cuyas anteriores aventuras en Nicaragua se ha aludido ya; el doctor Alex. Jones, que había estado últimamente en la isla de Cocos buscando un tesoro enterrado; Francis P. Anderson, el cual sirvió en California en el regimiento de Nueva York durante la guerra de México, y otros cuyos nombres irán apareciendo en el curso de esta narración. La mayor parte eran de carácter enérgico, estaban cansados de la monotonía de la vida ordinaria y dispuestos a emprender una carrera que pudiese proporcionarles los encantos de las aventuras o las recompensas de la fama. Sus hechos darán la medida de sus capacidades y carácter.

El viaje del "Vesta" fue bastante largo y aburrido. Al atravesar el golfo de Tehuantepec lo azotó una borrasca que puso a la más dura prueba su maderaje sobre el cual pesaban veintinueve años. La proa del viejo bergantín amenazaba abrirse al golpe de las olas que rugían en torno y, haciéndose a veces enormes, le pasaban por encima y barrían toda la cubierta. La tripulación se había sacado de entre los pasajeros, y pasada la tormenta de Tehuantepec tuvo poco que hacer hasta llegar al golfo de Fonseca. Más de cinco semanas habían transcurrido ya cuando apareció espejeando en lontananza el volcán de Cosigüina, primera tierra nicaragüense. La falta de viento detuvo al bergantín durante algunas horas a la entrada del golfo; entretanto se despachó un bote al puerto de Amapala, situado en la isla del Tigre. El capitán Morton, el mismo americano que había llevado a Jerez a El Realejo en mayo de 1854, estaba en Amapala esperando la llegada del "Vesta" con instrucciones de Castellón. El capitán fue alegremente recibido a bordo del bergantín, porque el que lo trajo de San Francisco no conocía nada de la costa de Centro América. Habiendo subido Morton a bordo, el "Vesta" siguió su derrotero y en la mañana del 16 de junio fue a echar anclas en el puerto de El Realejo.

He sido algo minucioso y tal vez pesado al narrar los primeros incidentes de la empresa mediante la cual se introdujeron americanos, como un elemento, en la sociedad nicaragüense; porque a menudo se pueden juzgar mejor los acontecimientos viendo claramente su origen. Pasado el instante de la concepción, el padre deja de tener toda influencia directa sobre la mente o el organismo del hijo, y sin embargo con cuánta frecuencia descubrimos en éste, no sólo las facciones del padre, ¡sino también los rasgos delicados de su carácter! Las finas células que determinan la naturaleza de la estructura orgánica las estudia el fisiólogo, y la manera como éstas se desarrollan le revela alguna de las leyes de la vida hasta aquel momento ignoradas. Por consiguiente, si se quiere entender el carácter de la última guerra de Nicaragua, no se deben despreciar los pequeños sucesos que ocurrieron al salir de San Francisco los cincuenta y ocho. Del día en que los americanos desembarcaron en El Realejo arranca una nueva era, no sólo para Nicaragua, sino también para Centro América. Desde entonces la gastada sociedad de aquellos países no pudo evadir o sustraerse a los cambios que los nuevos elementos iban a realizar en su organización social y política.

La situación de los partidos políticos de Nicaragua el 16 de junio de 1855 era enteramente distinta a la del 29 de diciembre de 1854, fecha en que Castellón otorgó la contrata a Cole. Cuando el "Vesta" ancló en el puerto de El Realejo, el gobierno provisional estaba casi totalmente reducido al departamento de Occidente. Los legitimistas eran dueños de los departamentos Oriental y Meridional en toda su extensión, y bajo su dominio estaban la mayor parte de los pueblos de Matagalpa y Segovia. Además, el aliado del gobierno provisorio, Cabañas, se encontraba menos firme en el solio presidencial de Honduras que en la Navidad anterior. Una fuerza organizada con el auxilio de Guatemala y dirigida por un general López había invadido el departamento de Gracias; y a la vez que este jefe invadía el norte de Honduras, el general Santos Guardiola —cuyo nombre inspiraba terror en los pueblos de los dos Estados— se embarcaba en Istapa con destino a San Juan en la goleta costarricense "San José", con ánimo de ponerse al servicio de los legitimistas para hacer campaña en Segovia, cerca de los confines de Tegucigalpa y Choluteca.

Guardiola llegó a Granada unos pocos días antes del arribo de Walker a El Realejo, y éste encontró a los habitantes de la región de Chinandega temblando al oír nombrar al que había conquistado el epíteto de "Carnicero de Centro América", siendo difícil decir si con razón o sin ella. Después de la retirada de Granada, Jerez había caído en desgracia con los de su partido; cuando menos le negaban éstos toda pericia militar, felices sin duda de poder atribuir a su jefe la culpa de todas las desventuras que habían sido consecuencias de la falta de virtudes militares que en ellos era total.

En lugar de Jerez, Castellón puso al frente del "ejército democrático" al general Muñoz, en aquel entonces el soldado de mayor prestigio en Centro. América. Lo invitaron a venir a León estando en Honduras, adonde se había retirado unos años antes por el fracaso de una revolución que hizo contra el gobierno de D. Laureano Pineda; y tan sólo después de muchas súplicas y grandes concesiones pudo persuadirlo Castellón de que tomase el mando del ejército del gobierno provisional. Desde que asumió el mando, Muñoz se mantuvo enteramente a la defensiva, dedicándose a instruir a los soldados que servían por fuerza a Castellón, y se murmuraba mucho, especialmente entre los demócratas exaltados, que Muñoz estaba muy deseoso de llegar a un avenimiento entre los partidos beligerantes, porque pensaba más en mantenerse en el poder que en el triunfo de los principios que habían motivado la revolución.

Yendo de la isla del Tigre a El Realejo, no le disgustó a Walker saber por boca de Morton cuál era el estado de cosas en Nicaragua. Pensó que cuanto más desesperada fuese la situación del partido de Castellón, tanto más grande sería la deuda contraída con los que pudieran salvarlo del peligro y tanto más obligado se vería a seguir cualquier camino o política propuestos por los americanos. Lejos de desalentarse por las noticias que a algunos habrían podido parecer lúgubres, vio en los mismos aprietos a que estaba reducido el partido demócrata la causa y también el presagio del buen éxito de sus compañeros. Igualmente, alentador era el anhelo evidente con que Castellón aguardaba la llegada del "Vesta". Había enviado a Morton a la isla del Tigre con el objeto expreso de ir a bordo y traerlo a El

Realejo lo más pronto posible, y cuando apareció el bergantín cerca de la isla del Cardón, el administrador de la aduana del puerto y un jefe militar, el coronel Ramírez, enviado especialmente por el director provisional, salieron a su encuentro para darle la bienvenida en aguas de Nicaragua.

En la noche del 15 de junio —un día antes de que el bergantín pudiese entrar en el puerto— estos dos funcionarios vinieron a bordo y el coronel Ramírez informó a Walker de que lo habían enviado de León a fin de ver que se tomasen todas las providencias necesarias para recibir a los americanos. Se les había preparado alojamiento en El Realejo y el director anhelaba ver a Walker lo más pronto posible.

En cuanto ancló el bergantín se alistaron los pasajeros para ir al pueblo, situado a cuatro o cinco millas del puerto, río arriba. Para esto se tomaron varios bongos, y poco después del mediodía los boteros del país arrancaron al remo del costado del bergantín. Los americanos portaban sus ropas y mantas, así como sus armas y municiones; todos tenían un rifle y muchos un revólver. Penetraron los bongos en el río y rara vez se alteraba el silencio, a no ser por el chapuzón de los remos en el agua, o el grito estridente de un guacamayo que lanzaba su nota discordante desde las ramas que se proyectaban sobre el agua.

La sombra profunda de la selva tropical causaba mayor impresión a causa del océano de luz que la envolvía, y el sosiego de toda la Naturaleza inspiraba al espectador un respeto que imponía el silencio y la meditación. Pero al cabo de un rato de remar, los boteros del país, a quienes una larga costumbre había embotado los sentidos respecto de las peculiares sensaciones que daba el paisaje, se pusieron a charlar acerca de lo que veían de paso y no dejaron de señalar las piedras empleadas por Morgan como lastre y que echó fuera de su navío para meter en él el precioso cargamento que le proporcionó el saqueo de El Realejo. La distancia del puerto a que hoy se encuentra este lugar se debe en realidad al miedo que los españoles tenían a los bucaneros del siglo XVII.

Eran cerca de las cuatro de la tarde cuando los americanos arribaron al muelle de El Realejo y por primera vez pusieron el pie en tierra de Nicaragua. Cerca del desembarcadero estaba el cuartel, y al pasar Walker el oficial, un joven ágil y activo con una capita de color de grana graciosamente puesta en el hombro izquierdo hizo salir la guardia y saludó. Todos los soldados llevaban una cinta colorada con la leyenda "Ejército Democrático" impresa en ella, y aunque no tenían uniforme ni más música que un tambor muy destemplado, su porte marcial era bueno y su marcha excelente, porque no la entorpecían zapatos ni sandalias. Al pasar los americanos por las calles en dirección del alojamiento que les habían señalado, las mujeres, luciendo sus mejores prendas y armadas de sus más seductoras sonrisas, se asomaban a las puertas y ventanas, saludando con mucha gracia natural a los extranjeros que venían a buscar entre ellas un hogar y a compartir la suerte que estaban corriendo sus maridos y sus novios, sus padres y sus hermanos.

Temprano de la mañana siguiente Walker y Crocker, acompañados del coronel Ramírez y del capitán Doubleday, un americano que había servido en el ejército democrático durante el sitio de Granada, salieron para León. Al entrar en la ciudad de Chinandega las campanas dieron un repique de bienvenida, y en todos los pueblos del camino fueron objeto de demostraciones de benevolencia y hospitalidad. El camino que de Chinandega conduce a León, pasando por Chichigalpa y Posoltega, atraviesa una comarca que debe mucho a la Naturaleza y poco al hombre, y hasta este poco lo echaban a perder las constantes huellas de las violencias revolucionarias. A la sombra de una magnífica ceiba estaba una compañía de soldados con los pantalones recogidos hasta más arriba de las rodillas; pero al observarla con atención, se notaba que los cabos y sargentos vigilaban cuidadosamente, temerosos de que sus nuevos reclutas aprovechasen la parada para escurrirse un instante, librándose así del servicio militar aborrecido.

Era un consuelo dejar de lado al hombre y sus obras para ponerse a contemplar la Naturaleza brillante de hermosura con sus galas tropicales. A medida que se iban acercando a León, los viajeros veían surgir ante sus ojos una vasta llanura que parece no tener límites cuando se mira al sur, en tanto que dirigiendo la vista al norte se divisa la encumbrada línea de volcanes —de un lado El Viejo y del otro el Momotombo— que se extiende desde el golfo de Fonseca hasta el lago de Managua. El muro meridional que cierra la llanura, formado por las montañas que rodean a Managua, sólo se ve desde lo alto de la torre de la catedral de la ciudad de León, desde donde se divisa también el océano por entre el boquete abierto en la serranía costanera.

Pero los compañeros del atezado Ramírez no habían venido a Centro América para meditar sobre la Naturaleza o admirar sus grandiosas proporciones en aquellas latitudes meridionales. La vista de un piquete de soldados en las afueras de la ciudad, no obstante hallarse a tres cuartos de legua cuando menos de la plaza, indicaba mejor cuáles eran los objetos que tenían en mira, y cabalgando rápidamente por calles y callejuelas no tardaron en llegar a casa del director provisional.

Castellón recibió a los recién llegados con franca cordialidad, expresando el vivo placer que le proporcionaba su venida. No fueron necesarios muchos minutos para ver aquel hombre no era el llamado a dirigir un movimiento revolucionario o hacerlo triunfar. Había cierta indecisión, no sólo en sus palabras y facciones, sino también hasta en su manera de andar y los movimientos generales de su cuerpo, y las circunstancias que le rodeaban parecían agravar este rasgo de su carácter. Una breve conversación reveló su impaciencia porque Walker se entrevistase con Muñoz, y desde luego dijo que tenía necesidad del auxilio militar de los americanos para asegurar el triunfo del gobierno provisional. Añadió que su deseo era verlos entrar a servir en calidad de cuerpo separado y propuso darles el nombre de "La Falange Americana".

Por la noche vino Muñoz de visita a casa del director y Walker le fue presentado. El contraste entre la manera de ser del jefe del ejecutivo y la del general era sorprendente: Castellón resultaba modesto, suave, casi encogido al hablar; Muñoz tenía un aire de fatuidad que delataba su creencia de ser superior a todos los que le rodeaban. No era difícil ver que aquellos dos hombres no se querían; pero Castellón disimulaba mejor que Muñoz sus sentimientos y opiniones. Habiendo saludado a Walker, no tardó el general en ponerse a hacer las más ridículas comparaciones entre los méritos militares del general Scott y los del general Taylor, descubriendo a cada frase su ignorancia y la debilidad de su carácter. Muñoz dio a entender a los americanos que el nuevo elemento propuesto por Castellón no era de su gusto, y Walker, después de haberse retirado el general en jefe, manifestó al director que, si él y sus compañeros entraban a servir al gobierno provisional, era bien entendido que no se les pondría bajo las órdenes de Muñoz. Walker comprendió que de ningún modo se oponía Castellón a que alguien le ayudase a llevar la carga que para él representaba la persona del general en jefe.

Al siguiente día resolvió Walker volver a Chinandega para enterar a los americanos del deseo de Castellón de que entrasen a servirle en calidad de soldados. Antes de partir y por si éstos se enrolaban, propuso al director marchar inmediatamente sobre Rivas, a fin de ocupar el departamento Meridional. Caso de tener buen éxito, este movimiento proporcionaría dinero al gobierno, que a la sazón se veía obligado a recargar los impuestos y por consiguiente a crear el descontento en los habitantes del departamento de Occidente, y la ocupación de la vía del Tránsito pondría a los americanos en aptitud de aumentar su número con viajeros de los que pasaban por allí. El director dijo que comunicaría la proposición a su ministro de la Guerra D. Buenaventura Selva y haría saber a Walker lo que se resolviera en el asunto.

Habiendo regresado Walker a Chinandega encontró allí a los americanos y éstos se mostraron encantados al saber que Castellón deseaba engancharlos en el ejército, pudiendo ser llamados dentro de poco a marchar contra el enemigo. El 20 de junio recibió Walker un despacho de coronel del ejército democrático, y el secretario de la Guerra le hizo saber que se darían otros grados a los oficiales americanos, de acuerdo con lo que él indicase. Achilles Kewen recibió el de teniente coronel, Crocker el de mayor; y habiéndose organizado la Falange con dos compañías, se nombraron dos capitanes, siendo C. C. Hornsby el más antiguo. Conforme a la constitución de 1838, bastaba una simple declaración hecha por un ciudadano nacido en una de las repúblicas americanas, para obtener su naturalización en Nicaragua. La mayor parte de los de la Falange se hicieron nicaragüenses con arreglo a esta cláusula.

El secretario de la Guerra, al enviar su nombramiento a Walker, le hizo saber que el director deseaba que organizase una fuerza para operar contra el enemigo en el departamento Meridional; que al coronel Ramírez se había ordenado reclutar doscientos hombres del país y presentarse con su tropa al coronel Walker tan pronto como éste estuviera listo para marchar, y que a los funcionarios civiles y militares de Chinandega y El Realejo se les había mandado facilitarle todo cuanto pudiera necesitar en materia de víveres y medios de transporte para la fuerza puesta a sus órdenes.

CAPÍTULO II: Rivas, 29 de junio de 1855

Tan pronto como recibió los despachos del gobierno en que se le daba el mando de una fuerza expedicionaria para operar contra los legitimistas de Rivas, Walker se puso a alistarla Falange—nombre con que de ahí en adelante fueron designados los americanos—para ir a El Realejo de donde debía salir embarcada en el "Vesta", con destino a un punto del departamento Meridional. Los bastimentos y pertrechos se mandaron en carretas de bueyes a El Realejo y de allí en bongos al bergantín anclado en la Punta Icaco. El 23, tres días después de llegar la orden a Chinandega, la fuerza estaba a bordo lista para salir. Ramírez se había movido con lentitud, mostrando poca inclinación a la empresa, por juzgarla peligrosa y desacertada. Estaba evidentemente bajo la influencia de lo dicho por Muñoz, el cual era bien sabido que desaprobaba la expedición a Rivas. De tanto peso fue la opinión del general en la conducta de Ramírez, que éste puso poco empeño en reunir los doscientos hombres que el director había dispuesto formasen la tropa del país.

No eran muchos más de cien los que se revistaron sobre la cubierta del "Vesta" cuando éste estuvo listo para hacerse a la vela. Entre los oficiales de Ramírez figuraba Mariano Méndez, indio de pura raza que desde sus mocedades había tomado parte en revueltas y contrarrevueltas. Además de violentas pasiones y apetitos desenfrenados, tenía un valor y una experiencia que lo hacían a veces útil para los que solían intentar hacer cambios políticos con fines personales; y cuando era necesario pelear montaban al viejo cacique en un buen caballo con una recia lanza en la mano y se quedaban esperando, y con razón, que llevase a cabo las empresas más temerarias. Totalmente impropio para la vida civil e incapaz de someterse a las severas reglas de la disciplina militar, era un instrumento peligroso y un amigo que no merecía confianza.

No quiso servir a las órdenes de Ramírez y tan sólo obedecía las que personalmente le daba Walker. A bordo del "Vesta" su principal distracción era desplegar su manta sobre la cubierta y rodearse de una porción de soldados para jugar al monte, su juego favorito. Una vez que el dinero de los jugadores había caído en la manta de Mariano, el hecho de que las cartas le fuesen favorables o no importaba poco para la suerte que debían correr las monedas. Méndez estimaba, y así parecían creerlo también algunos, que para un soldado era mucha honra apostar con un coronel de lanceros, grado que decía tener, y que el modo de pagar cortésmente tan señalada distinción era perdiendo el dinero. Muñoz estaba sin duda contento de la partida de Méndez para León, y por su parte el coronel de lanceros se sentía alegre de trocar el aguardiente de Subtiaba por el chocolate de Rivas, sobre todo con la perspectiva de poder escamotear algunos zurrones de cacao para venderlos a los indios de su vecindario en León.

No se había olvidado el director de organizar un gobierno civil por si la expedición lograba echar raíces en el departamento Meridional. Don Máximo Espinosa, propietario de una valiosa hacienda de cacao situada cerca de Rivas, fue autorizado por el ministro de Relaciones Exteriores, D. Francisco Baca, para actuar como prefecto del departamento y también como delegado para recaudar las rentas tan necesarias al sostenimiento del gobierno provisional. Espinosa era un anciano de más de setenta años con cara de Don Quijote y esos ojos obscuros y sin brillo, llenos de melancolía, tan característicos en los de su raza. La pasión que al parecer le dominaba era el odio que sentía por D. Juan Ruiz, uno de los ministros de Estrada, cuyas tierras colindaban con las suyas; y es lo probable que alguna añeja cuestión de linderos entre D. Juan y don Máximo fuese el motivo que determinó al segundo a afiliarse a la causa sostenida por el ejército democrático. Como había vivido toda su vida en la vecindad de Rivas, se pensó que Espinosa debía de conocer bien los caminos y lugares situados en los contornos de esta ciudad. Un sobrino suyo que le acompañaba era también conocedor del departamento Meridional y los servicios que prestó como guía fueron útiles a la expedición.

El "Vesta" se puso bajo el mando de Morton, y aunque éste conocía bien la costa y aprovechó los vientos todo lo posible, Walker no pudo desembarcar hasta cuatro días después de haber salido de la Punta Icaco. El 27 de junio por la tarde, hacia la puesta del sol, se bajaron los botes para desembarcar la fuerza en un punto llamado El Gigante, un poco arriba de Brito y a unas seis leguas al norte de San Juan del Sur. Los botes eran pocos y pequeños, y De Brissot, que por su deseo de ponerse en evidencia daba a menudo traspiés, hizo encallar contra las rocas el bote ballenero que tenía a su cargo, en su primer viaje a tierra. Era ya casi la medianoche cuando toda la fuerza, compuesta de 55 americanos y 110 naturales del país, fue desembarcada en la costa. Al empezar el desembarco la luna brillaba muy clara; pero hacia las once se encapotó el cielo. Las nubes fueron haciéndose cada vez más densas y opacas, y antes de haberse formado la fuerza en orden de marcha empezaron a caer gotas de lluvia, precursoras de un gran aguacero. Espinosa y su sobrino encontraron la vereda que atraviesa la serranía costanera de Rivas, y cerca de la medianoche, marchando los americanos adelante, Ramírez y su tropa a retaguardia y en el centro algunos soldados del país encargados de llevar las municiones tapadas con cueros, la columna emprendió la marcha tierra adentro.

Los soldados no llevaban más que sus armas, sus mantas y provisiones para dos días en la mochila, de suerte que avanzaban tan de prisa como lo permitía la calidad del suelo, húmedo y fangoso; pero no habían andado más de media milla cuando rompió a llover a torrentes. Espinosa y su sobrino perdieron después el sendero; el viejo se quejaba de cólico y el joven parecía temeroso de aventurarse más lejos. Se mandó hacer alto y se despacharon varios soldados a buscar la senda; entretanto la tropa se guareció como pudo bajo el follaje de los grandes árboles negros de la selva. Pero pasados algunos minutos cesó la lluvia, fue encontrada la vereda y la tropa continuó su marcha. En la madrugada la pequeña fuerza había recobrado un poco el brío y estaba repuesta de la mojada de la noche anterior. Marchando de prisa por la selva espesa se evitaron todas las viviendas para sorprender al enemigo, si era posible, en la noche del 28. Cerca de las nueve se llegó a una casa vieja de adobes deshabitada y se hizo alto durante varias horas para tomar el desayuno y un descanso.

Aquella mañana el campamento parecía enteramente de gitanos. Las alas gachas de los sombreros de fieltro de los de la Falange acusaban los efectos de la lluvia de la noche anterior, y las barbas pobladas y crecidas daban a la mayor parte un aire torvo y amenazador. Tan pronto como se colocaron los centinelas, los americanos se pusieron a hincar el diente en las galletas y la carne fría, regándolas de vez en cuando con un trago de licor salido de una cantimplora, y los soldados del país fueron sacando su provisión de queso y tortillas y un poco de tiste —mezcla de cacao, azúcar y maíz molido disuelta en agua— de las jícaras fantásticamente labradas que llevaban pendientes de un cordel que pasaba por un ojal de la chaqueta o de los pantalones.

Después del desayuno y de varias horas de sueño, la fuerza estaba bien preparada para continuar su marcha; las impresiones desagradables de la noche se olvidaron del todo al gozar de los efectos balsámicos del aire suave y tenue, que parecía un fluido enteramente distinto de la atmósfera de los climas septentrionales. Sentíamos como si una exhalación de opio ligera y vaporosa, unas veces calmante y otra estimulante, se mezclase a intervalos con los elementos ordinarios de la atmósfera; pero al anochecer las nubes comenzaron a agruparse de nuevo y poco después llovió sin tregua. El mal tiempo vino a entorpecer de tal modo la marcha que Walker vio que no podría llegar a Rivas antes de rayar el día, como lo esperaba. Los naturales del país se quejaron del peso que llevaban a cuestas y fue necesario conseguir caballos de carga para la tropa. Además, muchos de los americanos, cansados y despeados como estaban, perdieron algo del nervio necesario para el combate.

En el pueblo de Tola estaba un pequeño cuerpo de jinetes enviado por el comandante de Rivas para vigilar el avance de Walker, cuya salida de El Realejo ya le había sido avisada a Corral en Granada. Se dijo que esta noticia la llevó a los legitimistas un alemán a quien Muñoz dio un pasaporte para salir de León. La cosa no es improbable y fue confirmada por tal cúmulo de circunstancias, que no es extraño que los americanos la tuvieran por un hecho bien probado. Los mismos legitimistas dijeron que la primera noticia les fue dada por el alemán.

Lo cierto es que éste pasó por Pueblo Nuevo con un pasaporte expedido por el general en jefe del ejército democrático. Al saber que Walker había salido embarcado de El Realejo, Corral despachó al coronel Bosque con una fuerza a Rivas. Habiendo llegado a esta ciudad, Bosque se puso a construir trincheras y a enrolar a los vecinos como soldados. Mandó jinetes a recorrer el país entre Rivas y la costa, y según los informes que le dieron a Walker algunos demócratas cerca de Tola, había veinte alojados en el pueblo el 28 por la noche. A medida que se acercaba la fuerza expedicionaria a Tola, iba apretando la lluvia; los caminos se llenaron de agua y a los soldados les fue ya

44

imposible conservar sus municiones secas. Al llegar a media milla del pueblo se enviaron adelante unos veinte hombres para atacar y si era posible copar al enemigo que allí estaba. El destacamento avanzó rápidamente, siguiéndolo el resto de la tropa a corta distancia. Habiendo llegado a las inmediaciones del pueblo, Walker oyó, entre dos grandes truenos, la detonación aguda de los rifles americanos; después nada. El destacamento había encontrado a los legitimistas en la galería externa de una de las casas principales del pueblo, y tan lejos estaban éstos de aguardar al enemigo en medio de la tormenta, que se encontraban jugando a los naipes sin haber puesto un centinela. Varios fueron heridos, entre otros el oficial que los mandaba; los demás huyeron, llevando a Rivas la noticia del avance de los americanos. Después de apoderarse de los caballos de los legitimistas, los demócratas colocaron centinelas e hicieron alto para pasar la noche. Se ordenó al cirujano Dr. Jones atender a los prisioneros heridos, con gran disgusto de algunos de los oficiales del país, quienes opinaban que debían ser fusilados.

A la mañana siguiente, poco después de las ocho, Walker marchó en dirección de Rivas, situado a unas nueve millas al este de Tola. El día no tardó en ponerse claro y brillante, y la Falange, ávida de pelea, avanzaba de prisa. Habiendo encontrado un caballo y quitado una lanza al enemigo, Méndez, muy fogoso, iba cerca de la cabeza de la columna, instando a veces a los de la vanguardia para que le dejasen tomar la delantera; pero Ramírez se quedaba atrás y hasta contenía su tropa cuando se acercaba mucho a los americanos. De vez en cuando, placeras que venían de Rivas con cestos de frutas puestos en la cabeza, daban una alegre bienvenida a los soldados, saludando familiarmente con un gesto a sus conocidos entre los naturales del país y maravillándose mucho de las extrañas figuras de los hombres de California. No se divertían menos los americanos con las caras y las cosas nuevas encontradas en el camino, los que sabían algo de español prodigaban a las mozas las palabras de cariño de que podían hacer alarde, y a éstas parecían gustarles los requiebros de los hombres de la tierra del oro. Al llegar la tropa a la cima de un cerro, a unas cuatro millas de Rivas, surgió ante ella un espectáculo lleno de belleza y esplendor que la hizo olvidarse por un rato de todo lo demás, hasta del anhelado conflicto en que pronto iba a verse empeñada.

Al llegar la vanguardia a una revuelta del camino hizo alto involuntariamente por un instante, y aunque la orden era de marchar en silencio, todos los labios dejaron escapar una exclamación de sorpresa y de placer. Méndez, el cual iba adelante con su lanza, en uno de cuyos extremos ondeaba la banderola roja descansando el otro en el estribo, tan sólo pronunció una palabra: "Ometepe". Para él aquella vista era familiar; para los americanos una visión encantadora. Allí estaba el lago de Nicaragua en toda su grandeza, y surgiendo de él, como Venus del mar, el gracioso y alto cono del Ometepe. La obscura selva tropical cubría las faldas del volcán que parecía reposar bajo la influencia de los suaves rayos del sol que lo bañaban. Su forma refería su historia como si estuviese escrita en un libro, y su aspecto era a tal punto el de una persona durmiendo la siesta, que el espectador no se habría sorprendido de verlo despertar de pronto arrojando lava de sus entrañas ardientes. A la primera mirada casi nos quedamos sin resuello, y apenas se había repuesto la Falange de la impresión recibida, se le ordenó hacer alto frente a una casa de campo situada a unos pocos centenares de yardas de Rivas, a fin de que se preparase para atacar la ciudad.

A una milla más o menos de Rivas, Walker se había metido por el camino que conduce a Granada, para poder entrar por el norte. Tomó este rumbo con el objeto de apoderarse de una de las haciendas de Maliaño o de Santa Ursula, dos fincas de cacao situadas en los linderos de la ciudad, que eran buenas posiciones para el ataque o la defensa de la misma. Walker mandó hacer alto a menos de media milla de las primeras casas, reunió a sus principales oficiales, americanos y del país, para explicarles su plan de ataque, y a cada uno de ellos indicó lo que debía hacer por separado. A Kewen y Crocker ordenó barrer al enemigo de las calles, si era posible, haciendo avanzar de prisa a los americanos hasta llegar a la plaza, en tanto que Ramírez con su gente debía seguirlos de cerca, protegiendo lo mejor que pudiese los flancos y la retaguardia. Para dar estas órdenes bastaron algunos momentos y todos dijeron haber entendido perfectamente qué puestos se les habían señalado. Kewen y Crocker dieron en seguida a su gente la orden de avanzar. Cuando llegaron a un punto desde el cual se veían las primeras casas, una tropa enemiga rompió el fuego; la respuesta de los rifles fue aguda y mortífera, y el grito que dieron los americanos, al lanzarse al ataque, delató su avidez de pelear. Los legitimistas retrocedieron rápidamente hacia la plaza; la Falange tomó la colina de Santa Úrsula, y los soldados, hundiendo las puertas a culatazos, pronto se apoderaron de las casas situadas en la cima. Walker pasó por allí a caballo en el momento preciso en que penetraban en las casas, y al ver a Crocker, el cual se había adelantado un poco, lo llamó para preguntarle hasta dónde había avanzado la tropa en dirección de la plaza. Crocker estaba sin resuello por la excitación; le salía sangre de la barba a causa del refilón de una bala, un brazo le colgaba inerte de un balazo que se lo atravesó cerca del hombro, en la otra mano tenía el revólver de reglamento del ejército con la mitad de los cañones descargados; pero se encontraba poseído de la rabia de combatir, y sin cuidarse de sus heridas se esforzaba en hacer avanzar su tropa contra el enemigo. Desde que vio a su jefe contuvo la voz y le dijo en tono bajo:

—Mi coronel, la gente vacila; no puedo hacerla avanzar.

Mirando entonces a retaguardia, Walker notó que la tropa de Ramírez no estaba todavía a la vista. Las mulas y los caballos de carga que traían las municiones venían caminando despacio, y un poco a la derecha estaba Méndez con algunos soldados del país. Al ponerse al frente de los suyos, Walker se convenció de que como lo decía Crocker era por desgracia cierto que no se les podía hacer avanzar. Al mismo tiempo el coronel Argüello, que acababa de llegar con fuerzas de San Juan del Sur, abrió un fuego nutrido sobre el flanco izquierdo de los americanos. Estos se concentraron entonces en una casa grande de adobes situada cerca de la colina de Santa Úrsula y en algunas casitas del otro lado de la calle; se desempaquetaron las municiones y toda la fuerza se puso a cubierto, hasta donde era posible, a fin de tener un respiro antes de entrar de nuevo en acción.

Al ver que Ramírez no se apresuraba a venir en auxilio de los americanos, el enemigo se coló por entre los dos cuerpos, y «Madre Gil», como llamaban al coronel leonés, se fue con casi toda su tropa para la frontera de Costa Rica, creyendo sin duda que la Falange iba a ser aniquilada. Por su lado los legitimistas, al notar la desaparición de Ramírez, se pusieron a apretar a los americanos por todas partes, dando a las casas varios asaltos en que los rifles americanos hicieron estragos. Los cadáveres de los de las cintas blancas yacían amontonados en las calles, y los americanos tuvieron varios muertos y heridos al principio del combate; pero no decayó su ánimo hasta que supieron la muerte de Crocker y luego la de Kewen. Sin embargo, aun después de esto se consiguió que la tropa diese una carga para desalojar al enemigo de un cañón viejo de a cuatro que trataba de apuntar contra las casas ocupadas por los americanos. La carga tuvo buen éxito y el enemigo no pudo hacer uso de la pieza durante el combate. En seguida intentaron los legitimistas dar fuego a las casas defendidas por los demócratas y solamente pudieron quemar el techo de una de ellas. En aquel momento pasaban de quince los americanos muertos o heridos, no quedando más de treinta y cinco en aptitud de pelear. El combate empezó a las doce del día y eran cerca de las cuatro de la tarde cuando se dio la orden de prepararse para la retirada. Era forzoso dejar a varios heridos; pero a todos los que no estaban enteramente imposibilitados para andar se les comunicó el propósito de abandonar las casas, a fin de que estuviesen listos para salir cuando se diese la orden de hacerlo. Protegidos por la tupida maleza, los enemigos, en número bastante grande, habían llegado hasta muy cerca de las casas cuando se ordenó la salida. Los americanos dieron un grito en el momento de echarse fuera; los enemigos más próximos volvieron las espaldas, huyendo en confusión, y el grueso de la fuerza legitimista paralizado, por decirlo así, ante el aspecto ofensivo del movimiento de los americanos, se quedó por todas partes en espera de un ataque; y así fue como escapó la Falange de la difícil situación en que estaba, a costa de un muerto solamente.

Cuando los americanos atacaron a Rivas, es probable que los legitimistas tuviesen quinientos hombres en la ciudad, y poco después de iniciado el combate fue reforzados por Argüello que mandaba unos setenta y cinco u ochenta más. Según los informes más verídicos, murieron por lo menos setenta legitimistas y otros tantos quedaron heridos. Los americanos tuvieron seis muertos y doce heridos; de éstos, los seis que se dejaron fueron bárbaramente asesinados por el enemigo, el cual quemó los cadáveres. Después de semejante jornada, los legitimistas no tenían muchas ganas de perseguir a los que acababan de darles la primera lección de cómo se maneja un rifle.

Pero las bajas de los americanos no debían estimarse por el número. La índole caballerosa de Kewen valía más que una hueste de hombres comunes, y la muerte de Crocker era una pérdida casi irreparable. Con su aspecto de muchacho, su cuerpo pequeño y su cara casi femenina por lo delicada y bella, tenía el Corazón de un león, y su mirada, de ordinario suave y apacible, aunque firme en la expresión, percibía con rapidez el movimiento en falso del adversario y entonces el destello que despedía era como el que brota del alfanje al caer sobre la cabeza del enemigo. A pesar de tener poca experiencia militar y aun menos estudio de la materia, era hombre que sabía arrastrar a los demás al peligro, y ninguno de los que le conocían abrigaba el temor de que metiese su tropa en una posición de donde su valor y habilidad no pudiesen sacarla después. Para Walker no tenía precio, porque habían estado juntos en muchos momentos de prueba y el compañerismo en las dificultades y los peligros había creado entre ellos una especie de francmasonería.

Dos naturales del país habían permanecido en Rivas con los americanos durante casi todo el día. El uno era un muchacho y el otro un hombre muy conocedor de la región de Rivas. Guiada por éste se retiró la pequeña partida por entre cacaotales, en busca de algún camino que la llevase al Tránsito. Marchaba por supuesto lentamente y a menudo había que aguardar a los heridos. Entre los de mayor gravedad estaban De Brissot y Anderson (más tarde el coronel Anderson).

Al primero le habían atravesado la parte carnosa del muslo, y el segundo, además de una herida, también en el muslo, tenía un chasponazo en el cuero cabelludo y una cortadura en un pie. El capitán Doubleday, quien formaba parte de la expedición en calidad de voluntario, le fue útil a ésta por el conocimiento que tenía de la índole de las gentes del país y de su manera de hacer la guerra. A pesar de haber recibido una herida dolorosa en la cabeza, ni un solo instante flaquearon su valor y presencia de ánimo. Cuando la partida que iba de retirada andaba errante en los cacaotales, se encontró dos o tres veces con labriegos del país; éstos acostumbran salir huyendo al ver hombres armados, por miedo de que les obliguen a prestar servicio militar. En una ocasión fue alcanzado un viejo lerdo y marrullero, el cual, después de vacilar un poco, entreabrió su chaqueta para mostrar una escarapela roja que tenía debajo de ella; pero al mismo tiempo los americanos vieron caer al suelo una escarapela blanca, lo que para ellos fue motivo de diversión. El pobre hombre, al cabo de un día de perplejidad en tiempos de revuelta, había pensado que lo mejor era llevar un emblema blanco para los legitimistas y otro rojo para los demócratas. Los mismos americanos no carecían de una prudencia parecida; muchos de ellos se habían quitado del sombrero la cinta colorada para no llamar la atención de los destacamentos enemigos; pero esta precaución era inútil, ya que su idioma, traje y modales decían claramente cuál era su raza y por consiguiente el partido a que pertenecían.

Era ya casi de noche cuando pudo llegar el guía al camino que conduce de Rivas a San Jorge, en un punto situado casi a igual distancia de estos dos lugares. Al acercarse la Falange a la carretera, las campanas de Buenos Aires tocaban a lo lejos y Doubleday creyó que lo hacían en celebración de la victoria de los legitimistas; pero aquel toque era probablemente el de vísperas usual. Marchando de prisa, los restos de la fuerza expedicionaria pasaron por los arrabales de San Jorge cerca del anochecer. Todas las puertas estaban cerradas, como es costumbre cuando se ha librado una batalla en las vecindades, y se habría dicho que todos los perros del pueblo ladraban a la huella de los americanos. Walker ordenó a Mayorga, el guía, llevar la tropa al Tránsito por el sendero más solitario que fuera posible, y éste la condujo pronto a una vereda que corre a la derecha del camino de Rivas a La Virgen.

El suelo era fangoso y áspero. A veces se hundían los soldados en él hasta más arriba del calzado y aun hasta las pantorrillas; y si aquella marcha era dura para los que estaban sanos, ¡cuánto más no lo sería para Anderson y De Brissot que tenían los muslos agujereados por balas de fusil! Pero la retaguardia cumplió bien con su deber, manteniendo la cohesión de la columna y conservando la necesaria sangre fría y entereza para hacer frente al enemigo en caso de persecución; pero de esto no había traza y hacia la medianoche los soldados de la Falange, rendidos de cansancio, hicieron alto y se acamparon hasta la mañana siguiente en una choza desierta, situada en la cumbre de una colina, a unas dos millas del camino del Tránsito.

Un rato de sueño y un copioso desayuno hicieron revivir los agotados bríos de la tropa, y antes de las nueve de la mañana del 30 se encontraba ésta bregando una vez más con el barro del sendero. No tardó en divisar la blanca carretera del Tránsito, a unas dos o tres millas de La Virgen. Parecía un camino de los Estados Unidos y su aspecto bastó para dar fuerzas a la Falange y nueva vida a los mismos heridos. Pocos minutos después de llegar al Tránsito, oyó Walker a lo lejos y hacia adelante el sonido de un cencerro. El guía dijo que era la recua de mulas que conducía los caudales[10], porque los pasajeros habían pasado el día anterior para La Virgen, procedentes de San Juan del Sur. Como la recua solía venir acompañada de una escolta, Walker, temeroso de un encuentro entre ésta y su tropa, así como de las tergiversaciones a que por fuerza daría lugar este hecho, se apresuró a mandar a los suyos que se ocultasen en la falda de una colina, frente a la cual iban pasando en aquel momento, y respiró al ver desfilar toda la recua sin más acompañamiento que los arrieros que cuidaban de ella. Se reanudó la marcha y cerca de la casa del Medio Camino se vio venir a caballo un individuo llamado Dewey, que había sido tahur en California. Acercándose a Walker le dijo que venía de San Juan del Sur y que algunos de los demócratas del país, entre otros Méndez, habían pasado por allí la noche anterior de camino para Costa Rica; pero que no habían llegado ningunos legitimistas desde la salida de Argüello para Rivas en la madrugada del 29.

Poco después de la puesta del sol, los vecinos de San Juan del Sur vieron desfilar por las calles del pueblo y alojarse en el cuartel situado cerca de la playa, unos cuarenta y cinco hombres de los cuales varios venían heridos, otros sin sombrero, otros descalzos y todos enlodados y arrastrando sus rifles. En aquel momento el aspecto de la Falange no era imponente; pero los que saben descifrar el semblante de los hombres, podían leer en el de aquéllos la entereza con que sufrían los golpes de la adversidad. Ni en su manera de marchar, ni en sus ademanes había vacilaciones. Unos pocos, a los que ni siquiera podría darse el nombre de destacamento, recibieron orden de apoderarse de los botecitos del puerto y de tenerlos custodiados. La goleta costarricense «San José» ancló en el momento preciso de entrar la

---

[10] El oro que procedente de California iba en tránsito para Nueva York. Nota del Traductor.

Falange en el cuartel, y antes de que ninguno de sus oficiales o tripulantes bajase a tierra, ya estaban a bordo unos pocos americanos que la detuvieron hasta nueva orden. Walker esperaba saber algo del "Vesta" por haberse ordenado a Morton que estuviese cruzando frente a San Juan del Sur hasta ver cierta señal en tierra; pero no obstante haber allí muchos amigos de los demócratas, nadie pudo dar ninguna noticia del "Vesta". Varios vecinos del pueblo hicieron cuanto estuvo en sus facultades por los soldados heridos y desvalidos, y hasta en aquellos momentos infortunados un irlandés, Peter Burns, y un tejano, Henry McLeod, tuvieron la audacia de ligar sui destino al de la Falange. Para los soldados resultaba alentador ver que no sólo ellos consideraban que su suerte no era totalmente desesperada, y este refuerzo, no obstante ser tan pequeño, añadió vigor moral y material a la tropa.

No teniendo noticia alguna del "Vesta", resolvió Walker obligar a la "San José" a prestarle servicio para salir en busca del bergantín y, caso de no encontrarlo, para irse por mar a El Realejo. Por consiguiente, se mandaron los heridos a la goleta y poco después fueron tras ellos los demás. Encontraron al propietario, un tal Alvarado, de Puntarenas, a bordo de la "San José" que en San Francisco había sido barco piloto. Alvarado recibió cortésmente a la tropa, y Walker le aseguró que los demócratas no se servirían de la goleta sino durante el tiempo estrictamente necesario; y como este mismo barco había traído a Guardiola, militar de importancia, de Guatemala a Nicaragua, con el propósito manifiesto de hacer la guerra al gobierno provisional de León, Alvarado creyó conveniente mostrarse atento, por temor de que le decomisasen la goleta en El Realejo. En lo que pudiera llamarse diplomacia menuda, ninguna raza de las del continente aventaja a los centroamericanos.

Cuando la Falange llegó a bordo de la «San José» estaba subiendo la marea y soplaba poco viento o ninguno; de modo que el barco se quedó anclado en espera del reflujo y de la brisa matutina para zarpar. La mayor parte de los soldados, rendidos como estaban por los trabajos que habían pasado y la excitación nerviosa de los tres últimos días, se dejaron caer en el acto sobre la cubierta, quedándose dormidos casi al tocarla; pero Walker, el capitán Hornsby y algunos más se quedaron en vela, observando con ansiedad la tierra, por si había señales de algún movimiento, y mirando con igual atención el agua y el cielo, a fin de no dejar pasar inadvertido el menor síntoma de la marea menguante o de la anhelada brisa. Estando con los cinco sentidos fijos en estas cosas, vieron de pronto salir llamas del cuartel situado cerca de la playa, y con espanto les pareció que el fuego invadía en un instante la mitad del pueblo. En el acto se mandó un bote para averiguar lo que aquel incendio significaba. Fijándose bien, las llamas parecían estar circunscritas y no se propagaron gracias a la calma de la noche. Al cabo de algunos minutos regresó el bote con la noticia de que el cuartel había sido incendiado por Dewey y un marinero llamado Sam. El primero era un americano que había vivido algún tiempo en el Istmo; el segundo el propietario de una lanchita que viajaba entre El Realejo y San Juan del Sur y había seguido al "Vesta" cuando éste fue al Gigante.

Estos dos individuos tenían odios personales contra ciertos legitimistas del Tránsito, y aprovechando las circunstancias determinaron vengarse con aquel acto de destrucción. Puede ser también que el afán de saqueo y la esperanza de poder saciar su codicia durante la confusión causada por el incendio, fuesen en parte los móviles del hecho; porque Dewey era un hombre temerario que había huido de California para librarse del castigo que merecían sus crímenes. El acto cometido por aquellos dos individuos había puesto en peligro a toda la población. Las casas eran de madera y un vientecito leve habría comunicado el fuego a casi todas.

A Walker le importaba mucho apoderarse de los incendiarios y castigar su crimen; no siendo así toda la responsabilidad del hecho podría recaer sobre los americanos al servicio del partido demócrata, y los enemigos de éste dirían que, por desquitarse del rechazo sufrido en Rivas, habían tratado de quemar, como salvajes, una población inofensiva. Por este motivo se mandó a un oficial con unos pocos hombres —las armas iban ocultas en el fondo del bote— para que procurasen traer a Dewey y a Sam a bordo de la "San José". En parte con engaños y en parte por fuerza se trajo a Sam a la goleta; pero Dewey, que tenía sus dudas sobre las consecuencias, rehusó aventurarse a venir a bordo y creyó tomar el camino más seguro yendo a meterse en la lancha de Sam, amarrada por fortuna en la popa de la goleta. Tan pronto como Sam hubo atravesado la borda de la "San

José", se vino hacia donde se encontraba Walker —tambaleando, porque estaba ebrio— y se jactó abiertamente de que él y Dewey habían dado fuego al cuartel y de que este acto era lícito contra los legitimistas. Después de las declaraciones de Sam ya no podía caber ninguna duda respecto a su culpabilidad, así como tampoco a la de Dewey, toda vez que Sam había manifestado lo mismo en presencia de su cómplice, sin que éste lo contradijese. El hecho de haberse negado Dewey a comparecer ante Walker, implicaba también un delito. Por consiguiente, se ordenó juzgar a Sam, y, después de una breve consulta con el capitán Hornsby y John Markham (después el coronel Markham), el cual había mostrado mucha discreción en Rivas y durante la marcha al regreso de esta ciudad, Walker resolvió mandar el criminal a tierra a fin de que lo ejecutasen allí. Además, se pusieron rifleros en la popa de la goleta para vigilar la lancha e impedir que Dewey cortase los cables que la sujetaban a aquélla.

El prisionero se mandó a tierra a cargo del capitán Hornsby y unos pocos hombres escogidos, con orden de fusilarlo y de poner sobre el cadáver un cartel que dijese el crimen que había cometido y por orden de quien se le había ajusticiado; porque era menester darse prisa, siendo ya muy pasada la medianoche y estando el patrón de la goleta de Alvarado en espera de poder llevar el ancla de un momento a otro. Ingrato era aquel deber y por lo mismo escogió el coronel en persona a los encargados de cumplirlo. Hornsby era un militar honrado y recto; pero el cumplimiento de la orden podía depender de los llamados a ejecutarla.

Era casi el único oficial que le quedaba a Walker; sin embargo, carecía de la necesaria amplitud de ideas para comprender lo mucho que importaba demostrar que los americanos no habían tomado parte alguna en el criminal incendio. El comandante se apartó con los que debían acompañar a Hornsby, haciendo lo posible por que se penetrasen de la necesidad perentoria de portarse con lealtad y conciencia. Honrsby y su pequeño destacamento se llevaron al prisionero en un botecito; al cabo de un rato oyó Walker la detonación de los rifles y poco después el roce de los remos contra las chumaceras al acercarse el bote a la goleta. Regresó Hornsby trayendo la noticia de haberse fugado el prisionero; de que al quitarle los soldados las ligaduras, Sam había echado a correr, y que como se le tiró al acaso en la obscuridad, no se sabía si estaba herido o no. Más tarde se supo que huyó ileso a Costa Rica.

La fuga de Sam daba al crimen la apariencia de haberlo tolerado los americanos. Esta iba a ser seguramente la impresión de las gentes del país, a menos de encontrar la manera de contrarrestarla. Lo cierto es que cuando el mercader costarricense Alvarado —el cual observaba los sucesos a medida que se desarrollaban— oyó decir que Sam no había sido fusilado, pareció insinuar, más con la expresión del semblante que con palabras, que los americanos no estaban muy ansiosos de castigar al criminal. Por consiguiente, era necesario tomar precauciones para impedir la fuga de Dewey, porque esto habría contribuido a robustecer la consecuencia que los enemigos iban a sacar del hecho de no haberse ejecutado la sentencia dictada contra su cómplice. Durante toda la noche —noche que a Walker le pareció interminable— la lancha de Sam fue rigurosamente vigilada; y ya puede imaginarse la cruel fatiga de esa noche de guardia, si se considera que la reputación futura de los americanos en Nicaragua iba a depender en gran parte de poder castigar el crimen de Dewey.

Aclaró al fin y al salir el sol sopló la brisa de tierra. El patrón de la goleta levó el ancla y la embarcación se hizo a la mar llevando la lancha a remolque. Walker ordenó mantener la "San José" a dos o tres leguas de tierra con la proa puesta a El Realejo y la mirada en la costa por si se veía venir el "Vesta". Una mujer natural de Chinandega y querida de Sam, que solía acompañarle en sus viajes por mar, manejaba el timón de la lancha. Así pasaron tres o cuatro horas; los rifleros seguían en la popa con los ojos constantemente fijos en la lancha y orden de tirar sobre Dewey si éste trataba de cortar los cables que la remolcaban.

El pequeño entrepuente de la embarcación permitía a Dewey ocultarse, y como tenía en su poder un par de revólveres del modelo del ejército y era un notable tirador, los que lo vigilaban tenían que estar parapetados también. Aquello era un duelo a la moda india entre el crimen y la ley. Al cabo de un rato salió Dewey con precaución del entrepuente, y, procurando colocar a la mujer entre los rifleros y su persona, se dispuso evidentemente a hacer un esfuerzo desesperado para soltarse de la goleta. Se le previno a la mujer en español apartarse de Dewey y que, si trataba de prestarle ayuda en sus propósitos, esto le costaría la vida; pero la infeliz no podía deshacerse de él. Se ordenó a los rifleros aprovechar la oportunidad de hacer fuego sobre Dewey cuando no hubiera peligro para la mujer. El disparo casi simultáneo de dos rifles fue la señal de haberse encontrado la ocasión que se buscaba. Dewey cayó desplomado en el entrepuente con un balazo en el cuerpo; pero la bala que lo había atravesado de parte a parte causó infortunadamente una herida dolorosa y grave a la mujer Esta se trajo a bordo de la «San José», la herida le fue curada por el cirujano y en poco tiempo recobró la salud. El cadáver de Dewey fue sepultado en el mar cosido en un pedazo de lona.

He narrado con minuciosidad las circunstancias relativas a la muerte de Dewey, porque impresionaron profundamente a los hijos del país y dieron cierta reputación incontestable a los americanos que estaban a servicio del partido democrático. Estos hechos hicieron formar a los nicaragüenses una opinión respetuosa de la justicia americana. Vieron que los hombres a quienes se les había enseñado a llamar "filibusteros" se proponían hacer respetar la ley y mantener el orden dondequiera que estuviesen; —que querían administrar justicia y cuando llegaran a encontrarse en situación de hacerlo, iban a proteger al débil y al inocente contra los crímenes de los forajidos y viciosos—. Esta idea, profundamente arraigada en el pueblo de Nicaragua, es lo que hace temer a los malhechores de aquella tierra la reaparición de los americanos en ella. La anarquía y licencia de treinta y cinco años de revolución han hecho que los caudillos políticos sean incapaces de ajustar sus malas pasiones y desenfrenados apetitos a las reglas fijas del invariable e inflexible deber.

Por la tarde del mismo día en que la goleta zarpó de San Juan, sus pasajeros reconocieron en lontananza al "Vesta", navegando con rumbo al norte y al parecer hacia El Realejo. En cuanto el bergantín divisó la goleta sus movimientos se hicieron misteriosos e indecisos; en realidad no sabía qué hacer con un barco que llevando la bandera de Costa Rica buscaba y perseguía claramente al "Vesta". Sin embargo, no tardó la goleta en dar alcance al bergantín y pronto se encontró de nuevo la Falange a bordo de su antiguo conocido. Soplaba un viento favorable y el "Vesta" continuó hacia El Realejo, seguido de cerca por la goleta. Alvarado creía sin duda justo llevar un poco de contrabando y así lo hizo sin correr ningún riesgo, gracias al favor que había hecho, haciéndose pagar de este modo por los leoneses los servicios prestados a los amigos de éstos. Temprano del siguiente día, primero de julio, el "Vesta" volvió a encontrar el volcán de El Viejo enteramente al norte, y dejando caer el ancla se quedó en su anterior fondeadero en la Punta Icaco.

Unos pocos rezagados de la fuerza de Ramírez, siguiendo el sendero que va de Rivas a Chinandega por la costa, habían llegado a este último lugar y referido algunos de los incidentes de la marcha y del combate del 29. De suerte que pocas horas después de llegar el "Vesta" al puerto, tres o cuatro de los principales demócratas de Chinandega vinieron a saber noticias de la expedición al departamento Meridional. Al regresar con la pleamar —porque cuando se enviaba un bote río arriba a El Realejo era generalmente a marea ascendente— uno de estos caballeros llevó a Castellón el informe escrito de lo que había ocurrido en el sur. En este informe manifestaba Walker la creencia de que Muñoz había procedido de mala fe y de que la conducta observada por Ramírez obedeció a inspiraciones, si no a órdenes del comandante en jefe. Para terminar, hacía saber al director que, si no se investigaba la conducta de Muñoz y se ponían en claro las sospechas recaídas sobre él, los americanos se verían obligados a dejar el servicio del gobierno provisional, buscando en otra parte, fuera de Nicaragua, un campo para sus facultades y empresas.

Al siguiente día el doctor Livingston, americano residente en León desde hacía largo tiempo, trajo a bordo del «Vesta» la respuesta de Castellón a Walker. El director felicitaba a los americanos por la manera como se habían portado en Rivas y les daba las gracias por los servicios prestados a la causa democrática; pero no decía nada de la conducta de Muñoz; sin embargo, instaba a Walker para que dejase de pensar en irse de Nicaragua, por cuanto esto podría ser fatal para el gobierno provisorio. Al doctor Livingston lo habían enviado con el objeto de insistir verbalmente sobre los mismos puntos, así como para manifestar que, debido a la crítica situación del partido democrático, no le convenía al director escudriñar demasiado la conducta del comandante en jefe.

A pesar de todo Walker se mantuvo irreductible por haber resuelto en sus adentros quedarse algunos días en el bergantín, para que los americanos pudiesen reponerse de sus fatigas y heridas y hacer que el partido de Castellón manifestara tan claramente como era posible la necesidad que tenía de la Falange. De suerte que el Dr. Livingston regresó a León con noticias no muy alentadoras para el gobierno provisional.

Durante algunos días siguió recibiendo Walker cartas de Castellón con ruegos de no abandonar la causa democrática e instándole para que fuese a León con la Falange. Para conseguirlo, el director manifestó que los legitimistas meditaban un ataque a la capital demócrata, encontrándose Corral en Managua con una fuerza de cerca de mil hombres y armas y municiones para equipar gran número de reclutas. También era cierto que en el departamento Oriental se estaba llevando a cabo con gran actividad el reclutamiento de "voluntarios forzados". Don Mariano Salazar, el hombre más enérgico del partido demócrata, visitó igualmente a Walker a bordo del "Vesta", para infundirle la idea de que se corría el peligro de un ataque de Corral a León y de la necesidad de tener los rifles americanos en casa del director. Salazar era cuñado de Castellón y comerciante muy astuto y bastante rico, que se las había compuesto para tener una especie de monopolio del comercio de los artículos extranjeros importados por los puertos de El Realejo y del Tempisque. Por consiguiente, podía y estaba deseoso de suministrar recursos al ejército democrático y ofreció pro ver a los americanos de todas las municiones que pudieran necesitar. En efecto, mandó a traer de La Unión una cantidad de pólvora de rifle para la Falange, porque la que en sus fusiles empleaban las gentes del país no servía para las armas de los americanos. Pero Walker permaneció inflexible y los amigos del gobierno provisional principiaron a perder de nuevo la esperanza.

Así pasaron unos diez días y la Falange, repuesta ya de los quebrantos de la expedición a Rivas, empezó a sentir deseos de un ejercicio más activo que el que se podía hacer a bordo del "Vesta". Por esta razón se acordó marchar a Chinandega, donde ofrecían buen alojamiento y para los heridos alimentos más delicados que los que era posible procurarse en la Punta Icaco. En efecto, se obtuvieron botes y bongos y toda la partida de americanos se trasladó a El Realejo, sin dar previo aviso a las autoridades. Pocos minutos después de llegar a la ciudad y encontrándose Walker frente a la oficina del administrador de la aduana, vio salir de un bote al director Castellón y a don Mariano Salazar. Parece que D. Francisco había partido de León aquella misma mañana, y, pasando por El Polvón, una hacienda de caña de azúcar perteneciente a los americanos John Deshon y Henry Myers, llegó al "Vesta" pocos minutos después de haber entrado los americanos en el río. Se vino tras ellos en el acto para convencer a Walker de que siguiese hasta León. Su inquietud era manifiesta. Debía regresar realmente a la capital antes de que allí notasen su ausencia; de no ser así, podía ocurrir un pánico de consecuencias desastrosas.

En su respuesta a los ruegos del director, Walker fingió encontrarse indeciso acerca de lo que haría después de su llegada a Chinandega y evitó dar una contestación categórica, diciendo que ignoraba si podría dejar en la ciudad sus heridos sin ponerlos en peligro; porque si los legitimistas trataban de penetrar en el departamento Occidental, de fijo la ocuparían para cortar los abastecimientos y las comunicaciones. El director le dijo a Walker que, si deseaba ir a León, el subprefecto de Chinandega tenía orden de suministrarle todos los víveres y medios de transporte que pudiera necesitar. Castellón y Salazar regresaron a León más contentos, porque se presentaba una posibilidad de retener a la Falange en el país, y los americanos siguieron para Chinandega llegando la misma tarde a este lugar, donde encontraron un alojamiento tan bueno como lo permitía la ciudad.

Todos los funcionarios civiles y militares rivalizaron en el afán de satisfacer las necesidades de la Falange, y las mujeres prodigaron constantemente a los heridos esos pequeños cuidados que alivian el fastidio del soldado, cuando éste se ve compelido a quedarse en la cama, ocioso e inactivo, en medio del bullicio de los aprestos que se hacen para salir en busca de aventuras.

Al día siguiente de su llegada a Chinandega, Walker solicitó del subprefecto los caballos y carretas de bueyes necesarios para ir a León. Los americanos estaban muy contentos pensando en que iban a visitar la antigua capital del país y la segunda ciudad de Centro América por el tamaño. El día antes de salir éstos para el asiento del gobierno provisional, llegó por la tarde y a caballo Byron Cole a Chinandega, acompañado de D. Bruno von Natzmer. Después de haber enviado su contrata a California, Byron Cole estuvo esperando de semana en semana y por espacio de varios meses la noticia del arribo de los americanos a El Realejo; pero como corría el tiempo y declinaba rápidamente la causa de Castellón, se marchó a Honduras con la esperanza de ganar dinero, ya que no fama, en los cerros auríferos de Olancho.

Allí encontró a Bruno von Natzmer, prusiano que había renunciado su puesto de oficial de caballería en el ejército de su país para unirse al barón Bülow, quien hace algunos años se propuso fundar una colonia en Costa Rica. Von Natzmer hablaba muy bien el español, medianamente el francés y de modo muy pasable el inglés. Habiendo residido algún tiempo en Centro América, dotado de una buena inteligencia, Natzmer era muy a propósito para prestar muchos servicios a los americanos[11]. El y Cole habían salido de Olancho para Nicaragua tan pronto como supieron la llegada del "Vesta" a El Realejo. En el curso de los acontecimientos se verá que ambos fueron valiosos auxiliares de la Falange.

Dejando en Chinandega los heridos al cuidado del subprefecto, Walker se fue a León llevando las municiones y los bagajes en carretas de bueyes. Tarde de la noche encontró los primeros piquetes, y así el número de hombres que los componían como el de los centinelas indicaban que Muñoz no creía del todo improbable que el enemigo estuviese en las vecindades. Con un oficial del país se mandó aviso de la próxima llegada de la Falange a los centinelas, no obstante que el chirrido de las ruedas de las carretas, fácilmente perceptible a una milla de distancia, bastaba para hacer ver que los que venían acercándose a la ciudad no esperaban tomarla por sorpresa. Los pantalones blancos y las chaquetas azules de los centinelas que se paseaban en sus puestos, permitían distinguir su posición aun en la obscuridad de la noche; en cambio, los trajes de la Falange favorecían

---

[11] El muy ameno escritor alemán Wilhelm Marr, que conoció personalmente a Natzmer en Costa Rica, dice de él que era el prototipo del noble degradado; que en Costa Rica llegó hasta el robo y en Nicaragua a coronel de filibusteros. En enero de 1855, siendo Natzmer comandante de la guarnición de San Carlos, desertó llevándose el dinero destinado al pago de su tropa, según consta en el proceso que se conserva en los Archivos Nacionales de Costa Rica. N. del T.

el sigilo y la ocultación. No eran menos sorprendentes otras diferencias en los hábitos militares, y para los americanos resultaba difícil ver las ventajas de tener tantos piquetes, habiendo grandes hogueras cuya luz permitía al enemigo descubrir, no sólo la posición del piquete, sino también, en algunos casos, el número exacto de hombres de que constaba. A una tropa de idioma y costumbres militares enteramente distintos, podría parecerle asunto peliagudo penetrar a medianoche en un campo amigo; pero en el caso de que se trata, la misma diversidad de lengua y hábitos facilitó la tarea, y ningún incidente desagradable vino a echar a perder la llegada de los americanos al alojamiento que les señalaron.

Al siguiente día de llegar la Falange a León, el director expresó el deseo de que se entrevistasen Muñoz y Walker, rogando a éste olvidar su resentimiento por los agravios que creía haber recibido del comandante en jefe. Se vieron en casa de Castellón, absteniéndose de hacer alusiones a lo pasado. Casi todo el tiempo conversaron de las probabilidades del avance de Corral. El cólera había aparecido en Managua, circunstancia que pudo haber determinado a un jefe audaz a atacar al enemigo con la esperanza de librarse del terrible flagelo mediante un avance, y, caso de que lo persiguiese la peste, de propagarla también en las filas enemigas, o cuando menos de provocar un encuentro antes de que sus estragos acabasen con las tropas. Pero a Corral le faltaba el temple necesario para estos movimientos y su índole era suficiente garantía de que el cólera solo, sin necesidad de la intervención de otro enemigo, le obligaría a volverse a Granada. Corrían sin embargo constantes rumores de un avance de los legitimistas y con frecuencia se veía a las placeras recoger sus bandejas y cestas y salir huyendo de la plaza en todas direcciones. Estas alarmas ocurrían lo mismo de noche que de día y una de ellas, poco después de llegar la Falange a León, estuvo a punto de tener graves consecuencias.

Muñoz había invitado a Walker a visitar con él los piquetes y observar el estado del campo después de la retreta. Antes de montar a caballo se reunieron en casa del director. Encontrábanse allí conversando con éste cuando se oyó el ruido de una querella en la entrada principal del edificio y el oficial que mandaba la guardia la hizo formar. El general en jefe, el director y Walker se dirigieron rápidamente a la puerta para averiguar lo que sucedía. Al salir a la calle encontraron a los americanos con la cartuchera ceñida y el rifle en la mano, revueltos con los ayudantes del general, estando éstos unos a caballo y otros desmontados; varios tenían las espadas desenvainadas y otros sus pistolas fuera de las pistoleras. Tan pronto como los americanos vieron a Walker se retiraron a su cuartel y se supo entonces la causa del alboroto. Dos oficiales del estado mayor del general tuvieron una querella en la puerta de la casa del director y sacaron las espadas para reñir allí mismo. Sus compañeros trataron de evitarlo y esto causó algún ruido y confusión, y como el cuartel de la Falange estaba cerca de la casa del director y los americanos sabían que en ella se encontraba Walker con Muñoz, algunos pensaron que su jefe era víctima de una traición. Salieron disparados hacia la casa pidiendo que se les dejase entrar y ya estaban a punto de forzar la puerta cuando asomó Walker. La diferencia de idioma vino a aumentar, por supuesto, la mala inteligencia, y en la confusión del momento corrió la noticia de haber penetrado el enemigo secretamente en la ciudad y de que ya estaba en casa de Castellón. Continuó la alarma durante algunos momentos, pero al fin se restableció la tranquilidad y los oficiales salieron a dar su vuelta por el campo.

El paseo a caballo de aquella noche podía ser tan divertido para cualquier observador como para un militar. Los soldados del país son buenos centinelas y si pelearan tan bien como hacen guardia o soportan con tanta paciencia como suelen todo género de penalidades, excepto cuando éstas van acompañadas de peligro, serían una tropa sumamente temible. Cabalgando de noche por las calles, a veces era difícil evitar que el caballo pisase a los soldados. Estaban tendidos sobre el duro pavimento, alineados en dos filas por compañías, con los pies al centro, los de una fila frente a los de la otra, y la cabeza arrimada a las paredes de las casas, a uno y otro lado de la calle; tenían sus armas a mano y, para poder acostarse de espaldas o de lado con comodidad, colocadas por delante sus cartucheras que eran de cuero y de un solo compartimiento. Echando pie a tierra para penetrar en los cuarteles, se veían soldados tendidos sobre el piso de ladrillos o de tierra, o colgando en hamacas casi enteramente doblegados para no caerse; y así no era difícil comprender el horror que a todos inspira el servicio militar. Casi no hay trabajo que los nicaragüenses no estén dispuestos a hacer con tal de librarse de las garras del pelotón de recluta obligatoria, y el hecho de verse libres de tan temido mal, gracias a la presencia de los americanos, contribuyó en gran parte a dar a éstos el prestigio de que gozaron entre las gentes del país. Los peones y pequeños propietarios se exponen a más peligros para librarse del servicio militar, que los que suelen correr cuando tienen la mala fortuna de caer en manos del sargento de recluta.

Al cabo de algunos días de estar la Falange en León se fueron haciendo menos frecuentes las noticias del avance de Corral y por último cesaron del todo. Mas tarde hubo vagos rumores de los estragos del cólera en Managua y de que los legitimistas trataban de retirarse a Granada. Entonces expuso Walker al director el verdadero objeto de su venida a León. Quería que le diesen una fuerza compuesta de doscientos hombres del país, competentes y mandados por un jefe de su confianza, para hacer otro esfuerzo contra el enemigo en el departamento Meridional. En cuanto se le tocó el asunto, Castellón dejó ver la inquietud que le causaba y, por último, propuso celebrar una reunión con asistencia de Muñoz, Walker, Jerez y otros para discutir un plan general de campaña.

En aquel entonces estaba Jerez obscurecido; pero Walker procuró sacarlo a relucir, porque mostraba profundo resentimiento al verse supeditado por Muñoz en el mando del ejército. La reunión se efectuó, y, por supuesto, sin resultado. El general en jefe propuso dividir a los americanos en grupos de diez, distribuyéndolos en los diversos cuerpos de tropas del país, y que una vez hecho esto se marchase contra Granada por diferentes rumbos; pero el objeto que con esta política perseguía era demasiado claro para poder engañar a nadie, y al proponer semejante plan no hizo más que descubrir sus sentimientos, sin avanzar un paso en el logro de sus deseos. La actitud de Castellón hizo ver a Walker que había muy pocas esperanzas de conseguir auxilio para otra expedición a Rivas, no obstante haber llegado el director hasta decir que Muñoz iba a marchar dentro de pocos días al departamento de Segovia y que después de su partida sería posible hacer algo en el sentido de suministrar una fuerza para el departamento Meridional. Entonces Walker resolvió volverse a Chinandega, con disgusto de Castellón.

Se dio a la Falange la orden de alistarse para salir y se pidieron al prefecto caballos y carretas; pero pasaron horas y no aparecieron. De pronto, una tropa compuesta de trescientos o trescientos cincuenta hombres (con arreglo al significado nicaragüense del vocablo) entró en una casa sólidamente construida y situada frente por frente del cuartel de los americanos. En el acto mandó Walker a la Falange que estuviese alerta, con el arma al brazo y lista para entrar en acción. Al propio tiempo envió a decir al director que el movimiento ejecutado por esa tropa era una amenaza y que, si no le ordenaban retirarse antes de una hora, la Falange la consideraría como enemiga, obrando de conformidad. La tropa fue inmediatamente retirada de la casa, en la cual no estuvo una hora. Si Muñoz hubiese podido tomar a los americanos desprevenidos, es muy probable que los habría desarmado y expulsado del país. Poco después de haber desocupado la tropa la casa situada frente al cuartel de la Falange, llegaron las carretas pedidas para salir de León y pronto estuvieron los americanos en el camino de Chinandega, mirando a retaguardia con gran cuidado y siempre listos por si ocurría cualquier movimiento que pudiera parecer ofensivo; pero llegaron a Chinandega sin ningún incidente digno de ser mencionado.

Cole se quedó en León con el objeto de obtener ciertas modificaciones al contrato en virtud del cual habían entrado los americanos a servir al gobierno provisorio. Fácilmente consiguió lo que deseaba, prescindiéndose de la contrata de colonización y autorizando a Walker para enrolar trescientos hombres que debían prestar servicio militar a la República y a los cuales prometía estos cien dólares al mes y quinientos acres de tierra al final de la campaña. Castellón otorgó también a Walker la facultad de arreglar las diferencias y cuentas pendientes entre el gobierno y la Compañía Accesoria del Tránsito. Estos poderes eran preliminares necesarios del esfuerzo que se iba a hacer para situarse en el departamento Meridional. La política invariable de Walker era llegar tan cerca del Tránsito como fuera posible, a fin de reclutar entre los pasajeros que iban para California o los que de allá venían, así como para tener medios de comunicación rápidos y fáciles con los Estados Unidos. En cuanto a la Falange era ocioso malgastar sus energías y fuerzas en una campaña que no la llevase hacia el camino del Tránsito.

Tan pronto como recibió Walker los documentos traídos de León por Cole, resolvió volver al departamento Meridional, así pudiese obtener o no el auxilio del gobierno provisional para la expedición. Sin embargo, tenía que esperar el desarrollo de los acontecimientos y escoger el momento más oportuno para llevar a cabo sus planes.

CAPÍTULO III: La Virgen, 3 de setiembre de 1855

Nada pone tanto a prueba la constancia de hombres de la índole de los que formaban la Falange como la inacción. La vida errante y aventurera de California había acrecentado en ellos ese afán de lucha y movimiento característico en la raza americana, y habiendo entrado a servir al gobierno provisional fiados en simples promesas cuyo valor dependía de tener buen éxito, no es extraño que se fastidiasen pronto de su vida de guarnición en Chinandega. Dos de ellos, de carácter particularmente levantisco y revoltoso, abandonaron el servicio, y su conducta y sus palabras tuvieron un efecto desmoralizador en muchos otros de la Falange. Viendo Walker el estado de ánimo que principiaba a reinar en ella, reunió a los soldados y les habló durante algunos minutos, exhortándolos a no echar pie atrás cuando ya habían empuñado el arado, y su arenga hizo comprender a los descontentos los deberes y responsabilidades que les incumbían.

En sus conversaciones y discursos, Walker procuró siempre inculcar en la mente de aquellos hombres la idea de que no obstante su corto número eran los precursores de un movimiento destinado a influir de modo esencial en la civilización de todo el continente. Así que habiéndose penetrado de la importancia de los sucesos en que estaban tomando parte, los de la Falange llegaron a poder desempeñar dignamente su papel.

No faltaban otros motivos de dificultades. Eyre, el patrón del "Vesta", no sabía qué hacer con su barco.

Lo había traído de San Francisco sin marineros y en el puerto de El Realejo no era posible enganchar ningunos. Además, debido a su mal estado no ofrecía seguridad para un viaje largo. Por estas razones se creyó conveniente que los que lo habían traído de California entablasen contra el buque una demanda en pago de sus salarios. Intervino también en esto el administrador de la aduana, por motivo de los derechos de puerto que se le debían. Después de hacer la notificación del caso, se dictó sentencia contra el capitán y el bergantín y a favor de los demandantes, ordenando sacar el "Vesta" a remate. McNab y Turnbull, los dos individuos que se habían separado de la Falange, lo adquirieron por un poco más de 600 dólares.

Entretanto Castellón y Walker se escribían diariamente sobre la expedición al departamento Meridional. Viendo el director que el comandante de la Falange estaba aferrado en la idea de su empresa, dejó de oponerse a ella directamente, pero puso empeño en demorarla, prometiendo su ayuda para cuando Muñoz se marchase de León. Al fin se fue Muñoz con seiscientos hombres, los mejor organizados y equipados que tenían los demócratas; pero dejó al director poco de qué disponer en cuanto a material de guerra y armas. La partida de Muñoz tenía por objeto operar contra Guardiola. Habiendo salido éste de Granada con una fuerza pequeña, pero llevando una buena cantidad de armas y municiones, avanzaba hacia Condega para darse las manos con sus amigos de Tegucigalpa y poder así operar contra Comayagua o León, según lo requiriesen las circunstancias. Guardiola estaba reclutando de prisa en los pueblos de Matagalpa y Segovia, y su actividad, sumada al terror que inspiraba su nombre, causaba invencible espanto a los habitantes del departamento Occidental. El mismo director se imaginaba que Guardiola se proponía atacar a León y de aquí su deseo de tener a la Falange cerca de la capital demócrata. Las gentes de Chinandega querían asimismo que los americanos permaneciesen en el pueblo, para evitar que sus propiedades fueran presa de la famosa rapacidad de Guardiola y sus soldados.

En tales circunstancias Walker podía ver fácilmente que no había mucha esperanza de que le ayudase el gobierno provisional en ninguna empresa fuera del departamento de Occidente. A pesar de esto fue comprando todos los rifles que pudo encontrar en León y Chinandega, a fin de tener armas para los reclutas que se consiguiesen en el Istmo, y siguió proveyendo de municiones sus almacenes ya casi agotados por la expedición a Rivas. En La Unión se compraron fulminantes y pólvora, pero no fue posible obtener allí plomo, y la cantidad que de este metal había en el norte de Nicaragua era sumamente pequeña. Los cartuchos empleados por las gentes del país en sus fusiles contenían balas de hierro y para hacerlas cortaban los barrotes de las rejas de las ventanas en pedazos del largo de una pulgada más o menos. León y Chinandega fueron registrados con el objeto de conseguir cien o doscientas libras de plomo para los rifles americanos, y el único que se pudo encontrar fueron unas pocas libras de munición para pájaros y algunas láminas pertenecientes a un inglés establecido en Chinandega. Fue enviado un oficial a comprarle el plomo, pero rehusó venderlo. Se mandó entonces una pequeña guardia con orden de incautarse del metal, pagándolo a un precio equitativo. Así las cosas, declaró el inglés al oficial que si penetraba la guardia en su casa izaría la bandera inglesa, poniendo su morada bajo la protección del gobierno británico. Indeciso sobre lo que debía hacer, regresó el oficial para pedir órdenes a Walker.

Se le dijo que no teniendo ningún extranjero residente en el país —excepto cuando representa la soberanía de su patria— el derecho de izar una bandera extranjera, se le ordenaba penetrar en la casa; y caso de que sobre ella ondease el pabellón británico, que lo echara al suelo y lo pisotease, devolviendo así el insulto inferido a la República de Nicaragua por el hecho de desplegarlo. Las autoridades del país, acostumbradas a bajar la cabeza ante los deseos manifestados, no sólo por los cónsules británicos, sino también por los mercaderes ingleses, se quedaron enteramente asombradas al enterarse de estas órdenes; pero en el inglés surtieron un efecto saludable, porque en el acto entregó el plomo, unas ciento cincuenta libras para uso de los americanos.

A la vez que Walker iba recogiendo para la Falange las pocas armas y municiones que en el país había, se ocupaba en buscar un oficial nacido en Nicaragua y capaz de resolverse a tomar parte en la expedición al departamento Meridional con el consentimiento del gobierno democrático o sin él. Lo encontró en la persona del subprefecto de Chinandega D. José María Valle, uno de los compañeros de Jerez cuando éste desembarcó en El Realejo en mayo de 1854. Había ascendido a coronel en el ejército democrático; pero una herida que recibió en la parte inferior del muslo durante el sitio de Granada puso su vida en peligro, y como fue astillado el hueso le quedó una rodilla tiesa y tuvo que retirarse del servicio activo en aquel tiempo.

Valle ejercía gran influencia en los soldados de León y Chinandega y solía enardecer los ánimos populares relatando con cierta elocuencia tosca los males que les había causado el gobierno legitimista. Era un indio de raza casi pura, sin educación ninguna, que no sabía leer ni escribir. Salía a caballo por las calles de Chinandega y los pueblos vecinos, hablando de los americanos generosos que habían venido a prestarles ayuda en sus luchas contra los granadinos; pero su influencia no era sólo con los hombres. Cuando cogía la guitarra arrebataba a las mujeres con sus canciones amorosas y patrióticas; y el dominio que sobre ellas ejercía no era despreciable en un país donde las mujeres desempeñan hasta cierto punto el papel de los periódicos, propalando noticias y formando opiniones.

Desde que llegaron al país los americanos "Chelón", como llamaban familiarmente a Valle, había sido un amigo fiel y no fue difícil obtener su cooperación para el movimiento sobre el departamento Meridional. Como era un ardiente partidario de Castellón, difícilmente podía éste denegarle su permiso para marchar con la Falange; pero procuró disuadirle de la empresa, tratando de convencerlo del peligro en que Guardiola pondría a Chinandega si la ciudad no quedaba debidamente resguardada; y como el subprefecto que ría mucho a su familia y a sus amigos, tuvo necesidad de hacer un esfuerzo para resistir a los argumentos de Castellón; pero su odio por los legitimistas y el deseo de vengar. la muerte de un hermano que perdió en el sitio de Granada, pudieron más en él que la lógica del director. Sin embargo, Valle era uno de esos hombres volubles que se dejan influir fácilmente por las personas que los rodean y fue preciso afianzar su determinación haciéndole dar pasos positivos en la empresa.

De suerte que hacia mediados de agosto Walker resolvió irse con la Falange a El Realejo y ponerla a bordo del "Vesta". Por la mañana del día en que los americanos debían salir de Chinandega y cuando estaban cargando las carretas para ponerse en camino, se produjo una alarma y corrió por la ciudad el rumor de que Guardiola venía a atacarla, encontrándose tan sólo a unas pocas leguas. El comandante mandó a dos tamborcitos tocar generala por las calles, y no obstante ser un domingo se cerraron las iglesias y toda la población tomó el aspecto de estar esperando un asalto inmediato; pero Walker creyó que la alarma sólo era un ardid del gobierno para impedir la marcha de los americanos. Respecto de la Falange la opinión general era que bastaba darle la oportunidad de pelear para verla acudir allí donde había peligro.

Cuando salieron los americanos de Chinandega, los habitantes, imaginándose que Guardiola estaba realmente cerca, se entregaron a la desesperación, creyendo que pronto se encontrarían a merced del hombre a quien su fantasía les pintaba como un enemigo despiadado; pero al cabo de algunas horas se calmó la alarma, y no obstante que don Pedro Aguirre, sub—delegado de hacienda de Chinandega —el cual había mostrado mucha afición a los americanos durante la permanencia de éstos en el pueblo— siguió a la Falange hasta El Realejo, la noticia de estar Guardiola todavía en Segovia le hizo quedarse en tierra en vez de irse a bordo del "Vesta". A consecuencia del cambio de resolución (había traído su baúl para embarcarse) el viejo don Pedro fue atacado del cólera en El Realejo y murió allí después de algunas horas de enfermedad.

El cólera o "colerín", como lo llamaban las gentes del país, por ser una forma atenuada del cólera apareció en Chinandega en el mes de julio. Anteriormente había arrimado el hombro a los demócratas haciendo estragos en Granada y Managua, y después de extenderse lentamente al norte, acabó por llegar al departamento Occidental. En Chinandega sólo atacó a las gentes del país, librándose de él todos los americanos. Esta peculiaridad del mal no se manifestó solamente en Chinandega. Después se verá que, a pesar de haber estado juntos en el mismo barco naturales del país y americanos, la peste mató a muchos de los primeros, escapando todos los últimos. Si esto se debió a la mayor vitalidad de los americanos, a su mejor alimentación o al mayor cuidado que ponían en su manera de dormir, no es fácil que lo resuelvan los ignorantes, ni es probable que tampoco los doctos.

Al embarcarse en el "Vesta", Walker hizo correr la noticia de que iba para Honduras, por cuanto el gobierno provisional no quería ayudarle en la expedición al departamento Meridional y por haber escrito el general Cabañas invitando a la Falange a trasladarse a dicho país. En realidad el presidente de Honduras empezaba a sentirse muy estrechado por los invasores procedentes de Guatemala, y en varias de sus cartas a Castellón preguntaba si no sería posible enviar algunos de los americanos a Comayagua, en pago del auxilio prestado al gobierno provisional de León el año anterior; pero a Walker no le gustaba mucho la idea de alejarse del Tránsito en vez de acercarse a él, y menos aún estaba dispuesto, siempre que pudiese evitarlo, a dejar dividir a los americanos en pelotones para que se malgastasen sirviendo a jefes de facciones contrarias. En sus cartas a Castellón, Walker le habló de irse a Honduras, y el director, ya casi perdida la esperanza de que la Falange se quedase en el departamento Occidental, se mostraba más bien favorable al proyecto y remitía copias de extractos de cartas de Cabañas sobre el asunto.

Una vez que estuvo la Falange a bordo del "Vesta" con todos sus bagajes y municiones, Valle, el cual había servido hasta hacía poco los cargos de comandante y subprefecto del distrito de Chinandega, empezó a reclutar su tropa. Puso en su estado mayor a D. Bruno von Natzmer (más tarde el coronel Natzmer) y éste fue muy útil a Valle en sus nuevas funciones, lo mismo que a los americanos. Las gentes principiaron a hablar inmediatamente de la recluta de "Chelón" y no tardaron en circular muchos rumores de revolución contra el gobierno. Valle deseaba efectivamente pronunciarse y establecer un nuevo gobierno provisional, por haberse acostumbrado a tales procedimientos durante los últimos veinticinco años, sintiéndose en ellos como el pez en el agua; pero Walker lo disuadió de hacerlo y al fin pudo lograr que llevase su gente a El Realejo y de allí a bordo del "Vesta".

Von Natzmer, cuyos deseos eran que Walker se trasladase a Honduras y además desconfiaba de la expedición al departamento Meridional, se fue a caballo a León y enteró al director de lo que estaba pasando. Muy alarmado. Castellón escribió a Valle rogándole, como a su antiguo amigo, y ordenándole, como a su subalterno, que desistiese de la idea de irse con Walker; pero "Chelón" se encontraba ya a bordo del "Vesta", había tomado su camino y el director no pudo hacerle volver sobre sus pasos. Al regresar von Natzmer a Chinandega, Walker le arrestó; pero como había obrado movido por buenas razones, aunque con miras erradas, pronto se le puso en libertad y desde luego dio pruebas de ser un militar digno y, andando el tiempo, uno de los mejores oficiales que ha habido en Nicaragua.

Valle trajo de Chinandega entre ciento sesenta y ciento setenta hombres; pero durante el tiempo empleado en llevar a bordo los bastimentos y pertrechos, murieron muchos del cólera y desertaron varios cuando se les mandó a tierra en Punta Icaco, para evitar que se aglomerase demasiada gente en el barco estando éste en el puerto.

Momentos antes de zarpar el "Vesta" llegó un correo con cartas de Castellón comunicándole a Walker que había habido un combate entre Muñoz y Guardiola en El Sauce; que los demócratas habían triunfado después de varias horas de lucha; pero que Muñoz había muerto a consecuencia de una herida que le dieron en la pelea. Con todo, las pérdidas de los demócratas habían sido fuertes y el director, temiendo que los legitimistas, no obstante, su derrota, pudiesen marchar sobre León al enterarse de la muerte de Muñoz, se mostraba ansioso de conservar todas las tropas que pudiese en el departamento Occidental. Instaba nuevamente a Walker para volver a León y le decía que no estando ya Muñoz de por medio, todo andaría bien; pero el "Vesta" se encontraba listo para salir y se dio la orden de desanclar. El bergantín iba una vez más a cargo de Morton, y como estaba repleto de gente, se empleó un queche de Puntarenas, mandado por un alemán, para llevar al departamento Meridional una parte de la fuerza.

La expedición se hizo a la vela el 23 de agosto y se ordenó al queche zarpar para San Juan del Sur. Acababa el "Vesta" de dejar atrás la entrada del puerto, cuando vio que la "San José" venía acercándose a él con la cubierta llena al parecer de soldados. Pasó la goleta muy cerca del bergantín y algunos de los que iban en éste reconocieron a Méndez entre los pasajeros. Walker mandó al "Vesta" que virase de bordo, y habiéndolo dejado cerca de la entrada del puerto, él y Valle tomaron un botecito, haciendo lo posible por alcanzar la goleta mientras ésta navegaba despacio hacia el río; pero no lo consiguieron hasta algunos minutos después de haber anclado. Al abordar la goleta se supo que procedía de Puntarenas y que Ramírez, el cual estaba entre los pasajeros, había salido ya en un bote para la ciudad, por temor de encontrarse con los americanos después de la manera como se portó en Rivas. "Chelón" no tuvo dificultad en persuadir a Méndez de que se transbordase al "Vesta"; pero como fue preciso esperar la marea menguante, estaba ya obscuro cuando salieron para el bergantín.

Al pasar por el puerto, insistió Valle en volverse a despedir de sus dos hijas, a quienes había traído hasta la Punta Icaco. Las chicas y un hermano menor se metieron en el bote en que iba su padre y navegaron con él un trecho dentro del puerto, prometiéndoles el viejo traerles regalos de Granada a su vuelta, y las muchachas se veían tan alegres como si su padre estuviera para salir de caza. El viejo revolucionario se llevó a su primogénito (no tenía más de quince años) y recomendando al menor que tuviese cuidado con sus hermanas, los abrazó a todos tan tranquilo como si pensara desayunarse con ellos al siguiente día; y diciéndoles adiós repetidas veces, a medida que se alejaba en dirección del "Vesta", los dejó para ir a correr muchos peligros antes de volverles a ver.

Ya en alta mar el cólera azotó con menos fuerza a la tropa y hubo pocas defunciones entre la salida del bergantín de El Realejo y su llegada a San Juan del Sur. La travesía fue larga y el "Vesta" no llegó al puerto hasta el 29 de agosto. Al divisarlo, dos americanos llevaron a Walker la noticia de que todos los soldados legitimistas habían salido de San Juan tan pronto como apareció el bien conocido bergantín. El queche no había llegado aún ni el "Vesta" lo había visto durante varios días. Hubo alguna inquietud a este respecto; pero las calmas, los vientos contrarios y la lerdez de la embarcación bastaban para explicar su demora. Poco después del anochecer ancló el "Vesta" en el puerto, pero las fuerzas no fueron desembarcadas hasta la mañana siguiente.

A poco de haber anclado el bergantín supo Walker que Parker H. French acababa de llegar a San Juan del Sur, procedente de Granada, y que estaba aguardando el próximo vapor para irse a San Francisco. French había salido para California en 1849; pero se metió de paso en algunos negocios turbios en Tejas y desde entonces su nombre ha evocado siempre la idea de mala fe y picardía. En California fue diputado a la cámara legislativa y después fundó en Sacramento un diario que tuvo poca vida. Cuando Walker estaba tratando de conseguir gente en San Francisco para venirse a Nicaragua conoció a French, que pretendía ejercer gran influencia en C. K. Garrison, agente de la Compañía Accesoria del Tránsito en California. La reputación de French no era un obstáculo para la intimidad que decía tener con Garrison. A Walker le dijo haber hablado con el agente sobre la proyectada expedición y lo que ésta tendría que ver con la Compañía del Tránsito. Lo cierto es que Garrison nada hizo por ayudar al "Vesta" a salir de San Francisco; pero French dijo que después de ir a Nicaragua una primera partida de gente, él mismo saldría para allá, arreglándoselas de modo de interesar a Garrison en la empresa. Nada más se supo de French hasta que en Nicaragua se dijo que el gobierno legitimista estaba a punto de obtener los servicios de un "coto" (manco) que como artillero era un portento; porque French había traído de San Francisco un criado mulato, el cual se encargaba de propalar los cuentos más estupendos sobre la habilidad, el valor y los méritos de su amo en general. De acuerdo con el deseo manifestado por el mismo French se le trajo arrestado a bordo del "Vesta". Puso empeño en hacer creer a Walker que había ido a Granada para observar la fuerza del enemigo y las defensas de la plaza. Luego dijo el resultado de sus observaciones; pero Walker no dio por supuesto ninguna importancia a sus informes, ni se cuidó nunca de estudiar minuciosamente los verdaderos motivos del viaje de French a Granada. Los móviles a que obedecen los hombres de esa clase suelen ser tan embrollados, que los que tratan de desenredarlos sacan escaso provecho de su trabajo.

Al siguiente día la fuerza y todos los bastimentos y pertrechos fueron desembarcados. Acababan los demócratas de tomar posesión de la ciudad, cuando apareció cerca del puerto el vapor procedente de California. Para los de la Falange era un espectáculo risueño, por cuanto ponía de manifiesto el hecho de que ya estaban en comunicación con sus amigos de la juventud y de la edad viril, y de que se iba a presentar la ocasión de aumentar su número con pasajeros de los que transitaban por Nicaragua. Hubo al principio algunas dificultades para el transporte de los pasajeros al través del Istmo, porque, según parece, el contratista estaba temeroso de venir al pueblo con sus mulas y coches; pero en breve se mandaron todos a La Virgen y el pueblo recobró su habitual quietud. Hacia la medianoche apareció el queche y la tropa que traía fue desembarcada en el acto, llegando entonces la fuerza a un total de 50 americanos y 120 naturales del país. De estos últimos figuraban algunos en el rol de los enfermos, siendo la dolencia más frecuente el colerín, que por lo general mataba al paciente en dos o tres días.

Según los informes recibidos, el enemigo tenía en Rivas quinientos o seiscientos hombres —algunos decían 800, pero esto era una exageración— y uno o dos días después se supo que había llegado Guardiola para tomar el mando de esa tropa. Del Sauce había huido después de su derrota y llegó de prisa a Granada con sólo un ayudante.

Rumiando su desventura en el norte y ansioso como estaba de reconquistar su fama perdida, atrapó al vuelo la ocasión de ir a Rivas para echar a los "filibusteros" al mar, como solía decir. De Granada salió con unos doscientos soldados escogidos y la esperanza de que éstos fuesen el núcleo de una fuerza que debía organizarse después de su llegada a Rivas. Partieron con él varios oficiales reputados por su competencia y valor, deseosos de mayor actividad que la que podían desplegar sirviendo a las órdenes de Corral. Tom, el mulato de French, a quien éste envió a La Virgen en desempeño de alguna comisión, informó a su regreso que Guardiola había llegado con mil hombres y que iba a marchar en el acto contra San Juan del Sur; pero este cuento se parecía al de que su amo era capaz de pegar a un hombre a cada tiro con un cañón de a veinticuatro y a la distancia de una milla.

El 2 de setiembre por la mañana los pasajeros procedentes del Atlántico habían llegado ya y se encontraban a bordo del vapor, listo para salir. French regresó a San Francisco, facultado para enganchar y traer setenta y cinco hombres destinados al servicio del gobierno provisional. Anderson, que había sido herido en Rivas, se fue también en el vapor con la esperanza de recobrar la salud y el uso de la pierna mediante el cambio de aires. El "Vesta" zarpó para Puntarenas el mismo día de la salida del vapor, y en la tarde del 2 el puerto presentaba un aspecto solitario; pero en tierra la ciudad se veía activa. Se estaban reuniendo mulas de carga y carretas para marchar, y en sus cuarteles los soldados hacían preparativos para un movimiento que según se suponía los iba a acercar al enemigo.

Por motivo de los atrasos de algunos de los oficiales del país era más de la medianoche cuando la fuerza estuvo lista para marchar. Se formó la columna con la Falange en la vanguardia y la tropa de Valle a retaguardia, llevando a su cargo los americanos sus bagajes y municiones. En cuanto a los del país, que no tenían bagajes, una guardia de su misma gente custodiaba sus municiones. La noche era hermosa y agradable, el camino bueno, el estado de ánimo de la tropa levantado. En la casa del Medio Camino se mandó hacer alto y el propietario del establecimiento sacó agua a la puerta; porque habiendo licor allí no les fue permitido entrar a los soldados. El amo de esta casa resultaba forzosamente un contemporizador modelo. Era un americano; pero como había presenciado varios cambios políticos desde que estaba viviendo en el Istmo, y siendo así que patrullas de exploradores de bandos contrarios visitaban a menudo su establecimiento en el mismo día, había adquirido los hábitos de un hombre nacido en medio de las revoluciones. A la perfección poseía todas esas pequeñas habilidades mediante las cuales se consigue mantener la neutralidad, estando constantemente rodeado de circunstancias que la ponen en peligro.

Hacia el amanecer se oyó un cañonazo en dirección de Rivas; sin embargo, en aquel momento no se le puso mucho cuidado. Se marchó sin parar, llegando la fuerza a La Virgen a eso de las nueve de la mañana. A poco de hacer alto Walker en el pueblo, alojándose en él, recibió un informe fidedigno de que Guardiola había salido de Rivas en la tarde anterior con fuerzas numerosas; pero, según el mismo informe, había regresado a la ciudad. Se colocaron los piquetes, se distribuyeron los alojamientos y todos se prepararon a desayunarse de muy buena gana, entonados por la macha nocturna.

Acababa de pasar el desayuno y algunos soldados habían desplegado ya sus mantas para dormir, cuando sonaron tiros de fusil en dirección del piquete colocado en el camino del Tránsito. Luego se vio a este piquete, compuesto de naturales del país, que venía retirándose despacio y en orden excelente, haciendo fuego con sangre fría y regularidad perfectas. La conducta de este piquete, al contener momentáneamente al enemigo como lo hizo, fue admirable y dio a la Falange tiempo de prepararse a repeler el ataque. El piquete se incorporó al grueso de la fuerza sin haber tenido una sola baja, y al llegar éste a las primeras casas apareció el enemigo que venía avanzando en gran número por las orillas del camino del Tránsito y los espesos bosques que se extienden a uno y otro lado del mismo.

A la derecha de la aldea de La Virgen, colocado el espectador de espaldas al lago y de cara al Pacífico, el terreno va en ascenso y ofrece ventajas al enemigo para atacar la población; a la izquierda es llano, aunque está algo cortado por zanjas y cubierto de vallados de estacas que proporcionan medios de defensa a la fuerza situada en el pueblo. Cerca del lago el terreno desciende de pronto hasta la playa en declive escarpado, formando casi una especie de terraplén para la protección de los rifleros. El edificio de la Compañía Accesoria del Tránsito, un gran almacén de madera rodeado de palizadas, se encuentra al borde de la aldea, contiguo al lago y a la izquierda de la carretera. Un muellecito insignificante arranca del final de ésta y penetra algunas yardas dentro del lago, pero ofrece pocas ventajas para el embarque y desembarque. De manera que la fuerza democrática se hallaba colocada de espaldas al lago y en pocos instantes su frente y sus flancos se vieron simultáneamente amenazados por el enemigo. Por consiguiente, había que pelear bien para no ser hechos pedazos; porque nadie podía esperar que Guardiola le diese cuartel, ni siquiera los hijos del país mandados por Valle.

Lo primero que se propuso Walker fue impedir que el enemigo se apoderase del terreno alto situado en el flanco derecho; para esto colocó unos veinte hombres de la Falange a lo largo de la ladera, protegidos por la maleza, los matorrales y unas pocas chocitas irregularmente diseminadas en aquella parte del pueblo. Este destacamento avanzó contra el enemigo, arrastrándose cautelosamente y disparando tan sólo sobre seguro. Al principio avanzaron los legitimistas con gran audacia; pero al llegar a treinta o cuarenta yardas de los americanos, parecieron desanimarse. El aire provocador de éstos, que daban gritos al tirar con mortal precisión, parecía sembrar el terror en los asaltantes, y a los oficiales legitimistas, que se distinguían por sus trajes negros, estando muchos de ellos a caballo, se les veía prodigar los latigazos y cintarazos para obligar a los soldados a emplear la bayoneta; pero estos esfuerzos dieron poco resultado y Walker, al ver que el enemigo estaba puesto a raya a la derecha, volvió los ojos al otro flanco vigorosamente atacado.

Valle y Luzárraga, con la fuerza del país, habían resistido a pie firme el avance de los legitimistas por el centro en el camino del Tránsito. Hubo un momento en que los granadinos estuvieron a punto de dar una carga contra los leoneses, y uno o dos de éstos recibieron en efecto bayonetazos propinados por aquéllos; pero como los demócratas se mantuvieron firmes, el enemigo se retiró con algún desorden a causa del fuego que se le hacía desde las casas situadas a la orilla del pueblo. Sin embargo, por donde más apretaban los legitimistas a sus adversarios era por el flanco izquierdo. Según parece, procuraban tomar una posición en la playa y apoderarse de la casa de la Compañía Accesoria del Tránsito, desde la cual podrían atacar la retaguardia de los demócratas. Markham, con unos quince hombres de la Falange, hacía un fuego nutrido y certero detrás de los setos y palizadas, a la izquierda del pueblo, y unos pocos más se encontraban desplegados a intervalos irregulares a lo largo de la playa para impedir que el enemigo se situase allí. Hubo un momento en que los legitimistas llegaron a una distancia de treinta o treinta y cinco yardas de los edificios de la compañía; pero Gay y varios otros dieron una carga con revólveres y los rechazaron; luego avanzó Markham hacia el bosque que lindaba a la izquierda con el pueblo y el enemigo dio señales de querer echar pie atrás, no sólo allí, sino por todas partes. El fuego no tardó en hacerse cada vez más débil; se vio venir a "Chelón" del camino del Tránsito con las carretas en que estaban las municiones del enemigo, y en seguida un gran alarido lanzado por toda la fuerza democrática anunció que se había ganado la batalla.

Las bajas de Walker fueron insignificantes, y si se considera la duración del combate, lo ardiente que fue y la corta distancia a que se luchó, inexplicables, a menos de suponer que los centroamericanos pelean mejor de lejos que de cerca. No murió ninguno de la Falange, pero hubo varios heridos. Small recibió un balazo en el pecho además de otras heridas en diversas partes del cuerpo; Benj. Williamson una herida dolorosa en la ingle, el capitán Doubleday otra en el costado y Walker fue herido en la garganta por una bala que le echó momentáneamente por tierra; las cartas de Castellón que traía en el bolsillo de pecho fueron destrozadas. La única herida de mortal apariencia era la de Small y sanó en pocas semanas; en cambio, la de Williamson parecía insignificante y lo tuvo en la cama durante seis meses. Los demócratas del país tuvieron dos muertos y tres heridos. Las pérdidas del enemigo fueron grandes. Más de sesenta muertos se encontraron en el campo de batalla, y por informes posteriores se supo que más de cien heridos, de los cuales murieron muchos, llegaron a Rivas adonde se retiró Guardiola casi solo después del combate.

Al ser interrogados los prisioneros heridos, se supo que Guardiola había salido de Rivas por la tarde del 2 con unos seiscientos hombres escogidos del ejército legitimista. Había pasado la noche en El Jocote, hacienda situada a una media legua de la casa del Medio Camino. Su plan era atacar a los americanos, poco después del amanecer, en San Juan de Sur, donde creía encontrarlos; pero al llegar a la casa del

Medio Camino supo, probablemente por los criados del establecimiento y las huellas que había en la carretera, que Walker acababa de pasar con rumbo a La Virgen. En el acto dio media vuelta y se vino en pos de la fuerza democrática, siguiéndola probablemente a unas cuatro o cinco millas de distancia a lo sumo. Traía un cañón de a seis con el cual se proponía sacar a los demócratas de las casas; pero al llegar a La Virgen no pudo hacer uso de la pieza, a causa de algún defecto en la cureña. Viéndose en la imposibilidad de servirse del cañón, resolvió atacar inmediatamente a la bayoneta. Se distribuyeron raciones de aguardiente a la tropa y se dio la orden de cargar; pero la cantidad de licor fue insuficiente o demasiado grande, o bien su efecto empezó a declinar antes de que los soldados llegaran cerca de sus adversarios. Las damajuanas vacías que se recogieron en el camino después del combate, parecían enormes balas de cañón que hubiesen errado el blanco.

Los vecinos del pueblo se consolaron mucho al ver que Guardiola había sido rechazado y regresaba a Rivas. Al comenzar el fuego, las mujeres y los niños habían buscado refugio en la casa de la compañía, y el agente, Mr. Cortlandt Cushing, dispuso los baúles y cajones almacenados en el edificio de manera que protegiesen contra el fuego del enemigo a los que estaban adentro. No obstante tener mucho miedo, las mujeres y aun los chicos guardaron un silencio que podía ser consecuencia de una educación revolucionaria; pero pasado el peligro se les desataron las lenguas, y los gritos de los niños y las voces chillonas de las madres pronto hicieron salir al aire libre hasta el agente de buena índole. Por fortuna no resultó ningún herido entre aquellas pobres gentes, y cuando se tuvo seguridad de que el enemigo no intentaba volver, se retiraron a sus casas, entregándose a sus faenas y placeres domésticos de todos los días con tanta calma como si no hubiese habido guerra.

Por estar fatigados los soldados, así los americanos como los del país, a causa de la marcha nocturna y de la excitación del combate, Mr. Cushing se encargó de hacer enterrar los muertos. Entretanto se trajeron los heridos legitimistas y se les atendió cuidadosamente, curándolos el cirujano de la Falange con tanto esmero como si hubiesen sido demócratas. Esto sorprendió mucho a los vecinos de la aldea, y aquellos pobres hombres, que creían ser fusilados, se mostraban sumamente agradecidos por las atenciones de qué eran objeto. Se enviaron destacamentos de leoneses al bosque vecino para recoger los fusiles abandonados por el enemigo en su retirada y se encontraron más de ciento cincuenta. Más tarde Valle y Méndez, con los americanos que pudieron conseguir caballos, fueron a explorar los caminos en varias millas a la redonda, por si quedaban todavía algunos legitimistas escondidos en las cercanías; pero no encontraron señales del enemigo, que por lo visto había desaparecido tan súbitamente como apareció.

Al marchar a La Virgen, el objeto de Walker no fue ocupar el pueblo, sino impedir que tanto el enemigo como los habitantes del departamento pudieran suponer que se iba a quedar enteramente a la defensiva con su fuerza encerrada en San Juan del Sur. Esta fuerza, al ver que podía atravesar el país sin temor de ser atacada, adquiriría confianza en sí misma, y difícilmente pudo Walker tener la esperanza de algo tan favorable como la marcha de Guardiola a La Virgen. El combate del 3 de setiembre vino a dar a los demócratas la seguridad de no ser molestados por los legitimistas durante algún tiempo, así como la de poder contar con el que necesitaban para reunir a sus amigos del departamento Meridional. De suerte que en la tarde del 4 regresó Walker a San Juan con sus heridos y las armas y municiones tomadas al enemigo. Temprano de la mañana siguiente se vio aparecer la columna en el cerro que está detrás de San Juan y a poco rato toda la tropa se hallaba otra vez acuartelada en la ciudad.

En el acto se enviaron despachos al director provisional, informándole de los incidentes de La Virgen y pidiéndole el envío, si era posible, de gente y víveres para emprender operaciones ofensivas. El portador de los despachos llegó a León precisamente a tiempo de ver morir al director. Una hora después de haberse recibido allí la noticia oficial de la victoria, Castellón expiró víctima del cólera mortífero que estaba matando a tantos de sus compatriotas y partidarios. Había llevado a cabo su tarea, que fue importante, de introducir en la sociedad de Centro América un nuevo elemento, y su espíritu amable había ido a rendir cuentas de lo que hizo cuando habitaba el cuerpo; éste resultó fácil presa para el terrible mal, gastado probablemente por trabajos y sinsabores inadecuados a su índole suave. Por mucho que lo hayan querido y respetado sus amigos y paisanos, la estimación que a éstos les merece su memoria será todavía mayor si alcanzan a vivir lo bastante para ver madurar los frutos de la política iniciada por él. León sintió profundamente su muerte y andando el tiempo resaltará más el hecho de que a pesar de la suavidad de su carácter, Castellón estaba llamado a influir de modo mucho más amplio, mucho más hondo y mucho más estable sobre los destinos de Nicaragua, que su adusto e inflexible rival D. Fruto Chamorro, quien tan sólo le precedió en la tumba algunos meses; pero ¡cuán fecundos éstos!

Los despachos dirigidos a Castellón fueron contestados por el nuevo director provisional D. Nazario Escoto, que sucedió en el cargo por ser el senador de la República que la constitución de 1838 designaba para hacerlo. El senador director dio muy expresivas gracias a la fuerza expedicionaria —a la del país y americana— por los servicios prestados y escribió además que el gobierno provisional enviaría pertrechos, a la mayor brevedad posible, de El Realejo a San Juan del Sur. El cólera, según decía D. Nazario, estaba haciendo muchos estragos en León y por consiguiente era difícil conseguir obreros y más todavía soldados. Además, Walker sólo quería voluntarios del país y rehusaba los reclutas forzados con que generalmente se forman las tropas de todas las facciones, partidos y gobiernos de Centro América. El director prometió mandar solamente voluntarios y adujo las circunstancias del momento para explicar el corto número de éstos.

Entretanto la pequeña fuerza de San Juan del Sur iba en aumento, alimentada por otra fuente. Poco después de haberse esparcido en el país la noticia del combate de la bahía de La Virgen, los vecinos de San Jorge, que siempre habían sido demócratas y estaban irritados a causa de las arbitrariedades cometidas en Rivas por los legitimistas, comenzaron a llegar con la cinta roja en el sombrero, pidiendo armas y ser admitidos en las filas democráticas. Asimismo, los que habían huido al Guanacaste al tomar el gobierno de Granada posesión del departamento Meridional, regresaron y se unieron a Walker con la esperanza de volver al lado de sus familias y amigos. Entre éstos estaba el Dr. Cole, un americano que algunos años antes había tomado esposa en una familia de las cercanías de Rivas, y los tres Cantones, Tranquilino, Clemente y Daniel. Don Máximo Espinosa, que había estado escondido cerca de su hacienda desde el 29 de junio, tampoco tardó en aparecer y luego vino su yerno don Ramón Ureña. Después de llegar Espinosa a San Juan del Sur, lo encargaron de organizar el gobierno local del departamento en virtud de las facultades que le había otorgado el gobierno provisorio en el mes de junio anterior.

Tampoco faltaban desertores procedentes de las filas enemigas. Casi todos los días llegaban de Rivas individuos a quienes los legitimistas hacían servir por fuerza. Lograban escaparse de las barricadas y se venían a San Juan del Sur a dar informes sobre el número y la situación del enemigo y hasta empuñaban el arma para vengarse de los agravios recibidos. Y como Walker no permitía que los oficiales demócratas del país siguiesen su añeja costumbre de hacer levas, las gentes de los campos vecinos, hombres y mujeres, llegaban diariamente con sus frutas y provisiones para los soldados. Al principio resultaba difícil oponerse a la inveterada costumbre de agarrar a un hombre y amarrarlo, poniéndole un fusil en la mano para hacer de él un soldado; pero al ver los buenos efectos de la política seguida por Walker, los oficiales desistieron más tarde de una práctica que en ellos casi parecía una segunda naturaleza.

A poco de regresar de La Virgen y con el objeto de hacerse de fondos para el sustento de la tropa, Walker recurrió al medio de imponer una contribución de guerra a los principales comerciantes de San Juan del Sur. Entre otros, a John Priest, cónsul de los Estados Unidos, dueño de una posada y una taberna, se le impuso la misma cantidad que a los demás de su oficio. Priest rehusó pagar por cuanto era cónsul extranjero, demostrando con esto tener mayor afinidad con su oficio de posadero que con su cargo consular. Habló mucho de hacer venir al puerto un barco de guerra americano para poder vender tranquilamente grogs a los soldados y marineros, sin verse obligado a pagar impuestos para el sostenimiento del gobierno de un país que no le podía contar a él en el número de sus ciudadanos; pero en una ocasión anterior había puesto el grito en el cielo por los atropellos cometidos por los legitimistas contra su persona y sus bienes; y como al enviar los Estados Unidos una corbeta de guerra para investigar sus quejas, hizo que el comandante del barco se pusiese en gran ridículo pidiendo una indemnización cuando ya Priest había firmado un documento en que relevaba de toda culpa al gobierno de Chamorro, las amenazas del cónsul posadero eran de poco peso. A causa de su rebe ldía encontró éste en la puerta de su casa una guardia de soldados del país, con orden de no dejar entrar ni salir a nadie mientras no pagase la cuota. No pasaron muchas horas sin que el posadero se olvidara de su dignidad consular, presentándose a pagarla.

La verdad es que en San Juan había pocas rentas. Por la mayor parte de los solares del pueblo pagaban los ocupantes una renta mensual al Estado; además de esto había los impuestos de aduana y el monopolio de la venta de carne. Estas rentas, por modestas que fuesen, no podían ser honradamente recaudadas por funcionarios del país. Un leonés que desempeñaba el cargo de recaudador fue cogido dejándose cohechar por un comerciante para meter contrabando, y las quejas contra Méndez, por destace de ganado y expendio de carne con defraudación de la renta, eran casi diarias.

La costumbre de defraudar al Estado que reina en Centro América toda, conduce a la mala administración, causa de las revoluciones, y el hábito de revolucionar hace a su vez que reaccione y aumente la propensión de los funcionarios a sacar para sí lo más posible, a expensas del público, ya que necesariamente duran poco en sus puestos. Es difícil decir cuál es la causa y cuál el efecto, y bien pudiera ser que ambas cosas fuesen consecuencias de una organización social radicalmente mala. Por otra parte, en plena guerra no es posible emprender como se debe la reforma del sistema rentístico de un país en cuanto a la manera de crear impuestos o de recaudarlos. Como los impuestos a que está acostumbrado el pueblo son los que se recaudan más de prisa, a éstos es preciso recurrir cuando se tiene urgente necesidad de dinero.

No tardó Walker en tener pruebas de que la cuestión de las rentas era tan difícil para los legitimistas como para los demócratas. Hacia el 20 de setiembre llegó a San Juan el vapor «Sierra Nevada», trayendo a bordo a D. Guadalupe Sáenz, que había sido enviado a California a conseguir fondos para el gobierno de Granada. Don Guadalupe, al ver en tierra las cintas coloradas, no se atrevió a desembarcar; pero se mandó un destacamento al vapor y éste fue minuciosamente registrado sin poder encontrar al emisario de Estrada. Sus papeles, menos afortunados que su persona, cayeron en manos de los demócratas y por ellos se vino a saber que había vendido a una compañía de California una partida de palo brasil perteneciente a Mariano Salazar, pero a la sazón en poder de los legitimistas, y que hizo un contrato con la misma compañía para establecer una casa de moneda en Nicaragua. Los papeles particulares de D. Guadalupe revelaron también que al mismo tiempo que obraba por cuenta del gobierno, no había echado en olvido sus intereses particulares, y probaron que la compañía debió hacer buenos negocios, por tener en los contratos como socio nada menos que al comisionado Sáenz en persona. El diario de D. Guadalupe revelaba igualmente la singular sensación que éste experimentó al probar por primera vez un sherry cobbler, y en él había consignado su opinión terminante acerca de la superioridad de esta bebida sobre el tiste de Nicaragua.

El "Sierra Nevada" no pudo proveerse de carbón en San Juan y tuvo necesidad de ir a buscarlo a El Realejo. De modo que pasaron algunos días entre la llegada del vapor y su salida para San Francisco. Se consiguieron algunos reclutas entre los pasajeros que iban para California y, con éstos y algunos residentes en el Istmo que se enrolaron, el número de los de la Falange llegó próximamente a unos setenta hombres efectivos. La tropa de Valle, a pesar de las bajas causadas por el cólera, sumaba más de doscientos. Entretanto los legitimistas se habían ido reponiendo de los efectos del combate de La Virgen. A Guardiola, más malhumorado que nunca por sus últimas derrotas, no le pesó entregar el mando a Corral quien se vino a Granada para dirigir en persona las operaciones contra los demócratas. Con su mayor amabilidad, el comandante en jefe de los legitimistas podía atraer a muchos de los que el hondureño había alejado; pero a Corral le faltaba resolución y era más apto para entender las dificultades que para arrostrarlas o vencerlas. No habiendo sido derrotado como Guardiola, por tener más talento para rehuir el combate que provocarlo, era más a propósito para establecer el orden en las tropas desorganizadas que encontró en Rivas y dar ánimo a los adictos a su partido residentes en el departamento.

En San Juan se recibían constantemente informes de que Corral trataba de avanzar sobre las fuerzas democráticas; pero tan intransitables estaban los caminos y tan crecidos los ríos a causa de la estación lluviosa, que no era fácil que los pudiesen atravesar las tropas, a menos de disponer de mayores facilidades que las que suelen encontrarse en los ejércitos centroamericanos. Sin embargo, por haber llegado con algunos visos de verdad la noticia de que Corral se había puesto en camino, Walker se resolvió a marchar a su encuentro y, si era posible, obligarlo a librar batalla por sorpresa. De suerte que uno o dos días después de la salida del vapor, la Falange, acompañada de la tropa de Valle, marchó tarde de la noche al cerro que está a poco más de una legua de San Juan, en el camino del Tránsito, y toda la fuerza se situó en emboscada para aguardar el avance de Corral, en la falda del cerro inmediato a La Virgen. La noche estaba obscura y triste; a ratos caía lentamente la lluvia en forma de fuerte llovizna y a ratos con rapidez y en gotas del tamaño de una bala de revólver; pero la tropa permaneció en su puesto, guareciéndose los soldados bajo los grandes árboles que cubrían las faldas del cerro y cuidando de que no se les mojasen las cartucheras, para lo cual se las ponían por delante de los cinturones, agachándose a fin de proteger con el cuerpo la preciosa pólvora. En situaciones como ésa hay momentos de animación y de placer, lo mismo que de incomodidad; y aun cuando al rayar el día —sin que hubiese asomado el enemigo— la tropa estaba mojada y azotada por el mal tiempo, ésta marchó con paso rápido y alegre hasta la casa del Medio Camino, donde una ración de licor le dio tal aspecto de frescura y animación que parecía haber pasado la noche en un palacio.

No pudiendo tener noticias del enemigo por boca del dueño de la casa del Medio Camino, el cual siempre cambiaba de conversación cuando se le pedían o se le hablaba de ellas, Walker resolvió seguir marchando hasta La Virgen. Allí supo que Corral había salido efectivamente de Rivas con casi toda su fuerza; pero que al llegar al río de Las Lajas supo que los demócratas habían dejado a San Juan y, temeroso de un ataque a la ciudad principal del departamento mientras ésta se encontraba relativamente indefensa, contramarchó de prisa, retirándose a sus barricadas. De modo que, mediante su marcha a La Virgen, Walker se convenció de que le bastaba salir de San Juan, aparentando dirigirse a Rivas, para paralizar todo movimiento de avance de su adversario. Obtuvo además otros informes útiles que más tarde influyeron mucho en las operaciones contra el enemigo. El día de su llegada a La Virgen interceptó despachos y cartas del mayor general —pero que en realidad ejercía las funciones de ayudante general— del ejército legitimista D. Fernando Chamorro para Corral, que revelaron a Walker la penuria del gobierno de Granada y la imposibilidad en que estaba de enviar más gente a su comandante en jefe a Rivas. Las cartas indicaban también que la misma Granada se hallaba casi indefensa; que sus habitantes se iban desanimando y que los jefes del partido empezaban a perder la esperanza de prolongar mucho la guerra si las fuerzas democráticas apretaban vigorosamente.

Después de enterarse del contenido de estos despachos y cartas, Walker los remitió a Corral con una misiva en que le manifestaba haberse tomado la libertad de leerlos, para hacer sentir así al general legitimista que su situación y lo que se le esperaba no eran cosas desconocidas para su adversario. También le insinuó Walker en su carta que el país necesitaba de paz, por estar ambos partidos ya casi agotados después de tan larga lucha, en cuanto a las tropas nacionales se refería. No tardó Walker en recibir de Granada una respuesta acusándole recibo de los despachos y las cartas; dentro de la contestación de Corral había un papelito con unos signos cabalísticos que el coronel democrático no entendió. Suponiendo que se trataba de signos masónicos, por saberse que Corral era masón, Walker los mostró al capitán Hornsby, quien no obstante serlo pareció ignorar su significado. Luego se le mostraron a De Brissot, quien según afirmaba Hornsby tenía un alto grado en la orden mística, y dijo ser masónicos los signos y que por medio de ellos Corral deseaba saber si era posible comunicarse confidencialmente con Walker. Aquí se puso término a la correspondencia, la cual sirvió para demostrar que a Corral no le faltaban ganas de hacer la paz, aun estando las cosas como estaban a la sazón.

Después de permanecer tan sólo unas pocas horas en La Virgen, regresó Walker con toda su tropa a San Juan del Sur. Aun cuando el estado de los caminos le hubiese permitido ir hasta Pavas, no tenía bastante gente para atacar esta plaza. Además, sus planes eran otros y las noticias que de Granada recibía casi diariamente confirmaban el contenido de los despachos interceptados. Un músico llamado Acevedo, preso en Granada por demócrata, pudo fugarse y se vino a San Juan del Sur, donde rindió un informe completo sobre el estado en que se encontraba la ciudad. Entre otras cosas dijo que en ella había más de cien demócratas trabajando en las calles con cadenas y grillos en los pies.

El 3 de octubre por la mañana fondeó en el puerto el vapor "Cortés", procedente de San Francisco, y no tardó en esparcirse la noticia de que el coronel Charles Gilman, uno de los compañeros de Walker en la Baja California, se encontraba a bordo con unos treinta y cinco hombres. A poco rato estaban todos en tierra, cada cual con su rifle y todos bien provistos de municiones. Gilman era un hombre de vigorosa inteligencia, con todos los sentimientos de un soldado y una buena dosis de ciencia militar. En la Baja California perdió una pierna. La herida, que antes de la amputación lo hizo sufrir cruelmente largo tiempo, y su obligó a permanecer en la cama muchos meses, y su talento parecía haberse madurado durante esta reclusión. Venían también con él otros hombres muy capaces, como el capitán George R. Davidson, el cual había servido durante la guerra de México en el regimiento de Kentucky; el capitán A. S. Brewster, ascendido después a mayor; John P. Waters, igualmente capitán, que llegó a coronel, y John M. Baldwin, después mayor. Acababan de desembarcar cuando fueron llamados a prestar servicio. Se les ordenó escoltar la arria de los caudales en el camino del Tránsito hasta La Virgen.

La Falange, que ya contaba con cien hombres, fue a continuación organizada con tres compañías y se le dio el nombre de batallón, poniéndola bajo el mando del capitán Hornsby, ascendido a coronel; al coronel Gilman se le nombró teniente coronel. Los capitanes de las tres compañías eran Markham, Brewster y Davidson. El teniente George R. Gaston fue nombrado ayudante y el capitán William Williamson comisario ordenador. Pero a la vez que los americanos iban aumentando así sus fuerzas en Nicaragua, tuvieron también algunas pérdidas. El capitán Doubleday, el cual había servido algún tiempo a las órdenes de Jerez y desempeñado con actividad el cargo de comisario de guerra a las de Walker, pidió y obtuvo licencia para volverse a los Estados Unidos. Laborioso y cumplido en el ejercicio de sus funciones y conocedor del idioma y de las costumbres de las gentes del país por su larga residencia en él, se le echó mucho de menos después de su partida. Se fue, porque habiendo externado su opinión sobre ciertas medidas que se estaban tomando sin que Walker se la pidiese, éste manifestó que "cuando necesitase de la opinión de su comisario se la pediría". Cuando se hizo esta observación era de todo punto necesario hacer sentir a la fuerza que sólo tenía un jefe. El capitán Doubleday regresó más tarde al país y lo sirvió con honra para sí y provecho para la causa.

El mismo día que el coronel Gilman y sus compañeros llegaron a San Juan, arribó un barquito procedente de El Realejo. En él venían un oficial demócrata, Ubaldo Herrera, y unos treinta y cinco leoneses. Con éstos y los reclutas que habían estado incorporándose diariamente para reemplazar a los que se llevaba la peste, la tropa de Valle llegó a más de doscientos cincuenta hombres. Al mismo tiempo hubo necesidad de deshacerse de Méndez. A diario cometía delitos y su crueldad para con su gente, unida a sus mezquinos peculados, perjudiciales para la disciplina y el orden, hicieron ver la conveniencia de enviarle a León. Al partir le dijo a Walker que ya vería que a los nicaragüenses sólo era posible gobernarlos con el dinero en una mano y el látigo en la otra.

Además del refuerzo numérico que recibió entonces la tropa democrática, ésta fue bastante fortalecida con un cañoncito de bronce de a dos, traído de León, y otro nuevo de hierro y de a seis que se consiguió con el capitán Reed del clíper "Queen of the Pacific", surto en el puerto con un cargamento de carbón. Se emplearon algunos días en montar la pieza de a seis y preparar las municiones para la misma. Durante este tiempo se introdujeron mejoras en la organización y disciplina de toda la fuerza. Al fin estuvo todo listo para marchar y en la mañana del 11 Walker salió con toda su gente para La Virgen, llegando allí el mismo día, poco después del anochecer.

CAPÍTULO IV: Granada, 13 de octubre de 1855

Esperábase el vapor "La Virgen" de la Compañía Accesoria del Tránsito por la tarde del 11 en la bahía del mismo nombre, y acababa de acuartelarse la fuerza democrática cuando anunciaron que estaba a la vista. En el muelle se había colocado de antemano un centinela con orden de no dejar salir ninguna embarcación sin permiso, y al divisar el vapor se mandó al coronel Hornsby que cuando anclase fuera a bordo y se apoderara de él Hornsby cumplió su cometido sin que el capitán Joseph N. Scott, el cual estaba en el barco, supiese lo que se proponía hasta después que lo hubo ejecutado. Tanto Mr. Cushing, agente de la compañía, como el capitán Scott, protestaron por el hecho de emplear el vapor para fines militares, así como por tomarlo a la fuerza. Mr. Cushing dijo que el gobierno de los Estados Unidos le había asegurado que consideraba los barcos de la Compañía Accesoria del Tránsito como propiedad americana amparada por la bandera de los Estados Unidos; pero como había pertenecido al servicio diplomático de esta nación, conocía demasiado bien los más elementales principios del derecho público para imaginarse que los que actuaban en nombre de la jurisdicción de Nicaragua pudiesen tomar en cuenta una interpretación semejante de sus derechos de soberanía.

La Compañía Accesoria del Tránsito era una hechura del gobierno nicaragüense y conforme a la letra de la concesión sus barcos navegaban con bandera de Nicaragua. Aun siendo la propiedad de un neutral y no de un súbdito, era lícito hacer uso de ella transitoriamente para el transporte de tropas. Es absolutamente falso lo que algunas veces se ha asegurado acerca de haber venido el vapor en virtud de un convenio entre Walker y el agente de la compañía; al contrario, éste se había opuesto siempre a la idea de permitir que los beligerantes se sirviesen de los barcos en ninguna forma, y Walker, para desvanecer toda sospecha de Mr. Cushing al respecto, había declarado siempre no saber de qué modo podían contribuir los vapores a los fines que perseguía.

Tan pronto como se divisó el barco fue doblada la guardia, no permitiéndose a nadie salir del pueblo. Así fue que el enemigo ignoró el hecho de hallarse el vapor «La Virgen» en poder de la fuerza democrática. Al siguiente día se hicieron los preparativos para el embarque de toda la tropa, y hacia las cuatro o cuatro y media de la tarde llegó al costado del vapor el último bote lleno de soldados. Pronto se dio la orden de llevar el ancla y se puso la proa a Granada. Cuando los naturales del país vieron adonde se dirigía la fuerza, manifestaron una alegría loca; pero fue necesario hacer que se estuviesen quietos y tan ocultos como era posible para no llamar la atención en tierra, porque los espías del enemigo, escalonados a lo largo de la playa, se distinguían claramente. Al acercarse a Granada fueron apagadas las luces, se bajaron las cortinas de lona de la cubierta y el vapor se quedó lejos del fuerte para no ser visto de los centinelas.

Cerca de las diez de la noche ancló el vapor a proximidad de la playa, a unas tres millas al norte de Granada. Se amarró un cable a un árbol de la orilla y el desembarco se hizo halando una lancha de hierro por medio de este cable. Cuando desembarcaron los últimos, eran más o menos las tres de la mañana; los caballos que se habían llevado para Valle y Gilman[12] metieron mucho ruido en el último viaje de la lancha, y no cabe duda de que este ruido debe de haber parecido más fuerte de lo que realmente fue a los que tanto deseaban el silencio y el sigilo para sus movimientos. Cuando todos hubieron desembarcado, la columna se formó con algunas dificultades por la obscuridad de la noche, la espesura de los árboles de la selva y la ignorancia completa en que oficiales y soldados estaban de la calidad del terreno. Por último, se dio la voz de marcha, yendo la Falange adelante y la tropa del país a retaguardia. Ubaldo Herrera, natural de Granada, venía haciendo de guía. En la obscuridad la marcha fue insegura y difícil; pero en cuanto amaneció, Herrera supo ya con precisión donde se encontraba y en pocos minutos llegó la columna al camino que va de la ciudad a Los Cocos. Una o dos vendedoras del mercado con quienes Walker se encontró le informaron que todo estaba tranquilo en la población, donde nadie esperaba un ataque ni se temía que se acercase el enemigo.

Habían llegado ya los demócratas a media milla de Granada y los primeros rayos del sol naciente empezaban a calentar el cielo por el

---

[12] Ambos eran cojo. N. del T.

este, cuando de pronto se oyeron repicar alegremente todas las campanas de la ciudad. Algunos de los americanos creyeron que era una señal de alarma y que al darla de ese modo el enemigo manifestaba su confianza, como regocijándose del ataque; pero en realidad el repique era para celebr ar el triunfo de Martínez contra los demócratas en Pueblo Nuevo, dos días antes. Cuando llegó la vanguardia de la Falange a las primeras chozas de los arrabales de la ciudad, todavía estaban repicando las campanas. Viendo entonces los americanos, por las caras de espanto que ponían las gentes de los suburbios, que los legitimistas iban a ser tomados de sorpresa, se quitaron las chaquetas, tiraron al suelo sus mantas y dando un alarido se lanzaron al ataque de las primeras barricadas.

En la vanguardia la figura esbelta de Hornsby era como un pendón que guiaba a los de atrás. Se avanzó y los primeros tiros del enemigo salieron del viejo convento de San Francisco; pero como eran pocos y aislados, apenas si pudieron contener un instante la impetuosa marcha de la Falange. Un grito de la avanzada anunció la toma de la plaza mayor, y los últimos tiros fueron disparados desde la galería de la casa de gobierno, al penetrar Walker en la plaza. En seguida se registraron en vano las calles que daban a la plaza en busca de los enemigos fugitivos. En realidad, la fuerza de los legitimistas era insignificante y el encuentro que tuvo con la Falange apenas si merece el nombre de combate. Dos o tres legitimistas resultaron muertos y los demócratas sólo perdieron un tamborcito de la tropa de Valle. Razón tenía Norris, el tambor de la Falange, cuando dijo después, al pedir que lo excusasen de servir en calidad de tambor mayor, que no hay cuadro de batalla en el cual no figure un muchacho muerto a la par de su caja.

Cuando entraron los demócratas en la ciudad, todas las puertas y ventanas estaban cerradas y las banderas de las diversas naciones ondeaban sobre las casas de los residentes extranjeros. En los países de Centro América una bandera es un mueble muy útil para los extranjeros de reputación ambigua y nacionalidad dudosa. Sin embargo, tan pronto como pasó la confusión producida por el encuentro, empezaron a entreabrirse cautelosamente las puertas de las casas. La del ministro americano fue tal vez la primera en abrir la suya. El salón, el aposento y el patio presentaban un espectáculo curioso. Ochenta o cien mujeres y niños apiñados habían buscado protección bajo los pliegues de la bandera americana. Allí estaba la dama gentil que creía que todos los demócratas eran ladrones y asesinos por cuanto hacían la guerra a la vieja aristocracia del país; allí la humilde criada que se imaginaba que los leoneses la iban a matar, porque su padre o su hermano habían seguido a su amo legitimista en vez de tomar las armas para defender los derechos de su clase. En la imaginación de ambas un filibustero era una especie de centauro, con más de bruto que de hombre, y grande fue su sorpresa al oír hablar a los americanos con suavidad y verlos portarse con mesura, pasado el alboroto de la refriega.

Walker fue un momento a casa del ministro para responder a algunas de las peticiones que allí se le hicieron, y cuando regresaba al través de la plaza y en dirección de la casa del gobierno, vio a varios de los soldados del país con grandes cargas de mercaderías a cuestas, que venían trotando rápidamente por el costado opuesto de la plaza. Al acercárseles no se detuvieron hasta que les mandó hacerlo; tampoco se figuraban, al parecer, estar haciendo nada que pudiera enojar a su jefe. En la expresión de sus semblantes se leía a las claras el pensamiento de que la ciudad debía ser entrada a saco; pero Walker puso la punta de su espada al pecho de uno de ellos, llamó la guardia y mandó arrestar a los delincuentes y devolver las mercaderías a sus dueños. En el acto se dió a la Falange la orden de quedarse sobre las armas para proteger las propiedades de los ciudadanos. Los soldados del país dejaron oír algunas murmuraciones, particularmente los que habían sufrido en sus bienes, personas o familias; pero no tardó en obtenerse la cooperación de Valle y se contuvieron en gran parte los desórdenes.

En otro asunto Valle se mostró menos sumiso. Don Dionisio Chamorro y D. Toribio Jerez se habían presentado por la mañana a W. Jalker bajo la garantía de que sus personas serían respetadas, y se les puso a cargo de M. Bernard, súbdito francés en cuya casa vivían y con el cual estaban emparentados por un enlace matrimonial. Cuando los dos legitimistas bien conocidos iban de camino para su casa, se toparon con Valle, y este viejo demócrata les ordenó inmediatamente seguirle a la residencia de Walker. Al llegar "Chelón" estaba como loco, declamando sobre sus pérdidas, la muerte de su hermano, la de sus amigos, las crueldades de los legitimistas y contra todos los que se mostraban clementes con los odiosos granadinos. Un poco de coñac, al que tenía ardiente afición, atizaba sin duda el fuego de sus sentimientos, inspirando en parte la elocuencia que rápida manaba de sus labios. En vano trató Walker de calmar su irritación; las palabras suaves eran como aceite derramado sobre la hoguera de sus pasiones. Entonces Walker, mudando de tono, acudió al lenguaje autoritario, recordando a "Chelón" que le hablaba su superior y que toda desobediencia a las órdenes de éste sería castigada sumariamente. Envió a los legitimistas a la casa en que vivían, escoltados por americanos, y notificó a Valle que el que tocase a sus personas lo haría por su cuenta y riesgo.

El viejo y fogoso demócrata se fue murmurando alguna cosa acerca de la bala granadina que tenía en la pierna; pero le pasó la rabia y por la tarde se encontraba tan dispuesto como siempre a dar una serenata o una carga, según las circunstancias.

Se tomó un prisionero de consideración, D. Mateo Mayorga, secretario de Relaciones Exteriores de Estrada, dejándole bajo su palabra en casa del ministro americano. Otros legitimistas principales se presentaron durante el día y se les puso bajo la protección de los rifles americanos.

Cerca de cien individuos fueron libertados de sus cadenas con la toma de Granada. Habían sido presos por delitos políticos y algunos sentenciados a muerte. Entre otros estaban D. Cleto Mayorga, yerno de D. Patricio Rivas y primo de D. Mateo Mayorga, el ministro de Relaciones Exteriores; un americano llamado Bailey, preso según dijo, por sospechas de ser favorable a la causa democrática, y un jovencito de apellido Tejada, hermano de D. Rafael Tejada, comisionado por el gobierno de Estrada para el arreglo de las diferencias entre la República y la Compañía Accesoria del Tránsito. Todos estos prisioneros pidieron armas y se les incorporó a las filas democráticas, de modo que antes de la noche del 13 el total de la fuerza que ocupaba a Granada llegó a cerca de 450 hombres.

A poco de haber entrado en la ciudad, por la mañana del 13, Walker se encontró en la plaza con D. Carlos Thomas, comerciante extranjero establecido desde hacía largo tiempo en el lugar, y con D. Fermín Ferrer, terrateniente de Chontales, pero vecino de Granada y muy enterado de los negocios públicos. A Ferrer se le nombró prefecto, entrando a ejercer el cargo inmediatamente. Thomas prestó muchos servicios a Walker por su conocimiento de los hombres y de las cosas de Granada; entre otras funciones desempeñó la de redactor de proclamas. Hablaba y escribía el inglés, el francés y el español con igual facilidad y probablemente con la misma elegancia; sin embargo, su inglés era más johnsonesco[13] que idiomático, y es probable que del mismo defecto adoleciesen su francés y su español. La ampulosidad de sus frases era perfectamente ciceroniana cuando se ponía a escribir largo y tendido sobre la grandiosa crisis por que atravesaba Nicaragua, con uno o dos vasos de coñac subidos a la cabeza.

La exuberancia de sus sentimientos se desbordó en una proclama escrita y publicada por encargo de Walker, el cual se contrarió bastante al ver su nombre estampado al pie de un manifiesto rebosante de esa retórica que caracteriza las producciones hispanoamericanas; pero a pesar de ser una ofensa para el buen gusto, la proclama hizo algún bien, porque tenía por objeto hacer saber que había garantías para todos los intereses y que nadie dejase de volver a su casa por temor de persecuciones políticas.

Después de la toma de Granada estuvo alojado Walker por corto tiempo en casa de una mujer jamona, a quien la generalidad llamaba la "Niña Irene". Su apellido era irlandés y descendía probablemente de algún oficial irlandés enviado a las colonias antes de la Independencia. Esta mujer, que solía observar las cosas perspicaz y minuciosamente, con la seriedad y la indiferencia aparente de la raza del país, por esto en otro tiempo muchos servicios al partido legitimista, y hasta D. Fruto Chamorro, a pesar de su carácter inflexible, se dejaba ablandar e influir por ella cuando otras personas no lo conseguían. Gracias a las relaciones íntimas que con visos de verdad aseguraban que tenía con D. Narciso Espinosa, uno de los caudillos legitimistas, pudo tener influencia en el partido después de que por la muerte de Chamorro perdió su unidad anterior. La Niña Irene abundada en expedientes para mandar informes a sus amigos. De aquí que el cuartel general de la fuerza que ocupaba a Granada no

---

[13] Walker alude aquí al lenguaje un tanto chabacano que solía emplear en sus discursos Andrew Johnson, quien más tarde fue el decimoséptimo presidente de los Estados Unidos. N. del T.

tardase en establecerse en la casa de gobierno, situada en la plaza principal.

El 14 fue un domingo y Walker asistió a la misa de las ocho con un grupo de oficiales. El padre Vigil, cura de Granada, predicó un sermón exhortando a la paz, a la moderación, a dejarse de pasiones revolucionarias. Esbozó ligeramente la historia de Nicaragua desde la Independencia, extendiéndose luego sobre las desgracias causadas por el libertinaje de la época, e indicó la necesidad que tenía el país de un poder bastante fuerte para dominar las pasiones políticas que hasta allí habían sembrado la discordia en las familias, en los amigos y los vecindarios. Nadie podía objetar los sentimientos expresados por el buen padre, y el efecto producido por su sermón fue excelente y decisivo. La labor del padre Vigil en favor de la paz no se limitó al púlpito; fue un ardiente colaborador de Walker en la tarea de celebrar entre los partidos un convenio capaz de poner término a la guerra civil, y su conocimiento profundo de los hombres y de las cosas, por haber servido durante largo tiempo el curato de Granada, dio valor a sus consejos en las negociaciones entabladas a raíz de la jornada del 13 de octubre.

Al marchar sobre Granada, el objeto principal de Walker fue apoderarse de la base de operaciones del enemigo, para ponerse en situación de obtener de Corral las mejores condiciones posibles en favor del partido democrático y, sobre todo, de la política adoptada por Castellón para introducir un elemento americano en la sociedad nicaragüense. Corral había dejado ya percibir a Walker que no estaba reacio a tratar; pero resultaba sin duda más ventajoso para éste hacerlo en Granada que en el Tránsito, a pesar de ser la posesión de esta vía intrínsecamente de mayor importancia que la de una ciudad situada a cuarenta o cincuenta millas del camino que atraviesa el Istmo. Por esta razón Walker no tenía al principio el propósito de ocupar a Granada de modo permanente y miraba esta ocupación tan sólo como un medio de obtener de Corral buenas condiciones, siempre que fuera posible negociar un tratado.

Por consiguiente, tan pronto como se restableció el orden se dieron pasos para entrar en comunicación con Corral. Los individuos del ayuntamiento visitaron a Walker para pedirle que asumiese la presidencia de la República y éste declinó el ofrecimiento, pero insinuando que si después de que los partidos beligerantes conviniesen en justas condiciones de paz se le confiaba a Corral el poder ejecutivo, Walker se haría cargo de mantener el orden en el país con el carácter de comandante en jefe. La ciudad nombró entonces comisionados para que fuesen a Rivas y se empeñasen en hacer ver a Corral la conveniencia de hacer un arreglo entre los dos partidos en que estaba dividida la República. Los principales comisionados fueron D. Hilario Selva y D. Rosario Vivas; y a la vez que éstos iban a hacer el viaje por tierra, D. Juan Ruiz, ministro de la Guerra en el gobierno de Estrada, y el Honorable Mr. Wheeler, ministro americano, debían salir en el vapor "San Jorge" para tratar también el asunto con Corral. Los mismos legitimistas instaron a Mr. Wheeler para dar este paso. Las familias granadinas se empeñaron en que debía ir con Ruiz, suponiendo que por su posición importante podría influir en el ánimo de Corral para que éste tratase con Walker y poder deshacerse así de los odiados leoneses.

Mr. Wheeler tomó el vapor y se fue a Rivas acompañado de D. Juan Ruiz. Al llegar allí supo que Corral se había marchado al norte en la tarde del 14 y que don Florencio Xatruch, amigo y compañero de Guardiola, mandaba las tropas legitimistas del departamento Meridional. Xatruch hizo custodiar al ministro y su secretario durante dos días por una guardia, y tan sólo consiguieron fugarse —porque de fuga se puede calificar su partida— gracias al ánimo y resolución de Mr. Wheeler. Al llegar a La Virgen, de regreso a Rivas, el ministro recibió una carta de Corral, fechada el 17 de octubre en su cuartel general, manifestándole que no podía responder de la seguridad de su persona y que había informado de su conducta al secretario de Estado Mr. Marcy y a los periódicos de Nueva York. El ministro regresó a Granada sin haber visto a Corral, y D. Juan Ruiz, faltando a su palabra, huyó a Costa Rica.

Selva, Vivas y demás comisionados que fueron por tierra se encontraron con Corral cerca de Nandaime, yendo éste de paso para el norte. Desde ese lugar escribieron a Walker que era imposible hacer que se allanase a tratar en ningunas condiciones; pero a la mañana siguiente recibió Walker una carta del comandante legitimista. Se quejaba en ella de que unos demócratas hubiesen hecho fuego sobre una partida de sus tropas, encontrándose en su campamento los comisionados que pedían la paz. Y no habiéndose pactado ni siquiera propuesto ninguna cesación de hostilidades como paso preliminar a las negociaciones, la carta de Corral delataba su ansiedad de entablar correspondencia y de esto se deducía su deseo de entrar en arreglos con Walker. Este le manifestó en su respuesta que, no habiendo convenido en ningún armisticio, seguiría guerreando tan vigorosamente como pudiese, y no obstante que esta respuesta no necesitaba de contestación, el general legitimista escribió que difícilmente podía Walker tener la esperanza de hacer la paz sobre la base de los principios proclamados y sostenidos por los demócratas del país que estaban en su campo. No es menester decir que a esto no se dio respuesta y cesaron las negociaciones hasta que otros sucesos las llevaron rápida y felizmente a término.

El 17 de octubre llegó a San Juan el vapor "Uncle Sam" trayendo al coronel Birkett D. Fry, a Parker H. French y unos sesenta americanos más destinados al servicio del gobierno provisional. Todos tenían sus rifles y estaban bien provistos de municiones. Al desembarcar fueron organizados en dos compañías mandadas respectivamente por los capitanes S. C. Asten y Chas. Turnbull. Edward J. Sanders desempeñaba el cargo de mayor, y French, sin estar autorizado para ello, había prometido a Fry el grado de coronel. En el vapor se consiguió un cañón de bronce de a seis con algunas municiones, luego marchó la tropa a La Virgen por el camino del Tránsito —gran disparate si se considera que el enemigo estaba en Rivas— y en La Virgen encontró el vapor que estaba esperando a los pasajeros de California para conducirlos al raudal del Toro. French instó a Fry para que lo tomasen dejando los pasajeros a bordo con el objeto de ir a San Carlos y quitar este fuerte al enemigo. Era un disparate enorme, si no criminal, llevarse a los pasajeros en el barco destinado a semejante expedición, y no se podía esperar nada bueno de una empresa que comenzaba así. Al llegar frente a San Carlos vieron que las fortificaciones eran demasiado fuertes para la gente que llevaban y de pronto notaron que la provisión de fulminantes era insuficiente. Procediendo con juicio, el vapor «La Virgen» viró de bordo y se vino a Granada. Los reclutas de Fry desembarcaron y los pasajeros que se dirigían a los Estados del Atlántico volvieron a La Virgen.

Dadas las circunstancias hubo que cerrar los ojos sobre lo hecho por Fry y French. La conducta del último no causó mucha sorpresa a Walker; pero de parte de Fry esperaba un comportamiento más discreto y serio, por las opiniones que acerca de él había oído emitir a otros. Su reputación militar la había adquirido sirviendo en el regimiento Voltigeur durante la guerra de México, y los amigos de la causa nicaragüense residentes en California consideraron a Fry como una valiosa adquisición para la empresa. De modales amables y sentimientos honrados, poseía muchas cualidades que lo hacían digno de estimación; pero por falta de firmeza y resolución cedía con demasiada frecuencia a las insinuaciones perversas e irreflexivas de otras personas. Como salió de California en la creencia de que se le daría el grado de coronel, éste le fue conferido. Sanders, de carácter mucho más enérgico, fue nombrado mayor al mismo tiempo. A French se le dio el cargo de comisario de guerra con la esperanza de que su actividad resultara útil y de que estando controlado por otra persona se podría evitar que hiciese daño con sus imprudencias, para no decir nada de otros defectos más graves.

Después de que los pasajeros procedentes de California regresaron de Granada a La Virgen, y encontrándose éstos allí en espera de una ocasión para irse a San Juan del Norte por el río, entraron en el pueblo unos soldados e hicieron fuego contra todos indistintamente, matando a tres pasajeros (ciudadanos americanos), hiriendo a otros y despojando a los muertos. La casa de la Compañía Accesoria del Tránsito fue forzada y saqueada, y a Mr. Cushing, el agente, se lo llevaron preso a Rivas, donde tuvo que pagar una multa de dos mil dólares para que lo soltasen.

Los pasajeros procedentes de Nueva York no fueron menos desafortunados que los de California. El comandante legitimista de San Carlos disparó un tiro de cañón de a veinticuatro contra el vapor al pasar éste por el río en dirección del lago, matando a una mujer y a su niño y llevándole el pie a otra criatura. En tales condiciones era por supuesto un desatino tratar de llevar a los pasajeros de California por el río. De consiguiente regresaron a Granada para esperar allí hasta poderse ir a San Juan del Norte sin peligro. Walker recibió al mismo tiempo las noticias de lo ocurrido en La Virgen y el lago.

Semejante conducta de parte de oficiales que obraban en nombre del gobierno legitimista pedía represalias y castigo para impedir que se repitiese. De modo que temprano de la mañana del 22 y poco después de haberse recibido en Granada la noticia de los asesinatos cometidos en La Virgen y el lago, Walker mandó fusilar a D. Mateo Mayorga en la plaza mayor. Mayorga era uno de los miembros del gabinete de Estrada y por lo tanto moralmente responsable de los atropellos y barbaridades cometidos por militares a las órdenes del gobierno legitimista[14]. Fue ejecutado poco después de haberse dado la orden al jefe de día Ubaldo Herrera, para lo cual se destacó un pelotón de leoneses. Todos los oficiales democráticos aprobaron el acto, haciendo después la observación de que mostrarse misericordioso con los legitimistas era cometer una injusticia con los demócratas[15].

Entretanto Corral había llegado a Masaya, atrincherándose allí con gran parte de las fuerzas legitimistas. Martínez, que había expulsado de Pueblo Nuevo a los demócratas el 11 de octubre, se replegó a Managua, después de la sorpresa de Granada y de camino fue atacado de nuevo por un cuerpo irregular de leoneses mandado por el general Mateo Pineda y Mariano Méndez. Así estaban las cosas en la mañana del 22 cuando D. Pedro Rouhaud, súbdito francés que había vivido largo tiempo en Granada, se fue a Masaya para enterar a Corral de la ejecución de Mayorga y de las causas a que obedeció, así como para decirle que todas las familias legitimistas de la ciudad se tendrían en rehenes para responder de la conducta de Estrada para con

---

[14] Mayorga no podía ser de ningún modo responsable de actos en que no sólo no intervino, sino que los ignoraba totalmente. N. del T.

[15] El fusilamiento de D. Mateo Mayorga, de cualquier modo, que se juzgue, debe considerarse como un acto de venganza cruel y salvaje, tanto más odioso por haberse cometido en la persona de un inocente y con fines interesados. Más criminal resulta Walker fusilando a D. Mateo Mayorga a sangre fría, que sus paisanos Sam y Dewey al incendiar en estado de ebriedad el cuartel de San Juan del Sur. Los mismos escritores norteamericanos que tanto han celebrado a Walker, no han podido menos que censurar al "héroe" en este caso. Así por ejemplo, el entusiasta James Jeffrey Roche dice en su Historia de los Filibusteros: "Hacer responsable en esta forma a un ministro de los actos de su gobierno, equivalía a ampliar con la venganza los principios del gobierno constitucional". N. del T.

las mujeres y los niños americanos y los no combatientes en general[16]. Este mensaje hizo naturalmente profunda impresión, no sólo en el ánimo de Corral, sino también en el de todos los oficiales que estaban en Masaya, porque muchos de ellos tenían entonces sus familias o parientes en Granada. Por esto se resolvió que Corral fuese al campo de Walker con plenos poderes para tratar de la paz, y D. Pedro Rouhaud regresó tarde de la noche con la grata noticia de un acuerdo.

En el acto se dio al coronel Fry la orden de salir con una escolta de americanos montados al encuentro del general legitimista en las cercanías de Masaya y de acompañarle a Granada. Poco después de las nueve de la mañana del 23 se anunció que Corral y la escolta habían llegado al polvorín situado a la entrada de la ciudad, en el camino de Masaya, y Walker, acompañado de un grupo de oficiales demócratas, salió a encontrarle a caballo. Después de saludarse, los comandantes de las dos fuerzas entraron emparejados por la calle principal que conduce a la plaza mayor. Al pasar veían las puertas y ventanas repletas de mujeres y niños vestidos con los trajes de colores vivos de que gustan las gentes del país y sonriendo con lágrimas en los ojos ante la perspectiva de la paz. Toda la fuerza democrática estaba formada en la plaza para recibir al general en jefe de los

---

[16] Un distinguido diplomático chileno que estuvo en Costa Rica en 1857, escribe a este respecto: "Este inesperado suceso (la toma de Granada obligó al gobierno a retirarse al pueblo de San Fernando, sobre el cual se concentraron también las fuerzas de Corral. Estrada y Corral se decidieron a atacar a Walker, pero el último (Corral) desconfió del resultado y quiso aguardar un momento más oportuno, con lo que dio tiempo para que aquél (Walker)se fortificase y tomase medidas que vinieron a consumar la revolución. Hecho, pues, fuerte en esta ciudad (Granada) intimó a Corral la rendición de sus tropas y que él y el presidente Estrada conviniesen en el establecimiento de un nuevo gobierno provisorio. Estrada desde luego se negó a estas proposiciones; pero a esta primera negativa, Walker redujo a estrecha prisión a las personas más notables de la ciudad. a pesar de haber garantizado a su entrada en ella su más amplia libertad; y a la segunda respondió con el asesinato que mandó ejecutar en la madrugada del 22 en la persona del ministro de Estado don Mateo Mayorga y con la intimación de que, si a las ocho de la noche de ese propio día no se accedía a sus proposiciones, haría fusilar noventa de las personas más principales, aunque para enterar este número tuviese que echar mano de señoras, y sin perjuicio de confiscar sus bienes y de no responder por los desórdenes que su tropa cometiera en la población". Francisco S. Astaburuaga, Repúblicas de Centro América, págs. 89 y 90. Santiago, 1857.

legitimistas. Se pusieron armas en manos de muchos de los pasajeros de California y se les hizo formar lo mejor posible, para impresionar a Corral con el número de soldados americanos de que disponía el ejército democrático. Enseguida se retiraron los dos comandantes a la casa de gobierno para iniciar las negociaciones.

Corral exhibió el documento en que Estrada lo autorizaba omnimodamente7 para tratar en nombre del gobierno legitimista, sin necesidad de ratificación, haciendo así de antemano que sus actos fuesen como los del gobierno mismo. Walker no tenía poderes del que le había conferido su grado militar; por consiguiente, Corral trató con él tan solamente en su calidad de coronel comandante de las fuerzas que ocupaban a Granada, siendo entendido que si se llegaba a celebrar un tratado, éste debería remitirse a León para ser ratificado allí. El general legitimista parecía dispuesto a tomar la iniciativa en las negociaciones y Walker lo dejó formular libremente las condiciones que deseaba, limitándose a decir unas pocas palabras para hacer objeciones o proponer enmiendas. Después de algunas consultas se convino en las líneas generales del tratado y Corral se encargó de redactarlo para la firma.

Por lo tanto, el convenio firmado fue obra de Corral casi todo. Por él se restableció la paz entre los beligerantes y fue creado un gobierno provisional con D. Patricio Rivas en el poder ejecutivo por tiempo de catorce meses, salvo que se convocase antes a elecciones. Se daba a Walker el mando del ejército, y todos los oficiales de uno y otro bando debían conservar sus grados y sueldos. Todas las deudas contraídas durante la guerra por los dos partidos quedaban convertidas en obligaciones de la República, y para hacer la liquidación de las mismas se agregó un ministro de crédito público a los que formaban de ordinario el gabinete. Por indicación de Corral los americanos debían seguir al servicio del Estado, y la única cláusula inserta en el convenio a instancias de Walker y sin haber sido insinuada por. Corral, fue la que mantuvo en vigor los artículos de la constitución de 1838 relativos a la naturalización. Todas las insignias de los partidos anteriores fueron suprimidas, debiendo llevar las tropas de la República una cinta azul con la divisa "Nicaragua Independiente". Los extranjeros que habían estado sirviendo a los legitimistas, especialmente franceses, podían quedarse o no en el ejército, a voluntad, y los contratos con ellos celebrados respecto de sueldos y tierras, lo mismo que el de Castellón con los americanos, vinieron a ser obligaciones del Estado. Martínez seguiría mandando en Managua y Xatruch en Rivas.

Por la tarde del 23, encontrándose juntos Corral y Walker en casa de un comerciante de la ciudad, llegó la noticia de estar un vapor a la vista, procedente de San Carlos. Los americanos, lo mismo que los demócratas del país, tenían la sospecha de que se estaba obrando con ellos de mala fe y el temor de ser atacados mientras el enemigo fingía tratar. Esta sospecha resultó infundada. El vapor era el "Central America" y venía del raudal del Toro, trayendo la noticia de que las guarniciones legitimistas de San Carlos y del Castillo habían desaparecido, dejando por consiguiente el paso libre a los que iban para el Atlántico. Las columnas en que descansaba el partido legitimista parecían derrumbarse ante la influencia de la toma de Granada.

Firmado el convenio, Corral regresó inmediatamente a Masaya en la inteligencia de que haría su entrada en Granada en la fecha que él y Walker fijasen más tarde de común acuerdo. Los pasajeros del Tránsito que estaban en la ciudad salieron el mismo día, y el capitán Joseph N. Scott llevó a D. Patricio Rivas la noticia de los acontecimientos de Granada, ofreciéndole traerlo enseguida a la capital en el vapor de la compañía. Valle y Ferrer fueron enviados a León con el tratado y una solicitud de Walker encaminada a retirar la fuerza democrática que estaba atacando a Managua.

Mientras tanto se dieron pasos para poner a funcionar el gobierno provisional tan pronto como llegase Rivas. Entre los pasajeros del vapor "Cortés" llegados el 31 de octubre estaba Mr. C. J. Macdonald, escocés que había vivido algún tiempo en California. Fue presentado a Walker por el coronel Gilman, quien le aseguró que gozaba de la confianza de Garrison, agente de la Compañía Accesoria del Tránsito en San Francisco. Macdonald se encontraba en Granada cuando se firmó el tratado y propuso prestar veinte mil dólares de los caudales que iban en tránsito de California a Nueva York, con garantía de la palabra del gobierno. French, en su calidad de comisario de guerra, transmitió la propuesta a Walker y éste no quiso aprovecharse de ella hasta no saber en virtud de que facultades la hacía Macdonald. Por este motivo le mostraron un poder otorgado por C. K. Garrison a Macdonald y redactado en forma vaga, pero en el que sin embargo le nombraba agente general en Nicaragua. Después de haber interrogado privadamente a Gilman sobre las relaciones de Macdonald y Garrison en California, a fin de poderle dar al poder una interpretación completa, Walker aceptó la oferta. Las barras fueron desembarcadas del vapor, con protesta de Scott, y Macdonald giró una letra de cambio por su valor a cargo de Charles Morgan de Nueva York. El comisario de guerra entregó obligaciones en que el Estado se comprometía a pagar la suma con intereses y se garantizaba la deuda con pagarés de la Compañía Accesoria del Tránsito. Quizás valga la pena decir que la letra girada por Macdonald contra Morgan fue debidamente pagada por éste.

El préstamo de esa suma de dinero fue en aquel entonces un señalado servicio, porque los gobiernos de León y de Granada se encontraban exhaustos de fondos. Poco después de la toma de Granada por los demócratas, el prefecto del departamento echó una contribución, pero lo que se pudo recolectar fue poca cosa. Según todos los datos que se tenían, el tesorero del fondo de instrucción pública debía tener en su poder algunos miles de pesos; sin embargo, cuando se le mandó entregar el dinero para ponerlo provisionalmente en el fondo común, tan sólo pagó al tesorero del Estado unos pocos centenares de dólares. Para hacer ver la penuria de los legitimistas, basta decir que al siguiente día de firmado el convenio, Corral giró contra Walker la cantidad de quinientos pesos para pagar los gastos diarios de las tropas de Masaya y Managua.

Uno o dos días después de la firma del tratado, se leyó una orden general prohibiendo el uso de la cinta roja y mandando a la fuerza democrática de Granada ponerse una de color azul con la divisa "Nicaragua Independiente". Los leoneses refunfuñaron mucho cuando se publicó la orden y algunos de ellos se negaron rotundamente a quitarse la cinta roja del sombrero. Hubo necesidad de castigar a varios antes de poder hacer cumplir la orden, y en lo sucesivo algunos de los demócratas exaltados liaban una cintita colorada en el cañón de sus fusiles. Bien puede ser que Corral tropezara con algunas dificultades del mismo género para hacer cambiar el color blanco por el azul; pero los legitimistas eran mucho más ordenados y sumisos a la autoridad que los demócratas.

El 28 convinieron los dos comandantes en que Corral y sus tropas entrasen al siguiente día en Granada. Muy temprano se oyó en la ciudad el rumor de los preparativos y cerca de las once anunciaron que los legitimistas estaban en. las puertas de la población. La fuerza democrática americana y la del país se formaron en línea de batalla al costado occidental de la plaza, entrando Corral por la calle que desemboca en el camino de Masaya. Por lo tanto, en caso de cualquier movimiento hostil —y había muchas sospechas de que los legitimistas lo hicieran—, los demócratas habrían tenido la ventaja de operar desde la plaza sobre las calles que a ella conducen. El disparo casual de un solo fusil o rifle habría tenido serias consecuencias, porque los dos partidos desconfiaban el uno del otro. Por fortuna no ocurrió ningún incidente desagradable o enojoso. Los dos comandantes se acercaron el uno al otro en el centro de la plaza y, habiéndose abrazado, echaron pie a tierra y se fueron de bracero a la iglesia situada en el costado oriental de la plaza, acompañados de muchos oficiales legitimistas y democráticos. En la puerta del templo los recibió el padre Vigil, llevándolos hacia el alta mayor. Se cantó un te déum y en seguida Corral y Walker se fueron a la casa de gobierno, situada en el costado opuesto de la plaza, y las tropas marcharon desde allí a los cuarteles que se les designaron, dándose a los oficiales la orden de no dejar salir a los soldados a la calle ni entrar en las tabernas durante todo el día, para evitar que se suscitasen riñas que vinieran a turbar la paz general de la ciudad.

Habiendo llegado D. Patricio Rivas el 30, se resolvió darle posesión inmediatamente. La ceremonia se hizo en el cabildo. Se alistó una mesa por dentro de la baranda que separa el estrado de la parte destinada al público en la sala de sesiones; en un extremo de esta mesa había un crucifijo y un libro de los Evangelios abierto. El padre Vigil ocupó su silla para asentar el acta de la toma de posesión. Cuando ésta se acabó de escribir, D. Patricio Rivas, arrodillándose en un cojín ante el crucifijo, juró cumplir el tratado del 23 de octubre y servir el cargo de presidente provisional con arreglo a lo estipulado en él. Enseguida Corral insinuó a Walker, con un pequeño gesto, que ambos debían prestar juramento. Nada se había convenido al respecto y es posible que Corral no abrigase ningún propósito siniestro al querer tomar así a Walker de sorpresa; pero el americano no mostró ninguna vacilación. Arrodillándose, como lo había hecho el presidente, juró sobre el Evangelio cumplir y hacer cumplir el tratado del 23 y Corral hizo otro tanto, habiendo escrito él mismo la fórmula del juramento. Recibido éste y consignado por escrito, todos se retiraron a sus casas. Corral y el presidente habitaban en aquel momento bajo el mismo techo.

La verdad es que durante dos o tres días se habría dicho que Corral tenía al nuevo jefe del ejecutivo agarrado por las narices. En la tarde del 29, el primero creía firmemente que los legitimistas habían ganado la partida a los leoneses, porque al pasar por la casa de la Niña Irene salió ésta por la puerta para preguntarle su opinión sobre el rumbo que habían tomado las cosas y Corral le contestó, empleando el lenguaje de la gallera: "Les hemos ganado (a los demócratas) con su propio gallo". La Niña movió la cabeza incrédula; pero Corral estaba muy contento y no quiso poner oídos a sus dudas.

En tiempos del gobierno legitimista, Rivas había sido administrador de la aduana de San Juan del Norte, con residencia en el Castillo o, San Carlos, y aunque en política era un moderado, se inclinaba por temperamento a ponerse de parte de los granadinos contra los leoneses. Inmediatamente nombró a Corral ministro de la Guerra y ministro general, y a Walker nada se le dijo sobre la formación del gabinete. El 30 fue nombrado éste comandante en jefe por decreto, diciéndole el ministro que debía jurar el cargo. Cuando Corral lo hizo venir al despacho del ejecutivo en la mañana del 31 para tomarle el juramento, Walker vio que se trataba de una simple fórmula, pero arreglada a la costumbre. No obstante ser protestante por educación, no tenía inconveniente en arrodillarse ante el crucifijo, símbolo de la salvación de todos los cristianos, y si el legitimista esperaba ganar un punto, caso de que el americano se negase a prestar el juramento, salió chasqueado como la víspera.

Jerez, con un grupo de prohombres leoneses, llegó el 31 a Granada trayendo la noticia de la ratificación del tratado por el director provisional D. Nazario Escoto y su gabinete. Al propio tiempo recibió Walker unos decretos del gobierno de León, emitidos algunos días antes, ascendiéndole primero a general de brigada y después a general

107

de división. La llegada de los leoneses causó visible contrariedad a Corral, quien no esperaba tan pronto la ratificación del tratado. En cambio, fue muy grata para el nuevo comandante en jefe, por no haber en Granada ningunos demócratas del país bastante enterados de los asuntos públicos para tomar parte en el gobierno.

A Carlos Thomas le había preocupado mucho la conducta observada por el nuevo presidente antes de llegar Jerez y los demócratas. Manifestó a D. Patricio que las cosas andarían mal si seguía enteramente entregado a la influencia de Corral. El hermano de D. Carlos, D. Emilio Thomas, hombre de muy buen sentido y muy honorable reputación, notó también el error de Rivas al seguir ciegamente los consejos del ministro de la Guerra e hizo cuanto pudo por hacer variar el rumbo que parecía iban tomando las cosas. El presidente vió la necesidad de poner también su confianza en algunas otras personas, a fin de que los demócratas apoyasen al gobierno. Por este motivo vino a consultar a Walker sobre la formación de un ministerio.

Estando representados los legitimistas en el gabinete por su antiguo comandante en jefe, justo era que los demócratas se empeñasen en el nombramiento de Jerez para ministro de Relaciones Exteriores. Así lo insinuó Walker; pero al hablarle del asunto a Corral, éste se opuso del modo más terminante. Pensaba que él y el Dr. Jerez —como insistía en llamar al general D. Máximo— no cabían en el mismo gabinete. Según él, los principios que profesaba Jerez eran disolventes y destructores de toda sociedad civil. Se mencionó también el nombre de don Buenaventura Selva; pero, de ser posible, éste resultaba menos grato aún que Jerez. No se hizo ninguna objeción seria al nombramiento de D. Fermín Ferrer para ministro de Crédito Público; y como French ambicionaba figurar en el gabinete, fue convenido, en la lucha entablada entre los dos bandos, que se le nombraría ministro de Hacienda. La mayor dificultad estribaba en el ministerio de Relaciones Exteriores, y Rivas, al ver que Walker insistía en el nombramiento de Jerez, acabó por vencer o acallar la oposición de Corral, completándose el gabinete con el jefe de los leoneses.

Organizado todo el gobierno del presidente Rivas, según el convenio del 23, el nombramiento de Jerez para las Relaciones

Exteriores, de Corral para la Guerra, de Ferrer para el Crédito Público y de French para la Hacienda, lo primero que se necesitaba era poner el ejército en pie de paz. Con este objeto fueron licenciados en Granada todos los naturales del país que lo solicitaron. Entre los soldados era unánime el deseo de volver a sus hogares; la mayor parte detestaban el servicio militar. El 4 de noviembre se licenciaron todas las tropas legitimistas que vinieron de Masaya, y los demócratas que se quedaron sirviendo no fueron muchos. Por lo tanto, uno de los primeros resultados del convenio fue la salida de más de quinientos hombres de las filas del ejército, para ir a satisfacer la demanda de brazos que había en todo el país.

Así vinieron a ser los americanos la principal defensa del gobierno y a ellos volvían los ojos todos los partidos para el mantenimiento de la paz y del orden. Sirvieron de instrumento para hacer el tratado que no fue, como a menudo se ha dicho, un pacto entre dos jefes militares, sino un convenio sancionado y ratificado por dos gobiernos beligerantes que representaban los partidos en que se encontraba dividido el pueblo entero. El acto ejecutado el 23 de octubre era, pues, un acto de la soberanía de Nicaragua. Por consiguiente, ningún partido tenía el derecho de decir que los americanos estaban domiciliados en el país y le prestaban servicio militar sin el consentimiento de éste[17]. Las autoridades legitimistas habían reconocido como contrato hecho por la República el que Castellón había celebrado. Demócratas y legitimistas manifestaron su gratitud por los servicios hasta allí prestados por los americanos, y a éstos los miraba el nuevo gobierno provisional como el torreón de su fuerza y el baluarte de su defensa.

Pero en medio de la alegría general motivada por el restablecimiento de la paz, se levantó de pronto una voz que vino a turbar la tranquilidad pública. En la mañana del 5 de noviembre, Valle puso en manos de Walker un paquete de cartas que le entregó un correo enviado de Managua por Martínez a la frontera de Honduras. Se dijo que este correo era un demócrata que estuvo preso en

---

[17] Walker finge olvidar que Corral y los legitimistas firmaron el tratado del 23 de octubre de 1855 bajo presión del terror que les inspiró el asesinato de D. Mateo Mayorga y la amenaza de ejercer represalias contra las familias granadinas. N. del T.

Managua por delitos políticos, según lo aseguraba él mismo, y que Martínez lo había puesto en libertad a condición de llevar a Yuscarán las cartas que se le confiaron; pero después de salir de Managua, sospechando que el paquete de papeles contenía alguna maldad, se encaminó a Granada y al llegar puso las cartas en manos de Valle. Walker encontró que una de ellas estaba dirigida, con letra de Corral, a D. Pedro Xatruch en Tegucigalpa, y otra, de la misma letra, a doña Ana Arbizu, en Tegucigalpa también. Otra iba dirigida a la misma doña Ana con letra de Martínez; y como se sabía que la señora Arbizu era amiga de Guardiola, las cartas fueron abiertas. Las dos de Corral bastaban para dejar asombrados a todos los que le oyeron jurar algunos días antes el cumplimiento del pacto del 23.

La carta destinada a D. Pedro Xatruch decía:

"Don Pedro amigo:

"Estamos mal, mal, mal; acuérdese de sus amigos; me han dejado con lo que tengo en el cuerpo y espero su socorro.

"Su amigo que besa sus manos,

"P. Corral".

La que estaba dirigida a la señora Arbizú tenía la mención "Reservada" y su texto era el siguiente:

Granada, noviembre 1° de 1855.

"Señor general D. Santos Guardiola.

"Amigo mío que estimo:

"Es necesario que usted escriba a los amigos para noticiarles el peligro en que estamos y que trabajen con actividad.

"Si lo demoran para dos meses no hay tiempo.

"Acuérdese de nosotros y de sus ofrecimientos.

"Salude a la señora y mande a su amigo que verdaderamente lo estima y besa sus manos,

"P. Corral.

"Adición:

"Nicaragua es perdida, perdida Honduras, San Salvador y Guatemala si dejan que esto tome cuerpo; ocurran breves, encontrarán auxiliares".

Para poder entender bien estas cartas, es preciso recordar que inmediatamente después de firmarse el tratado, Guardiola y D. Pedro Xatruch salieron de Masaya para Honduras por la vía de Segovia, donde supieron que López había entrado en Comayagua por la mañana del 14 de octubre y que Cabañas había huido a San Salvador. La carta de Corral para Guardiola prueba que éste había ofrecido su ayuda. Asimismo, cartas escritas por don Florencio Xatruch, contenidas en el paquete remitido por Martínez y que fue a parar a manos de Valle, manifestaban que su autor había deseado regresar a Honduras con su hermano y su amigo; pero que se quedó por repetidas súplicas de camaradas legitimistas. De aquí la cláusula inserta por Corral en el tratado dejando a Managua en poder de Martínez y a Rivas de Xatruch; La trama estaba claramente dirigida contra los americanos, porque la frase "si dejan que esto tome cuerpo" no podía referirse a nadie más.

Tan pronto como Walker hubo leído estas cartas se reforzó la guardia y se dieron órdenes de no dejar salir a nadie de la ciudad. Se mandaron oficiales a las casas de los principales legitimistas para invitarles a presentarse en la residencia de Walker y se rogó al presidente y a los miembros del gabinete venir también. Cuando todos estuvieron reunidos, se les mostraron las cartas de Corral, y el comandante en jefe acusó a éste de traición por haber pedido a los enemigos de Nicaragua que la invadiesen y estar conspirando con ellos para derrocar al gobierno. El ministro de la Guerra confesó haber escrito las cartas; la mayor parte de los concurrentes conocían su letra y todos vieron que eran auténticas, manifestándose sorprendidos de lo que decían y ninguno tanto como don Patricio Rivas. En los legitimistas parecía reinar una estupefacción general, y en los demócratas un mal disimulado placer. Resaltaba especialmente la actitud enérgica de Jerez; éste dijo en el acto que se llamase a Martínez a Granada y se nombrara un nuevo comandante en Managua. De acuerdo con esto él mismo redactó las órdenes. Se dió el mando de la tropa a Pascual Fonseca, el subprefecto, en sustitución de Martínez; pero éste supo lo que pasaba en Granada, se metió en un bote con unos pocos adeptos, atravesó el lago en dirección a Segovia y de allí huyó a Honduras.

Fueron arrestados los principales legitimistas de Granada y a Corral se le acusó de traición y conspiración para derrocar al gobierno de la República. Se le mandó juzgar por un consejo de guerra, por no haber ningún tribunal civil ante quien procesarlo. Además, como pertenecía al ejército, sólo podía ser juzgado con arreglo al fuero militar, según lo dispuesto por las leyes del país. El consejo lo compusieron americanos, porque de los oficiales que estaban en Granada, pocos no lo eran. Lejos de recusar este consejo, Corral prefirió tener como jueces a nicaragüenses naturalizados antes que a hijos del país. Lo presidió el coronel Hornsby; el coronel Fry hizo de juez letrado y French fue el defensor del reo. Don Carlos Thomas se juramentó como intérprete del tribunal.

El consejo de guerra se reunió el 6 y las declaraciones recibidas fueron cortas, pero concluyentes. El acusado casi no negó los cargos, limitándose a pedir misericordia. Ante el consejo se alegó, para apiadarlo, la situación en que iba a quedar la familia de Corral. Este fue declarado culpable de todos los cargos que se le hicieron, en general y en particular, y se le condenó a "morir pasado por las armas"; pero el consejo, por unanimidad, lo recomendó a la clemencia del comandante en jefe.

Sin embargo, éste consideró que usar de misericordia con uno en semejante caso, era cometer una injusticia respecto de muchos. Walker había jurado solemnemente, hincado de rodillas y sobre los Santos Evangelios, cumplir y hacer cumplir el tratado del 23de octubre y era responsable ante el mundo y especialmente para con los americanos de Nicaragua, así como ante el trono del Altísimo, de la fiel observancia de su juramento. ¿Cómo podía seguir teniendo el tratado fuerza de ley si se dejaba impune su primera violación, cometida por el mismo que lo había firmado? Como acto legal y justo, la sentencia del consejo de guerra era racionalmente inatacable, y Walker estimó que la cuestión política era tan clara e inequívoca como la cuestión jurídica. No sólo el deber para con los americanos de Nicaragua pedía la ejecución del fallo, sino que era político y humano hacer sentir a los enemigos de éstos que en el país existía un poder capaz de castigar los delitos cometidos contra sus intereses y que este poder estaba resuelto a hacerlo. El perdón de Corral equivalía a invitar a todos los legitimistas a urdir otras conspiraciones como aquélla y a meterlos en dificultades de que muchos consiguieron librarse. Después de hacer reflexiones de esta clase, Walker resolvió confirmar la sentencia dictada por el consejo de guerra, y por lo tanto ordenó que el fusilamiento de Corral se ejecutase el 8 de noviembre a mediodía.

Tan pronto como se publicó la sentencia, las gentes manifestaron en todas partes compasión por el reo. Su modo de ser, suave y afable, le había granjeado la amistad de las personas entre quienes había vivido largo tiempo. En su partido le querían más que a Chamorro, el del carácter inflexible. El padre Vigil, después de atender a las necesidades espirituales del infortunado Corral, pidió que se mitigase el rigor de la sentencia; pero no tardó en convencerse de que la resolución del general en jefe era irrevocable, desistiendo de un empeño claramente inútil. La noche anterior al día fatal vinieron a ver a Walker las hijas del reo, acompañadas de muchas mujeres de la ciudad, y trataron de obtener con lamentos, sollozos y lágrimas lo que no pudo conseguir el sacerdote. Pero el que sólo mira el dolor del momento y no divisa en lontananza las penas infinitas que puede causar una misericordia mal entendida, es poco a propósito para el desempeño de cargos públicos; y como era difícil resistir a súplicas como las de las hijas de Corral, Walker les prometió tomarlas en consideración y puso fin a la penosa entrevista tan pronto como se lo permitió un sentimiento de lástima.

Al día siguiente se pospuso para las dos de la tarde la ejecución que debía hacerse a las doce, y a la hora señalada se cumplió la sentencia bajo la dirección del jefe de día coronel Gilman[18].

Los legitimistas permanecieron corto tiempo arrestados y se les puso en libertad, con excepción de D. Narciso Espinosa. Había alguna prueba vaga y dudosa de la complicidad de éste en la trama fraguada

---

[18] El renombrado novelista francés Alfred Assollant publicó en la Revue des Deux Mondes, en agosto de 1856, un artículo intitulado Walker en Nicaragua. Refiriéndose a la traición y muerte de Corral dice: "Es indudable que Corral había violado las leyes de la guerra al conspirar contra un gobierno de que formaba parte; ¿pero traicionar al enemigo de la patria, ies acaso traicionar? Dejo a otros el cuidado de resolverlo. Sin embargo, debo confesar que nunca he podido indignarme sinceramente contra los sajones que, en el campo de batalla de Leipzig, en lo más recio de la pelea, volvieron sus cañones contra nosotros y salvaron la independencia de Alemania a costa de su honor militar. Los tratados de Viena les han dado quizás remordimientos; pero cualquiera que sea el hecho,el ciudadano que en el fuero de su conciencia ha creído libertar a la patria encontrará su perdón ante la historia". N. del T.

con el fin de introducir tropas extranjeras para derrocar al gobierno; pero esta prueba no justificaba procedimientos severos contra él. Con todo esto, en vista de la situación se creyó conveniente hacerlo salir de la República y se le envió a Nueva York en uno de los vapores de la Compañía Accesoria del Tránsito. La conducta observada por él en los Estados Unidos fue la que podía esperarse de un hombre sin escrúpulos ni vergüenza.

La vacante creada en el ministerio de la Guerra por el arresto de Corral se llenó con D. Buenaventura Selva, quien ya había desempeñado el mismo cargo en el gobierno de Castellón. No obstante ser natural de Granada y tener allí muchos deudos, era uno de los demócratas más decididos. Pertenecía a una familia muy numerosa y dividida en sus opiniones políticas. Don Hilario era legitimista moderado; una de sus hermanas, casada con don Narciso Espinosa, figuraba entre los miembros más encarnizados y violentos del mismo partido. Varios de sus hermanos, Pedro, Higinio, Domingo, Raimundo y Gregorio eran demócratas, y la madre de todos ellos, algo indecisa entre los bandos del país, era firme en su amistad por los americanos y abnegada en sus cuidados para con los enfermos o los que de su ayuda necesitaban. Las divisiones de esta familia sólo son un ejemplo de los muchos casos dimanados de las desgraciadas guerras de Nicaragua, y con demasiada frecuencia se echaba mano de los partidos políticos para dirimir discordias de familia y saciar odios caseros.

El 10 de noviembre el ministro americano reconoció el gobierno de Rivas. Fue escoltado desde la legación hasta el despacho del ejecutivo y al pasar frente a la guardia de honor del presidente se le presentaron las armas y se le tocó marcha. El despacho estaba lleno de oficiales del país y americanos, y Mr. Wheeler, después de haber sido presentado al presidente, pronunció un discurso en que felicitaba a la República por el reciente restablecimiento de la paz. Don Patricio Rivas respondió con oportunidad que las relaciones entre los Estados Unidos y Nicaragua eran ahora más importantes que nunca, "ya que el país cuenta con nuevos y poderosos elementos de libertad y orden, que nos permiten tener bien fundadas esperanzas de que marchará con paso firme por la senda del progreso hacia la grandeza que le prometen sus instituciones libres y recursos naturales".

Puede decirse que con la recepción de Mr. Wheeler empezó muy bien el gobierno de Rivas, y el desarrollo de los acontecimientos habría podido ser muy diferente, si el gobierno federal de Washington hubiese aprobado con franqueza la conducta de su representante; pero no murmuremos contra la Providencia, que persigue sus fines valiéndose de sus propios medios.

CAPÍTULO V: La administración de Rivas

Al referir cómo se introdujo el elemento americano en la sociedad nicaragüense, ha parecido hasta ahora conveniente presentar los hechos en el mismo orden que sucedieron; pero como los acontecimientos se van complicando más, será menester agruparlos para que las relaciones que tienen entre sí puedan distinguirse bien y la política seguida por el gobierno de Rivas resulte expuesta con la unidad que realmente tuvo. Lo primero que debe fijar la atención es la política interior del gobierno, ya que las relaciones exteriores de éste fueron consecuencia de los cambios internos que procuró hacer. Así veremos también claramente cuál fue la causa de la guerra que destrozó a Nicaragua después.

Desde el principio quiso el presidente provisional poner remedio a las discordias civiles que hasta allí habían dividido, no sólo los distritos, sino las familias también. Con este fin se dieron indistintamente los principales cargos públicos a personas pertenecientes a los dos antiguos bandos, y, a pesar de la conspiración de Corral, se llamó a los legitimistas a compartir con los demócratas las funciones del gobierno. Rivas era un moderado en sus opiniones políticas y se inclinaba mucho a dar los cargos públicos a gentes de su mismo temperamento. Era también honrado y por consiguiente quería tener la colaboración de todos los "hombres de bien"[19] de la República.

De aquí que se sintiera satisfecho cuando pudo hacer entrar al servicio del país a personas como D. José María Hurtado, que desempeñaba el cargo de prefecto del departamento Meridional. Grande era la aversión que le inspiraban los demócratas que no eran honrados, tales como Trinidad Salazar que el elemento leonés le impuso para miembro del gabinete, y cuando consentía en nombrar a hombres como ése para el desempeño de cargos de responsabilidad, no lo hacía sin repugnancia.

Las autoridades eclesiásticas colaboraron activamente con el poder civil para apaciguar las pasiones que habían dividido el país por tan largo tiempo, y los servidores de Cristo, al desempeñar su

---

[19] En castellano en el texto.

ministerio, en público o en privado, no dejaron de infundir las doctrinas de paz y benevolencia que caracterizan a su religión. Poco después del advenimiento del nuevo gobierno, el vicario general padre José Hilario Herdocia escribió de León, asiento del obispado de Nicaragua, para felicitar a Walker por el buen éxito de sus esfuerzos en favor de la paz; y el general en jefe tuvo en su respuesta el cuidado de negar el cargo de irreligiosos que los enemigos de los americanos les hacían.

"Es para mí muy grato saber —escribió el general— que la autoridad eclesiástica trabajará en favor del actual gobierno. Sin el auxilio de los sentimientos religiosos y el de los que los enseñan, no puede haber buen gobierno; porque el temor de Dios es la base de toda organización política y social... Confío en Dios para el triunfo de la causa que he abrazado y el sostenimiento de los principios que invoco. Sin su ayuda todos los esfuerzos humanos son inútiles; pero con su auxilio divino un puñado de hombres puede vencer a una legión".

Por estar vacante la mitra, el vicario general era la autoridad eclesiástica más alta del Estado, y al través de todos los quebrantos que padeció la República, el padre Herdocia cumplió digna y lealmente con los deberes de su santo ministerio; y si el buen padre hubiese podido influir con su conducta en todos los clérigos de su diócesis, pronto se habrían remediado las disensiones en el país; pero infortunadamente en Nicaragua, como en todas partes, la tonsura no borra siempre las pasiones terrenales de los hombres, y sucede a veces que la emblemática corona de espinas la llevan los que están poco poseídos del espíritu de humildad que adornaba al Sacro Redentor.

Con todo eso, para extinguir las pasiones de bandería del pasado, Rivas no confiaba tanto en los esfuerzos de las autoridades eclesiásticas, como en el rápido aumento del elemento americano en el gobierno de la República. Por lo tanto, uno de sus primeros decretos fue el de colonización. En virtud de este decreto, todo adulto que inmigraba al país tenía derecho a doscientos cincuenta acres de tierra baldía, y después de una residencia de seis meses podía obtener el título de propiedad. Una familia era acreedora a cien acres más, y todos los efectos personales, muebles, aperos agrícolas, semillas, plantas y animales domésticos entraban libres de derechos. Se nombró un director de colonización, que lo fue Joseph W. Fabens, para llevar a cabo lo que se proponía el decreto y reunir semillas y plantas destinadas a los inmigrantes. Este decreto se publicó el 23 de noviembre de 1855.

Para hacer propaganda a los recursos naturales y riquezas de Nicaragua, así como para la crónica de los sucesos de actualidad, se fundó en Granada, poco después de la firma del tratado de paz, el periódico llamado El Nicaragüense. Se editaba en una imprenta que se encontró en la ciudad cuando ésta fue tomada y la mitad del periódico se publicaba en inglés y la otra en español. Con el fin de obtener acerca del país datos que pudieran ser útiles para los inmigrantes, se mandaron comisiones a diferentes partes de la República y los informes que suministraron fueron debidamente publicados. George H. Campbell, que antes vivió en el condado de Calaveras, California, exploró primero una parte de Chontales. Luego un sajón, Max Sonnestern, no sólo visitó Chontales, sino también otros distritos, y sus informes están llenos de cosas útiles. Estas exploraciones se hicieron bajo la dirección del general en jefe y los gastos que ocasionaron los pagó casi toda la caja del comisario de guerra. En realidad, durante algún tiempo no hubo más fondos disponibles que éstos para pagar los gastos civiles y militares del Estado.

Además de estos actos, con los cuales se tenía la esperanza de introducir colonos americanos en Nicaragua, se publicó un decreto autorizando al general en jefe para aumentar el elemento americano del ejército. Con arreglo a la contrata de Castellón, firmada en el mes de julio anterior, Walker tenía la facultad de levantar trescientos hombres para el servicio militar del Estado, y en los primeros días de diciembre Jerez redactó el decreto que fijaba el sueldo y los emolumentos de los enrolados por el general. Es probable que el lector se haya preguntado ya con qué recursos se habían estado trayendo americanos a Granada. La respuesta a esta pregunta implica la historia de la política seguida respecto de la Compañía Accesoria del Tránsito; y como la conducta del gobierno de Rivas para con esta compañía ha sido muy torcidamente juzgada y censurada, es preciso referir en extenso los hechos tal como sucedieron y explicar claramente las razones que hubo para revocar la concesión que se le había otorgado.

Antes de salir de San Francisco, Walker trató de averiguar cuáles eran los deseos de la Compañía del Tránsito respecto de la introducción de americanos en Nicaragua. Decíase generalmente que la compañía estaba debiendo una gran suma a la República y Walker abrigaba la esperanza de obtener su cooperación, proponiéndole un arreglo ventajoso de esta deuda; pero el agente de la compañía en California manifestó que sus superiores le habían dado instrucciones de no mezclarse para nada en empresas como la que él suponía que Walker tenía entre manos. Sin embargo, la compañía no observó respecto de los partidos beligerantes de Nicaragua esa neutralidad que las instrucciones dadas por ella al agente de California parecían querer infundir. En julio de 1855 mandó de Nueva York al Castillo una partida de hombres armados y militarmente organizados con el propósito de proteger, según se dijo, sus propiedades en el Istmo.

Estos individuos eran en su mayor parte europeos: polacos, franceses, alemanes e italianos. Un hermano de Walker acertó a estar a bordo del vapor en que viajaban de Nueva York a San Juan del Norte, y pocos días después de haber salido del primero de estos puertos, los vio con el uniforme que les habían dado para usarlo en Nicaragua. Después de permanecer varias semanas en el Castillo, la mayor parte fueron enganchados por D. Patricio Rivas para servir al gobierno legitimista y formaron parte de la fuerza de Corral durante los meses de setiembre y octubre.

Esos hombres, procedentes de todas las naciones, que no pasaban de ser simples mercenarios, que al hacer uso de sus armas no tenían ninguna mira más alta que la del sueldo que percibían, estaban únicamente destinados a proteger las propiedades de la compañía contra un tal H. L. Kinney, el cual, según decires, quería castigar a ésta por los daños que se imaginaba haber recibido de ella. Kinney había sido comerciante en la frontera de Tejas y México, y muchos tejanos sospecharon, en los días de la independencia, que daba informes a los enemigos para que le permitiesen comerciar allende el Río Grande. Había adquirido esa clase de saber y experiencia de la humana naturaleza que da el hábito de comerciar en mulas, y habiendo logrado ganar dinero regateando el precio de los caballos y del ganado vacuno, se creía capaz de establecer una colonia de americanos en la Costa de Mosquitos. Asegurando que estaba interesado en la concesión hecha a Shepard y Haley por el jefe de los Mosquitos, se fue a Washington con el objeto de interesar a personas de influencia en sus planes de colonización. Por medio de un tal Phillips, corresponsal de periódicos en Washington, conoció a Sidney Webster, secretario particular del presidente; y por haberse interesado Webster en los proyectos de Kinney, se presumió que Mr. Pierce y el gobierno les serían favorables. Se dijo también —pero es imposible determinar hasta dónde sea esto cierto, dada la calidad de los testigos— que la Compañía Accesoria del Tránsito se comprometió a colaborar con Kinney; pero el gobierno de los Estados Unidos, acatando de buena o de mala gana representaciones de Marcoleta, ministro de Nicaragua en Washington, tuvo que tomar medidas contra la empresa de Kinney. Luego la Compañía Accesoria del Tránsito se pronunció también contra el hombre del proyecto colonial, y Kinney, echando rayos y centellas contra los que él llamaba traidores, huyó a San Juan del Norte con un número de compañeros insignificante. Esto sirvió de pretexto para el envío de los mercenarios que a la postre fueron a parar a las filas legitimistas.

En el mes de junio Estrada había comisionado a D. Gabriel Lacayo y a D. Rafael Tejada para que fuesen a Nueva York a tratar con la compañía acerca de las sumas que ésta adeudaba al Estado, y poco después Castellón notificó a la misma sociedad que consideraría como nulo todo arreglo hecho con dichos comisionados. En julio, Castellón comisionó al coronel Walker para negociar y hacer arreglos con la compañía y éste mostró sus poderes al agente Mr. Cushing, algunas horas después del combate de La Virgen, el 3 de setiembre. Mr. Cushing, según lo dijo él, enteró a la compañía de los poderes otorgados a Walker; pero nunca se procuró hacer ningún arreglo en virtud de ellos. En setiembre y octubre, durante la ocupación del Tránsito por las fuerzas democráticas, las relaciones de éstas con los agentes y empleados de la compañía fueron del carácter más amistoso.

Al llegar el coronel Gilman a San Juan del Sur, dio a entender a Walker que dentro de la misma compañía había una lucha entre partidos rivales que aspiraban a apoderarse de ella. El sentir de Walker era que los agentes de Nueva York y San Francisco trabajaban de consuno para hacer bajar el valor de las acciones en el mercado. Sin embargo, el préstamo hecho por Macdonald indicaba otro plan de parte de Garrison y Morgan. Convencido de que se podría hacer entrar a Garrison a colaborar en gran escala en la política de introducir el elemento americano en Nicaragua, Walker escribió a un amigo íntimo, residente en San Francisco, A. P. Crittenden, que cualesquiera arreglos que hiciese para poner quinientos hombres en el país serían plenamente aprobados. Esta carta fue escrita a raíz de firmarse el tratado de paz. La necesidad de llevar a Nicaragua más americanos era urgente y Walker tenía plena confianza en la honorabilidad y discreción de Crittenden.

Entretanto el presidente de la compañía fue perentoriamente notificado en Nueva York, a principios del mes de noviembre y conforme a una cláusula de la concesión, de que debía nombrar comisionados para el arreglo de las cuestiones pendientes con el gobierno. A la notificación hecha por el ministro de hacienda contestó la compañía remitiendo un dictamen de su abogado consultor Joseph L. White. El dictamen sostenía que el asunto no era ya de la incumbencia de la compañía por haber hecho ésta el nombramiento de dos comisionados para tratar con Tejada y Lacayo; pero el caso era que los poderes de ambos habían sido formalmente revocados, y que aun cuando el nombramiento de los cuatro comisionados se hubiese hecho en buena y debida forma, éstos no habían nombrado al quinto para completar la comisión, según lo requería el contrato. La respuesta del presidente de la compañía no pasaba de ser una evasiva; y a la vez que se mantenía esta correspondencia oficial, White, la mente directora de la compañía, enviaba cartas a Mr. Cushing con amenazas contra las autoridades para el caso de que éstas no hicieran los arreglos que aquélla quería.

El 17 de diciembre de 1855 desembarcó en San Juan del Sur Edmund Randolph. Le acompañaban W.R. Garrison, hijo de C. K. Garrison, y Macdonald, quienes no tardaron en llegar al cuartel general del ejército en Granada. La amistad que había entre Randolph, Crittenden y Walker era de carácter tal que no puede expresarse con palabras; pero el conocimiento de la existencia de esta amistad es esencial para la comprensión de la perfecta confianza recíproca que caracteriza los actos de estos tres hombres en lo que se relaciona con el Tránsito. A las más nobles cualidades del corazón, Randolph y Crittenden añadían las más altas dotes intelectuales. Los que han oído al primero alegando en estrados, no creerán que habla tan solamente la amistad al decir que su talento de abogado es tal que habría lucido en los tribunales cuando el saber, la lógica y la elocuencia eran cosas más propias de la profesión que lo son ahora, al parecer. Y los que han estudiado la legislación de California —no las leyes pasajeras nacidas de las pasiones de partido o del interés bastardo, sino las que modelan la sociedad y forman sus hábitos— podrán apreciar mejor la paciente labor de Parker Crittenden.

Después de llegar a Granada, Randolph informó a Walker que él y Crittenden habían estudiado cuidadosamente la concesión de la Compañía Accesoria del Tránsito y de que la opinión clara y terminante de ambos era que había sido infringida. En seguida expuso lo que los abogados llaman los méritos de la cuestión, que resultaban demasiado claros para ser discutidos. Como estos méritos están largamente expuestos en el decreto por el cual fueron revocadas las concesiones de la Compañía del Tránsito y de la Compañía del Canal del Atlántico al Pacífico, serán tratados como es debido al relatar la emisión de este decreto. Basta decir por ahora que después de maduras reflexiones, Walker quedó enteramente convencido de que Randolph y Crittenden estaban en lo cierto. Al propio tiempo fue enterado Walker de que, conforme a la carta escrita por él a Crittenden, éste había convenido con Garrison en obtener del gobierno de Nicaragua una nueva concesión para el Tránsito, y a esto obedecía la venida de Randolph a Granada. En virtud del convenio entre Crittenden y Garrison llegaron más de cien americanos con Randolph en el vapor "Sierra Nevada" para el servicio de la República, y se prometió que de California se traerían en adelante cuantos fuera posible, prestando Garrison al Estado el valor de los pasajes.

Hasta aquel entonces todos los americanos que estaban en Nicaragua habían venido de California y en gran parte a expensas de Garrison. La inmigración al país de personas que pagasen sus pasajes era escasa, porque en aquel tiempo se sabía poco en los Estados Unidos de las riquezas de Nicaragua. Era menester conseguir cuanto antes un número de individuos capaces de empuñar las armas en el Estado, y ningunos se mostraban tan impacientes de llevar adelante esta política, ni tan ansiosos de saber, a la llegada del vapor, cuántos pasajeros venían en él, como el presidente provisional y los miembros de su gabinete. De la llegada de algunos centenares de americanos dependía, según ellos, el mantenimiento del orden interno y que no fuese invadido el país por fuerzas extranjeras.

Resulta por lo tanto que el convenio hecho por Crittenden con Garrison era el medio, el único medio de llevar adelante la política vital del gobierno de Rivas. A decir verdad, ni el presidente ni su gabinete sabían por qué medios se realizaban los fines que perseguían, y era necesarísimo que tan sólo los conociese el menor número de personas que fuera posible. Después de convenir Randolph y Walker en las condiciones de una nueva concesión, se mandó una copia del documento a Garrison, a San Francisco, siendo Macdonald el portador. W. R. Garrison fue a Nueva York para informar a Charles Morgan de los arreglos hechos y de los que estaban a punto de hacerse. Randolph se quedó en Granada esperando el regreso de ambos emisarios. Nada se dijo a Rivas del nuevo contrato para el Tránsito concertado entre Walker y Randolph y cuyo borrador hicieron éstos.

Al fin regresaron Macdonald de San Francisco y W. R. Garrison de Nueva York y se resolvió dar el golpe. Randolph vivía en casa de la Niña Irene y su salud era mala; por este motivo fue Walker a su habitación para redactar el decreto de revocatoria. En un documento tan importante como ése era menester hacer constar clara y extensamente las razones que lo dictaban, a fin de que apareciese ante el mundo tal como debía ser, y por esto se redactaron los considerandos del decreto con un cuidado no común. Siendo así que la concesión de la Compañía del Tránsito tenía por único objeto facilitar la construcción de un canal, la desaparición de la Compañía Canalera implicaba la de la Compañía del Tránsito. Por consiguiente, en el decreto se hizo constar que la compañía había faltado a sus compromisos; que se obligó a contratar la apertura de un canal por Nicaragua y no sólo no dio principio a la obra, sino que la había declarado impracticable; que se obligó a construir un ferrocarril o una carretera y un tranvía, caso de no ser posible terminar el canal, y no hizo ni lo uno ni lo otro; que se comprometió a pagar a la República diez mil dólares anuales, además del diez por ciento de las ganancias netas sobre cualquier vía establecida entre los dos océanos, y no pagó estas sumas, alegando falsa y fraudulentamente que no habiendo tenido ganancias no debía comisiones, y, finalmente, que se le notificó nombrase comisionados para arreglar los asuntos en disputa entre el Estado y la Compañía, negándose ésta rotundamente a acatar la demanda. Si la falta de cumplimiento de sus obligaciones, la falsedad y el fraude en sus tratos con el gobierno, unidos a un desprecio manifiesto de la soberanía de la cual derivaba su existencia, no eran suficientes para justificar la revocatoria de la concesión, hay que confesar que de poco sirven las leyes o su acción reparadora.

Al mismo tiempo que se revocaron las concesiones de las compañías, se hizo el nombramiento de tres comisionados, D. Cleto Mayorga, E J. Kewen y George F. Alden, para investigar el monto de lo que debía la del Canal al Estado. Con este fin, el decreto les ordenaba citar a los agentes de las compañías a comparecer ante ellos sin demora. Se les mandó también hacer embargar todas las propiedades de éstas, depositándolas en personas responsables, a la orden de la junta. Gentes ignorantes y llenas de prejuicios han dicho que esas propiedades fueron confiscadas; pero esto no es cierto. El embargo hecho de acuerdo con lo que dispone la legislación civil vigente en Nicaragua, era provisional y para asegurar el pago de lo que la compañía adeudaba al gobierno. Y entretanto, para la conservación de las propiedades se depositaron en personas que rindieron las fianzas necesarias. Además, no era la única obligación de los fiadores presentar las propiedades cuando así lo pidiese la junta de comisionados. Para que no se interrumpiera el tránsito de pasajeros, se les impuso la de transportar a los que llegasen por los océanos Atlántico y Pacífico, cargando los gastos del viaje a las compañías.

Después de redactado en inglés el decreto de revocatoria, Walker sometió el asunto al presidente provisional y a D. Fermín Ferrer, a la sazón ministro general. Ninguno de los dos hizo objeciones a la medida. A decir verdad, entre las gentes del país reinaba una prevención general contra la Compañía Accesoria del Tránsito, por motivo del tono arrogante que había asumido siempre con las

125

autoridades de la República. Cuando era administrador de la aduana de San Carlos, D. Patricio Rivas tuvo con frecuencia la ocasión de observar el carácter altanero y despótico de la compañía, y acogió con gusto la proposición de quitarle los privilegios de que gozaba. Así fue que Walker tradujo el decreto del inglés al español, y el ministro pulió la mala traducción. El presidente firmó el decreto, no sólo sin vacilaciones, sino con placer no disimulado.

Firmada la revocatoria, le fue sometido al presidente un decreto otorgando una nueva concesión a Randolph y sus socios; pero fue muy difícil conseguir que lo aprobase. Hasta en aquel momento hubo personas mal intencionadas que emponzoñaron el ánimo de Rivas; al discutir éste el nuevo contrato con D. Fermín Ferrer, dijo que era "una venta del país", dando a entender con esto que ponía el gobierno enteramente en manos del elemento americano. Debido a la manera de pensar de D. Patricio, la nueva concesión fue traducida en una forma tal que privaba a los concesionarios de muchos de los privilegios que pedían, y hubo que modificar esencialmente la primera redacción española del decreto. Por último, se obtuvo con mucha dificultad que Rivas pusiese su firma en el decreto que otorgaba la nueva concesión, fechado el 19 de febrero de 1856, un día después del de revocatoria.

No obstante que se firmaron ejemplares de los decretos el 18, entregándolos a Randolph y sus socios, la publicación se demoró hasta un día después que los pasajeros procedentes de California atravesaron el lago con destino a San Juan del Norte. Por lo tanto, Morgan y Garrison tuvieron noticia de los hechos antes que las compañías. Una de las razones que para esto hubo fue dar a aquéllos tanto tiempo como fuera posible a fin de que estuviesen listos para poner en movimiento su vapor antes de que los antiguos concesionarios retirasen los de su línea. La ventaja de esto se vio algunos días después. En el vapor de la Compañía del Tránsito que había salido de Nueva Orleans el 27 de febrero, llegaron a San Juan del Norte más de doscientos cincuenta pasajeros para el servicio militar de Nicaragua, cuyos pasajes fueron pagados con letras giradas por D. Domingo de Goicouría contra Cornelius Vanderbilt, presidente de la compañía. Si el decreto del 18 hubiese llegado a Nueva Orleans con anterioridad a la salida de estos pasajeros —como habría sucedido caso de publicarse un día antes—, seguramente no hubiesen sido transportados a Nicaragua a expensas de Mr. Vanderbilt o de la compañía. El hecho es que el valor de los pasajes sirvió para rebajar en una suma igual la deuda de la compañía para con el Estado.

La necesidad de que predominase el elemento americano en el gobierno se desprendía de las estipulaciones del tratado de paz. A fin de que se cumpliera el espíritu de dicho tratado —asegurar a los americanos al servicio de la República los derechos que les garantizaba el poder soberano del Estado— era preciso traer al país una fuerza capaz de proteger a este poder, no sólo contra los enemigos internos, sino también contra los de fuera. De aquí que "la venta del país", en el sentido que le daba Rivas, fuese un pronóstico realizado desde el 23 de octubre. Walker juró hacer respetar el convenio en todas sus partes. Ante Nicaragua y ante el mundo era responsable de su fiel ejecución y sobre todo tenía con los americanos del Istmo el compromiso de conquistarles la fuerza necesaria para mantenerles sus privilegios.

A fin de que fuese así, resultaba de capital importancia poner el Tránsito en manos de quienes por toda clase de consideraciones estuviesen interesados en asegurar la estabilidad del nuevo orden de cosas. La antigua Compañía del Tránsito aspiraba a ser el ama del gobierno; la nueva concesión convertía a los dueños de ésta en servidores del Estado y en agentes de su política. Para los americanos el dominio del Tránsito significaba el dominio de Nicaragua; porque el lago y no el río, como muchos creen, es la llave para la ocupación de todo el país. Por consiguiente, todo el que aspire a tener asegurada a Nicaragua debe cuidarse de que la navegación del lago esté bajo el dominio de sus amigos más fieles y de mayor confianza.

Los comisionados procedieron a embargar con arreglo al decreto las propiedades de las compañías y las depositaron en Joseph N. Scott, después de haber rendido éste fianza cumplida y a satisfacción. Los procedimientos posteriores de los comisionados y la conducta observada por los concesionarios, de acuerdo con la nueva concesión, se relatarán después. En cuanto a este punto, el principal objeto que se tiene en mira es hacer ver cómo la política de Rivas, con respecto a la Compañía Accesoria del Tránsito, fue por decirlo así, la clave del arco que sostenía su gobierno. De haber seguido una política distinta, el presidente provisional se habría encontrado con una fuerza muy pequeña para oponerse a la trama que lo amenazaba casi desde el mismo día de su toma de posesión.

Bajo la influencia de estas medidas dictadas por el gobierno, el número de americanos había ido creciendo rápidamente desde el 1° de noviembre de 1855. Mr. Fabens, que se encontraba en Granada cuando Walker tomó la ciudad, se fue a San Juan del Norte, poco después de la firma del tratado, e indujo a muchos de los americanos que estaban con Kinney a incorporarse al ejército de Nicaragua. El 7 de noviembre llegó a Granada el capitán W. R. Armstrong con una compañía de San Francisco y esto dio a la tropa americana un aumento de más de doscientos hombres. Después, y hasta que llegó el capitán Anderson el 17 de diciembre, el aumento sólo fue de pequeños grupos aislados. Entretanto apareció el cólera en Granada.

Se habría dicho que el mal seleccionaba los oficiales más aptos y útiles, y hubo sospechas de que los habitantes de la ciudad, en su mayor parte legitimistas, no ignoraban del todo la causa de la muerte de americanos distinguidos[20] Entre las primeras víctimas de la enfermedad se contaron el capitán Davidson y el coronel Gilman; la muerte del último fue una gran pérdida. En seguida murieron el capitán Armstrong y el mayor Jesse Hambleton. Por último, las defunciones se hicieron diarias y los frecuentes acordes de la marcha fúnebre que se tocaba al pasar la escolta por las calles, comenzó a tener un efecto deprimente en las tropas. El cuerpo de sanidad carecía de experiencia y algunos voluntarios prestaron valiosos servicios. Los del Dr. James Nott fueron los más eficaces, y muchos de los nicaragüenses[21] que debieron la vida a los cuidados inteligentes y bondadosos de este cirujano, se dolieron de su partida y lamentaron su muerte ocurrida en la travesía de San Juan del Norte a Nueva Orleans.

No fue sino después de la llegada del Dr. Israel Moses, a principios de febrero de 1856, cuando el cuerpo de sanidad se

---

[20] Absurda suposición, siendo así que, si los granadinos hubiesen podido escoger las víctimas del cólera, habrían comenzado de seguro por el mismo Walker. N. del T.

[21] Walker suele llamar "nicaragüenses" a secas a los norteamericanos naturalizados. N. del T.

organizó bien y cumplió como es debido con sus obligaciones. Imprimió Moses tal orden y tal sistema a esta sección del ejército, que los buenos efectos de su administración se hicieron sentir aún después de haber cesado en el cargo de cirujano mayor. Es lo cierto que bien se puede decir que después del nombramiento del Dr. Moses, pocos hospitales militares estaban mejor administrados que los de Granada y Rivas.

Sin embargo, a pesar de los estragos terribles del mal, el número de los americanos siguió en aumento; la mayor parte de los inmigrantes vinieron de California hasta el mes de marzo de 1856. En enero y febrero llegaron unos pocos de Nueva York y de Nueva Orleans; pero no fue sino hasta que vino Goicouría, a principios de marzo, cuando se recibieron del lado del Atlántico partidas de alguna consideración.

Tan buen éxito tuvo la política del gobierno de Rivas en lo tocante a la introducción del nuevo elemento, que el 1° de marzo de 1856 había más de mil doscientos americanos en la República, entre soldados y ciudadanos aptos para tomar las armas. Réstanos ahora ver qué efecto había producido esta política interna del gobierno provisional en sus relaciones exteriores.

A raíz de la organización del gobierno de Rivas, el ministro de Relaciones Exteriores, Jerez, envió circulares a los diversos gobiernos de Centro América, comunicándoles el texto del tratado de 23 de octubre y expresando sentimientos de amistad a todos ellos. El de San Salvador dio una pronta respuesta en que manifestaba la satisfacción que le había causado el restablecimiento de la paz en Nicaragua. Los otros Estados no contestaron y su silencio resultaba significativo. Era evidente que las cláusulas del tratado que aseguraban y estimulaban la presencia de los americanos no eran del gusto de las repúblicas vecinas; los periódicos de Costa Rica mostraban especial virulencia al comentar los acontecimientos de Granada. En aquel entonces Guatemala, Honduras y Costa Rica estaban gobernadas por hombres adictos al antiguo partido servil o aristocrático, en tanto que en San Salvador dominaban influencias liberales[22]. El general Cabañas,

---

[22] Esta afirmación de Walker es inexacta en cuanto a Costa Rica, donde no existía la división de partidos a que se refiere. N. del T.

expulsado de Comayagua con el auxilio de Guatemala, halló refugio en la mina de Los Encuentros, cerca de los confines de Honduras y San Salvador, y Guardiola estaba tratando de suceder en la presidencia de Honduras a su rival proscripto, cuyo período legal expiraba el 31 de enero de 1856.

El general Cabañas era el más viejo y el más respetado de los liberales de Centro América. Acompañó fielmente a Morazán en los esfuerzos que éste hizo para mantener la confederación, y no obstante ser generalmente desafortunado como militar, nadie dudaba de su valor ni de su devoción a los principios que sustentaba. Americanos que le conocían lo proclamaban el hombre más honrado de las cinco repúblicas, y la conducta observada por él para con los demócratas nicaragüenses era en verdad la de un hombre abnegado. El auxilio que dio a Castellón fue sin duda alguna la causa de haber perdido el poder en Honduras, y después de recibirse en Granada la noticia de que estaba retirado en San Salvador, Walker fue fácilmente inducido a invitarle para que hiciese una visita a la capital de Nicaragua.

Cabañas llegó a León a fines de noviembre. Al saberse que venía de camino para Granada se ordenó al coronel Hornsby ir a Managua a fin de acompañar al expresidente hasta la capital. El 3 de diciembre lo recibió Walker con grandes demostraciones de respeto y fue tratado como huésped de la nación. Se le dio una guardia de honor, dispensándole escrupulosamente todas las atenciones debidas a un hombre bueno en desgracia; pero el hondureño quería que le ayudasen a recuperar el poder en su país. Pidió un cuerpo de americanos para volver a tomar su capital, de la que había sido expulsado hacía poco. Jerez instó para que se concediese a Cabañas lo que solicitaba, recordando los grandes servicios prestados por el expresidente a Castellón y al ejército democrático. Sin embargo, Rivas no estaba dispuesto a poner oídos a los ruegos de Cabañas. Veía claramente que, si se daba auxilio al presidente proscripto y penetraba en Honduras una fuerza americana, esto sería la señal de una coalición de los otros cuatro Estados contra Nicaragua.

Walker miraba los planes de Cabañas del mismo modo que Rivas. Era fácil ver que tarde o temprano tendría que surgir un conflicto armado entre la política americana del gabinete nicaragüense y la de los gobiernos vecinos; pero era conveniente y acertado hacer que los enemigos descargasen el primer golpe. El envío de tropas a Honduras, aun cuando fuese con el objeto de restablecer a Cabañas, habría servido de pretexto para declarar que los americanos de Nicaragua eran de carácter agresivo. A éstos no les tocaba sino aguardar que sus enemigos se moviesen, y no habría sido sensato apresurar el conflicto, procurando la restauración de un hombre que por muy meritorio que fuese acababa de ser expulsado de su país.

Jerez convino en que el modo de pensar de Rivas era muy racional; pero continuó insistiendo en que se le diese a Cabañas el auxilio pedido. El expresidente era hombre de ideas estrechas, fuertes prevenciones y odios encarnizados, y parecía aferrado en la idea de volver a Honduras antes del 31 de enero. La misma terquedad con que pedía ser restaurado antes de la expiración de su período, era una prueba de la tendencia de su mente a fijarse en cosas sin importancia. Incapaz de considerar los asuntos de Centro América desde un punto de vista general, parecía un federalista de Morazán a quien la edad hubiese hecho degenerar en funcionario hondureño; pero a medida que sus ideas se habían ido encogiendo, se fueron también petrificando, y además de tener la melancolía propia de su edad avanzada, era testarudo y odiaba lo nuevo.

No comprendiendo el movimiento americano, se inclinaba a considerarlo como un mal, a menos que pudiera convertírsele en un medio para expulsar a Guardiola y a López de Honduras. Sin embargo, la vieja reputación de Cabañas, los largos servicios prestados por él en las filas del partido liberal, a la vez que el sentimiento de gratitud por la manera como fueron tratados los demócratas nicaragüenses en Honduras, obraba en el ánimo de Jerez. Los sentimientos generosos movían fácilmente a éste y no era difícil llevarle por un camino errado poniendo en juego sus emociones.

Como solía decir un amigo suyo, tenía la cabeza llena de esas leyendas que Plutarco ha hecho tragar al mundo como si fuesen las vidas de sus héroes griegos y romanos y estaba siempre imaginando que alguien conspiraba contra la República y que él era el llamado a salvarla. Poco después de organizado el gabinete, Vega, uno de los principales legitimistas, envió a Walker un papel impreso al margen del cual había un boceto de cada uno de los ministros, y el viejo y agudo granadino pintaba a Jerez como un conspirador de nacimiento.

Desde luego se puede imaginar en qué sentido iba Cabañas a influir en Jerez, cuando viese que Walker estaba resuelto a no enviar americanos a Honduras.

Después de haber permanecido en Granada unos veinte días, el ex presente se fue a León acompañado del ministro Jerez. Dijo que deseaba aguardar allí la resolución definitiva del gobierno acerca de sus solicitudes. Cuando Jerez regresó, Rivas estaba determinado en sentido adverso a las proposiciones de Cabañas y entonces renunció Jerez su puesto en el gabinete. Por el mismo tiempo D. Buenaventura Selva hizo dimisión del ministerio de la Guerra, con motivo de habérsele dado un cargo público al legitimista Argüello. Jerez se retiró a León; Selva fue primero a Rivas y luego a San Juan del Sur, de donde salió embarcado para San Salvador, con ánimo de quedarse allí hasta que volviesen al poder los «hombres de bien»[23] en Nicaragua, según dijo. Como Rivas había dado empleos públicos a muchos legitimistas antes de Argüello, es probable que la enemistad particular de Selva contra éste fuese la causa de su renuncia. De modo que por la amistad de uno de los ministros con Cabañas y el odio de otro contra Argüello, vino Ferrer a desempeñar durante algún tiempo el cargo de ministro general.

Sin embargo, no bastaba con que Nicaragua hiciese ver, mediante su conducta con Honduras, cuál era la política que quería seguir respecto de Centro América. El 12 de enero de 1856 se envió una circular a las diversas repúblicas, manifestando las intenciones pacíficas que abrigaba Nicaragua y pidiendo el nombramiento de comisionados para discutir y concertar las condiciones de la unión de los cinco Estados. Esta última proposición se hizo porque los antiguos serviles, que siempre fueron contrarios al federalismo, estaban entonces discutiendo con entusiasmo acerca de la unión, con el fin de suministrar pretextos para intervenir contra los americanos de Nicaragua. Así se demostró que el gobierno de Rivas, convencido como estaba de la honorabilidad y rectitud de sus propósitos, no temía entrar en relaciones más estrechas con los demás Estados de la antigua federación.

---

[23] En castellano en el texto.

La única respuesta que obtuvo la circular fue la del comisionado de Honduras D. Manuel Colindres, quien no pasó de León. Habíalo enviado su gobierno para dar a Nicaragua la seguridad de sus pacíficos propósitos, aunque bien pudiera ser que el secreto designio de Honduras fuese vigilar los movimientos de Cabañas. Sea lo que fuere, el 24 de enero dijo el señor Colindres, al acusar el recibo de un ejemplar impreso de la circular, que no dudaba de que su gobierno daría una respuesta favorable al de Nicaragua; pero nunca se recibió ninguna como la que el comisionado se anticipó a anunciar. Sin embargo, después de electo Guardiola presidente de Honduras, se mostró poco inclinado a intervenir en la política interna de Nicaragua, y el prurito de guerrear que le atribuían sus enemigos no se manifestó en la conducta observada por él con respecto a la coalición centroamericana.

Las invectivas más violentas contra la política interna de Nicaragua se publicaron en el periódico oficial de Costa Rica. Además, numerosos legitimistas habían huido al Guanacaste y desde allí amenazaban la tranquilidad del departamento Meridional. Para protestar contra la presencia de los legitimistas en la frontera y ver de corregir al mismo tiempo algunos de los errores que habían nacido en Costa Rica, se acordó enviar un comisionado a dicha República. Así fue que el 4 de febrero Louis Schlessinger y Manuel Argüello, acompañados del capitán W. A. Sutter, salieron de Granada para La Virgen con instrucciones de seguir hasta San José. Se escogió a Schlessinger por ser uno de los pocos incorporados a la fuerza americana que sabían algo de español. En aquel entonces no se tenía tan buen conocimiento de su carrera anterior y de su reputación como lo hubo después[24].

El hecho es que había llegado a Nicaragua con excelentes recomendaciones de personas estimables, y como tenía cierto tacto y cierta maña, se creyó que podría realizar algunos de los fines de la

---

[24] El escritor francés Alfred Assollant, hablando de Schlessinger en un artículo que publicó la Revue des Deux Mondes en agosto de 1856, dice: "Se descubrió que este valiente coronel húngaro, de quien los periódicos de los Estados Unidos habían hecho de antemano un pomposo elogio, no era más que un antiguo cabo austriaco a quien habían dado veinte veces la carrera de baquetas en su regimiento y que había robado en Alemania sumas considerables. N. del T.

misión. Don Manuel Argüello fue agregado a Schlessinger, porque siendo legitimista podía desvanecer prevenciones y probablemente inducir a muchos de los de su antiguo partido a dejar el Guanacaste para volver a sus casas y haciendas de Rivas.

Pero D. Juan Rafael Mora estaba resuelto a proceder inmediatamente contra Nicaragua. Por lo tanto, a Schlessinger y a Sutter se les mandó salir de la República; Argüello se quedó en Costa Rica tan sólo para incorporarse a su ejército. El 1° de marzo de 1856 el presidente Mora declaró oficialmente la guerra a los "filibusteros", como calificó a los americanos de Nicaragua[25]. A fin de exponer las causas que llevaron a dar este paso, es menester estudiar sucesos ocurridos fuera de Centro América, lo que nos pone en presencia de la conducta observada por los Estados Unidos y la Gran Bretaña para con Nicaragua.

Poco tiempo después del reconocimiento del gobierno de Rivas por el ministro americano residente en Granada, fue enviado French a los Estados Unidos en calidad de ministro de Nicaragua. Se le nombró para este cargo con el objeto de sacarlo del ministerio de Hacienda y del país. Era enteramente incompetente para administrar la hacienda nacional, por tener poco conocimiento de los principios que rigen los negocios públicos y del mecanismo de éstos, así como por faltarle la modestia para comprender sus deficiencias o la paciencia para remediarlas. Más todavía, su rapacidad inspiraba temor a las gentes del país y para los americanos llegó a ser necesario deshacerse de él como medida política.

Sin embargo, no valía menos que Marcoleta, español que a la sazón representaba a Nicaragua en Washington, porque a French no lo habían expulsado del Departamento de Estado por escamoteo de papeles del archivo. A su llegada a los Estados Unidos se dijo generalmente que el gobierno federal no recibiría al nuevo ministro por motivo de su conducta anterior. Después de haber esperado algún tiempo, French presentó sus credenciales y se negaron a reconocerle por cuanto le era imposible al secretario de Estado americano Mr. Marcy, determinar si el gobierno que representaba era o no el del

---

[25] Costa Rica declaró la guerra a los filibusteros el 27 de febrero de 1856 y no el 1° de marzo del mismo año como lo dice Walker. N. del T.

pueblo de Nicaragua. Cuando se recuerda que Mr. Marcy, en una conversación con Mr. J. W. Fabens, habló de Nicaragua como una de las repúblicas sudamericanas, causará poca sorpresa el hecho de que no pudiera resolver si existía o no el gobierno de Rivas. Su completa ignorancia o desfiguración intencional de los asuntos de Nicaragua, resalta superiormente en su correspondencia con Mr. Wheeler.

Desde el principio del movimiento Mr. Marcy se mostró resueltamente contrario a la introducción de americanos en Nicaragua. En uno de sus primeros despachos sobre el asunto calificó de invasión la entrada de los americanos en el país, y, según él, el establecimiento de la paz y del gobierno provisional de Rivas era "un golpe de mano afortunado". Le censuró a Mr. Wheeler el viaje que hizo a Rivas a instancias de las gentes de Granada, diciendo que el peligro que había corrido entonces era el premio que merecían sus esfuerzos para hacer de mediador entre los dos bandos. Por consiguiente, es un error suponer que la negativa de recibir a French se debiera de modo alguno a la reputación de éste. No es más acertado atribuir el proceder del secretario de Estado al interés de ciertas personas allegadas al presidente en la concesión de Shepard y Haley y en los planes de Kinney. En aquel entonces era difícil saber qué política iba a seguir el gobierno de Rivas tocante a los reclamos relativos a la Costa de Mosquitos. Las razones de la conducta observada por Mr. Marcy eran mucho más hondas que las que se dieron a la sazón y éstas se verán probablemente de modo más claro andando el tiempo.

La negativa que el gobierno de los Estados Unidos opuso al reconocimiento del de Rivas causó gran sorpresa en Nicaragua y alentó a los enemigos de los americanos en Costa Rica. Los hombres públicos de Nicaragua, ignorantes del mecanismo interno del gobierno federal de Washington y de los móviles secretos a que obedecen los actos de los partidos políticos en los Estados Unidos, no eran capaces de adivinar las razones que para su negativa tuvo el gabinete de Mr. Pierce. Esta negativa era un enigma que no podían descifrar. Algunos de los nicaragüenses del país atribuían la conducta observada por la república del Norte al miedo que le inspiraba Inglaterra; otros recurrían al socorrido argumento de que se hace uso siempre que no se pueden explicar racionalmente de otro modo los actos políticos, achacando el proceder del gobierno federal y especialmente el del secretario de Estado a prejuicios y pasiones personales. Pero todos los nicaragüenses vieron los efectos que la política de Marcy produjo en los Estados vecinos; porque a la vez que les suministró un pretexto para negarse a entablar relaciones diplomáticas, los envalentonó también a tomar medidas activas y resueltas contra el gobierno de Rivas. Pero si la política de los Estados Unidos resultaba inexplicable para los pueblos de Centro América, la del gobierno británico no les causaba extrañeza. Familiarizadas desde hace largo tiempo con la diplomacia británica, las naciones hispanoamericanas pueden generalmente adivinar el rumbo que ésta va a seguir; pero no suelen tomarse el trabajo de analizar los motivos a que obedece ni disciernen los fines que persigue. Sin embargo, antes de estudiar la conducta seguida por el gobierno británico respecto al de Rivas, será tal vez útil investigar, siempre que sea posible, las razones que guían la política inglesa en lo que atañe a todos los países hispanoamericanos. Hay en ella una unidad que debe provenir de una sola causa.

La política inglesa data de los tiempos de la reina Isabel y emana directamente de las contiendas que esta soberana tuvo con Felipe II. Los corsarios que solían saquear las poblaciones del continente español fueron los primeros frutos de esa política. Inglaterra, a quien las celosas leyes coloniales de España cerraban las puertas de gran parte de América, aspiraba a sacar provecho de estos países por el doble medio de los bucaneros y del comercio de contrabando. Este sistema se practicó durante toda la dominación española en el continente y todavía se conservan sus huellas en los establecimientos de Belize —así llamados en memoria del corsario y contrabandista Wallis— y en las relaciones de Inglaterra con los indios de la Costa de Mosquitos. Esa política no tenía por objeto adquirir colonias, sino el comercio; por consiguiente, los leñadores de Belize no eran colonos, sino meros pobladores flotantes que tenían el derecho de cortar árboles de caoba y palos de tinte, pero no el de organizar una sociedad o un gobierno. Asimismo, se aspiraba a convertir las tribus errantes de la Costa de Mosquitos en una comunidad que reclamase, como los leñadores de Belize, la protección de la Corona británica.

Los pobladores de este lugar y los indios y zambos de la Costa de Mosquitos pueden llamarse, empleando una de las frases elegantes de la jerga actual, "soberanos intrusos"[26].

Al declararse independientes las colonias españolas, las relaciones entre España e Inglaterra eran muy distintas de lo que fueron en tiempos de la reina Isabel, y la Península, que acababa de salir del conflicto con Napoleón, supuso que su alianza con la Gran Bretaña iba a ser garantía de la neutralidad de esta antigua rival en la contienda con sus súbditos rebeldes; pero Inglaterra, fiel a su política tradicional, favoreció por todos los medios de que disponía la independencia de las colonias. Se suministraron armas británicas, soldados británicos y consejeros británicos a varios países hispanoamericanos, y la independencia de éstos fue prontamente reconocida por la Corona británica.

En seguida afluyeron mercaderes británicos a los nuevos campos abiertos a su espíritu de empresa y en todas partes fue organizado el viejo sistema de los bucaneros y contrabandistas. Se encontró que los nuevos gobiernos eran instrumentos a propósito para el sistema. El cohecho descarado y general de los funcionarios de las aduanas vino a suplantar, es verdad, el contrabando sencillo y menos corrompido de antaño, y barcos británicos de guerra, enviados para cobrar reclamos británicos por préstamos de dinero hechos a gobiernos revolucionarios a los tipos de interés más usurarios, reemplazaron a los antiguos bucaneros; pero en realidad las cosas estaban en el fondo como antes.

Con este sistema Inglaterra saca de los Estados hispanoamericanos todas las ventajas comerciales de que goza en sus colonias, pero sin el gasto o la molestia de gobernarlos y tiene interés en mantenerlos así. Actualmente le brindan un excelente mercado para sus fábricas y por medio de sus mercaderes desperdigados en el centro y el sur del continente logra dominar la distribución de los productos de aquellos países. Así aumenta su marina, adiestra sus tripulaciones y tiene ocasión de diseminar sus barcos de guerra como centinelas a lo largo de las costas de los dos océanos, desde México hasta la Patagonia. Su aspiración es mantener el statu quo, porque

---

[26] "Squatter sovereigns"

difícilmente podría tener la esperanza de mejorar su situación con cualquier cambio que se intentase realizar.

El cónsul británico en El Realejo, Thomas Manning, era el prototipo del mercader inglés establecido en los países hispanoamericanos. Habiendo llegado a Nicaragua sin recursos —según dicen era marinero en un barco mercante— se casó con una mujer del país, no tardando en echar las bases de una fortuna. Sin tener ninguna educación ni estar en absoluto acostumbrado a considerar los acontecimientos políticos desde el punto de vista de los principios o de una política determinada, poseía sin embargo el aguzado instinto de la propiedad y de sus intereses personales, que le permitía servirse del poderío británico para sus aventuras comerciales.

Algunas veces prestó dinero a la República; pero tan sólo cuando ésta se encontraba en grandes apuros y ofrecía pagar intereses exorbitantes; y cuando el capital y los intereses alcanzaban a una suma conveniente, llamaba a la escuadra inglesa para bloquear los puertos de los Estados hasta que se pagase la deuda. Desde 1849 había previsto Manning el peligro del paso de numerosos americanos por Nicaragua, y mientras atravesaban el Istmo los californianos, a la ida o a la vuelta de la tierra del oro, había escrito a lord Palmerston que, si Inglaterra no conjuraba la calamidad, dentro de diez años el país estaría "infestadlo de aventureros americanos". Inglaterra prueba su cordura dando cargos consulares a sus mercaderes y confiándoles algo de los asuntos diplomáticos; el estímulo del interés personal impide que el centinela se duerma en su puesto.

Manning tenía casas en León y Chinandega y sus relaciones comerciales y sociales eran sobre todo con gentes del departamento Occidental. De aquí que en la revolución de 1854 favoreciese, como era natural, a Castellón y sus partidarios, no obstante que sus ideas de gobierno, si fuera posible decir que tenía algunas, le hacían inclinarse más bien del lado de los legitimistas. Sin embargo, además de sus relaciones personales con algunos de los demócratas de primera línea, el sentido avasallador del interés lo llevaba hacia los leoneses. La rivalidad entre las ciudades de León y Granada era tan comercial y de intereses, como social y política. Cierto es que los principios dominantes en Granada conducían naturalmente a poner altas tarifas de aduana, en tanto que los que reinaban en León tendían al libre cambio; pero la situación geográfica de las dos ciudades era la causa principal de la contienda. Granada recibía sus artículos de comercio del Atlántico, por el lago y el río San Juan, al paso que León era abastecido por barcos que debían pasar por el cabo de Hornos. Pero resultaba difícil meter contrabando por el río; en cambio, por el lado del Pacífico eran grandes las facilidades para hacerlo.

De modo que León podía competir con Granada, ganando por medio del contrabando lo que perdía con el viaje por el cabo de Hornos. Así se comprenderá fácilmente por qué los intereses del cónsul británico lo llevaban a desear el triunfo de los leoneses, no sólo en el departamento Oriental, sino también en todo el país. Este triunfo debía engrandecer necesariamente a León y reducir el comercio de Granada.

Las relaciones de Manning con el gobierno de Castellón eran por supuesto íntimas, especialmente con el ministro de Hacienda D. Pablo Carvajal. Por medio de los funcionarios de Hacienda debían hacerse todos los arreglos para la entrada de mercaderías por El Realejo, y pudiera ser que los intereses del ministro fuesen algunas veces opuestos a los del gobierno a quien servía. Con el ministro de Hacienda trataba también D. Tomás —como llamaban a Manning— cuando éste tenía la bondad de prestar algún dinerito al tipo del uno y medio o del dos por ciento al mes. Y como Carvajal fue el ministro que refrendó la primera contrata de Castellón con Cole y fuera de él y el director nadie tuvo conocimiento de su contenido, es probable que se mostrara lo bastante complaciente para dejar caer una copia allí donde pudiera encontrarla D. Tomás. Como quiera que sea, Manning supo de la contrata de Cole poco después de haber sido firmada e inmediatamente hizo amonestaciones a Castellón acerca de la política que estaba siguiendo; pero el director había ido a Inglaterra a negociar, en nombre de Nicaragua, tocante a la Costa de Mosquitos y fue lo bastante sagaz para ver el derrotero de la política británica y la sujeción en que aspiraba a mantener a su país. Por consiguiente, las amonestaciones de Manning sirvieron de poco.

Es probable, pues, que el gabinete británico estuviese desde el principio bien informado del movimiento americano en Nicaragua. En tanto que el gobierno de los Estados Unidos no tuvo de los sucesos de aquel país, antes de la sorpresa de Granada, más informes que los publicados en los periódicos, es indudable que lord Clarendon recibía de fuente oficial noticias minuciosas y detalladas. De consiguiente, al enterarnos de los acontecimientos, no extrañamos ver a lord Clarendon profundamente interesado en los sucesos de Centro América e instando a Costa Rica, de hecho y de palabra, para que hiciese la guerra a los americanos de Nicaragua.

Las fuentes de información sobre este asunto son exclusivamente costarricenses, y los únicos hechos publicados son los contenidos en ciertas cartas que se tomaron en la valija de correos inglesa destinada a San José, en el mes de marzo de 1856. Entre la correspondencia interceptada estaba la copia de una nota del subsecretario de Estado en el despacho de relaciones exteriores Mr. E. Hammond para E. Wallerstein, cónsul general de Costa Rica en Londres. La nota está fechada en el Foreign Office, el 9 de febrero de 1856, y hace saber al cónsul general que Lord Clarendon ha sido informado por el departamento de la Guerra de que "dos mil fusiles (Witton) de cañón liso, no tan finos como los del modelo de 1842 para la infantería de línea, pueden ser suministrados" al gobierno de Costa Rica, "por 1 libra esterlina y 3 chelines cada uno, o si se prefieren dos mil fusiles del modelo de 1842 para la infantería de línea, pueden darse a razón de 56 chelines y 8 peniques cada uno".

Había también una carta de Wallerstein para D. Joaquín Bernardo Calvo, ministro de Relaciones Exteriores de Costa Rica, en que al enterare del ofrecimiento de lord Clarendon, le dice: "He escrito una carta particular al secretario, rogándole que me envíe una orden para examinar las dos clases (de fusiles). Después de que los vea, consideraré todavía si es correcto tomarlos sin instrucciones positivas de S. E. el presidente; pero entretanto estoy persuadido de que—S. E. verá en la prontitud con que el gobierno de S. M. B. ha atendido mi petición, una gran prueba de su simpatía y buena voluntad para la República. Verdad es que nada se dice de la fecha en que deberá hacerse el pago. Esto significa que al gobierno de usted toca resolver este punto". Y al escribir oficialmente a su jefe en el gabinete, Mr. Wallerstein no se olvidó de enviar una carta particular para su estimado amigo D. Juan Rafael Mora. Después de manifestar al presidente que "tan grande fue el placer que sentí al recibir las cartas de Mr. Hammond que no pude dormir en toda la noche", el placentero cónsul general sigue diciendo: "Tengo cartas de Guatemala y San Salvador en que me ruegan solicitar de este gobierno ayuda y socorro; pero ¿qué puede hacerse en favor de repúblicas o pueblos que no pueden ayudarse a sí mismos? Cuando referí a Lord Clarendon que Costa Rica tenía ya un ejército de ochocientos hombres en la frontera, se mostró muy contento y dijo que se había dado un buen paso; y estoy convencido de que por haber hecho yo esta insinuación se nos han dado los fusiles".

Al través de estas cartas podemos notar la prudencia, pero a la vez la decisión con que obró el gobierno británico respecto al de Rivas. En su conducta no hay dudas ni vacilaciones, porque sus actos se ajustan a una política tradicional. Inglaterra no quiere que en Centro América haya gobiernos fuertes y estables porque de ser así sus mercaderes tendrían que conformarse con las ganancias ordinarias del comercio legítimo. Se opone sobre todo al establecimiento de gobiernos de esta clase mediante influencias americanas, por temor de que a los mercados de aquellos países se lleven géneros de comercio que no sean los suyos.

Así fue que, a instancias de la Gran Bretaña y tácitamente alentada por los Estados Unidos, Costa Rica declaró la guerra a los americanos que estaban al servicio de Nicaragua. Mora tuvo el cuidado de indicar clara y terminantemente su propósito. No declaró la guerra a la República de Nicaragua, sino a ciertas personas que estaban al servicio de ésta. Y así como la forma en que se declaró la guerra era contraria a las restricciones impuestas por el derecho internacional, el modo de hacerla no se amoldó a las reglas adoptadas por las naciones cristianas. El mismo día en que fue declarada la guerra se publicó un decreto ordenando que todos los prisioneros que se tomaran con las armas en las manos fuesen fusilados. Sin embargo, ha habido cristianos bastante exentos de rubor para encomiar la política de Juan Rafael Mora; y, cegados por la pasión de partido, americanos no han tenido vergüenza de apoyar al hombre que proclamó claramente el principio de que ellos debían ser excluidos de Centro América, y de que si se aventuraban a llegar allí contra la voluntad de éste serían fusilados.

¿Sobre quiénes debe recaer entonces la responsabilidad de la guerra que durante más de un año absorbió los recursos de Nicaragua, convirtiendo sus campos en teatro de mortal conflicto en vez de abundantes cosechas? Seguramente no sobre los que agotaron los esfuerzos para mantener la paz y resolver mediante una discusión diplomática las cuestiones pendientes, en vez de apelar a las armas. Costa Rica se negó desdeñosamente a discutir el derecho que Nicaragua tenía de emplear americanos para su servicio militar. Mora no quiso escuchar la voz de la razón y en actitud provocante empuñó el clarín y tocó a guerra. Sin embargo, si nos fuera permitido anticipar acontecimientos no narrados aún, si pudiéramos «ver el futuro en el presente», a fin de sacar de él una enseñanza de justicia y de derecho, no estaría tal vez por demás decir que Costa Rica no ha ganado nada con la guerra, como no sea la escasez de brazos para sus campos, una gran deuda que ha puesto en apuros a su tesoro público y la perspectiva de conmociones civiles que vendrán a perturbar sus labores. Mora también está cosechando en el destierro los frutos de su política; pero pasemos frente a Mora proscripto, como ante Ugolino en el infierno: de lejos y en silencio.

CAPÍTULO VI: La invasión costarricense

El 1° de marzo de 1856 la tropa regular americana al servicio de Nicaragua se componía de unos seiscientos hombres distribuidos en dos batallones, el de rifleros y el de infantería ligera. El primero lo mandaba el coronel M. B. Skerrett con el teniente coronel E. J. Sanders y el mayor A. S. Brewster. El de infantería estaba a las órdenes del coronel B. D. Fry y del mayor J. B. Markham. Casi todas las compañías del de rifleros se encontraban acantonadas en León; una sola, mandada por el capitán Rudler, estaba en Rivas; el mayor Brewster era el comandante de esta plaza. El batallón de infantería ligera se hallaba en Granada. Desde que se nombró al coronel P. R. Thompson ayudante general, a principios de febrero, la organización del ejército se había estado haciendo con mejor sistema y más orden. El cuerpo de sanidad estaba bien dirigido por el Dr. Moses; el coronel Thomas F. Fisher ejercía el cargo de comisario ordenador. W. K. Rogers había sido nombrado recientemente comisario general auxiliar, con el grado de mayor, y se encontraba al frente de la proveeduría. El coronel Bruno von Natzmer era el inspector general; pero residía en León con facultades generales e indefinidas para reglamentar la administración de la ciudad y ver que se atendiese debidamente a las necesidades de la fuerza americana. Prestaba valiosos servicios por el conocimiento que tenía de las gentes del departamento Occidental, tanto más cuanto que corrían constantes rumores de disturbios y dificultades de parte de los hijos del país residentes en León.

Durante los cuatro meses transcurridos desde el establecimiento del gobierno provisional, la mayor parte de los americanos habían estado de guarnición en Granada; pero a causa de la plaga reinante en este lugar, así como por la necesidad que a veces había de fuerzas militares en otras partes, fue menester enviar pequeños cuerpos en distintas direcciones de la República, acostumbrando así a las gentes de los distritos remotos a ver a los americanos, y a éstos a conocer los caminos y las preocupaciones locales de los habitantes. El coronel Fry había estado varias semanas con un destacamento de batidores en las cercanías de Matagalpa, llegando hasta Juigalpa para sofocar ciertos disturbios que los legitimistas estaban promoviendo entre los indios.

Para la disciplina y el estado de ánimo de las tropas, habría sido mejor que éstas hubiesen permanecido menos tiempo en Granada y en menor número; pero como allí estaban, conforme al tratado, el depósito de armas y el asiento del gobierno, la actitud de los legitimistas de la ciudad obligaba a mantener en ella una fuerte guarnición. La abundancia de licor y la afición de muchos de los oficiales a beberlo, no sólo perjudicaban la salud del ejército, sino que eran muy grandes obstáculos para el desenvolvimiento de sus virtudes militares.

Además de la fuerza regular compuesta de americanos, había más de quinientos hombres aptos para empuñar las armas ocupados en negocios civiles en Granada o a lo largo de la línea del Tránsito. En la capital vivían bastantes americanos que desempeñaban cargos civiles, además de los obreros que estaban construyendo un muelle en el antiguo fuerte; y en La Virgen y San Juan del Sur tenía la Compañía del Tránsito muchos individuos ocupados en las obras que estaba ejecutando en ambos lugares. Algunos de ellos estaban organizados en compañías de voluntarios; en La Virgen había una, bien uniformada y a las órdenes de George McMurray, con cerca de cincuenta plazas. Muchos creían que en caso de trastornos se podía tener en estos voluntarios tanta confianza como en la tropa regular, y por consiguiente se calculaba que si ocurría una invasión era posible contar con unos mil doscientos americanos para la defensa de Nicaragua.

Pocos días después, el 9 de marzo, la tropa regular recibió un gran refuerzo con el arribo a Granada de más de doscientos cincuenta hombres bajo la dirección de don Domingo de Goicouría. En la noche anterior a la llegada de estos reclutas, un correo de gabinete del gobierno de San Salvador, el coronel Padilla, había entrado en Granada, y por la mañana del 9, vistiendo un uniforme estrafalario y llevando en la cabeza un sombrero de tres picos que trajo desde Cojutepeque a través de las montañas, se lanzó a la calle para hacer una visita al general en jefe. Los nuevos reclutas acababan de llegar a la plaza principal y estaban formados de modo que pareciesen lo más numerosos que fuera posible, cuando Padilla penetró en la residencia del general. La sorpresa del salvadoreño al ver tantos hombres de aspecto raro fue tan grande como el asombro que a los americanos causó su larga y flaca humanidad metida en unos pantalones demasiado cortos, con los brazos y el pecho estrechamente embutidos en un pequeño levitín militar abotonado hasta el cuello y que se empeñaba en deslizar la extremidad de sus faldones más arriba de la boca del estómago. Como Padilla había traído despachos del ministro de Relaciones Exteriores de Cojutepeque, señor Hoyos, en que éste preguntaba por qué se estaban introduciendo americanos en Nicaragua, la llegada de Goicouría y sus reclutas no era inoportuna.

Entretanto Schlessinger había regresado de Costa Rica, contando cómo lo habían tratado por allá. Manuel Argüello, por quien se fue Selva del gabinete, se quedó al lado de Mora con sus amigos legitimistas, y su conducta era un ejemplo del modo que tenía de portarse la antigua facción granadina. Por consiguiente, el 11 se organizó con los nuevos reclutas un batallón de cinco compañías al mando de Schlessinger; el capitán J. C. O'Neal fue ascendido a mayor e incorporado a esta tropa. El mismo día lanzó el general en jefe una proclama que terminaba ordenando al ejército adoptar y llevar la cinta roja.

El objeto de esta proclama era obtener la colaboración entusiasta de los demócratas de Nicaragua, así como la de los liberales de los otros Estados en aquella guerra inminente, y el motivo que se dio para volver a tomar la cinta roja fue la conducta observada por los legitimistas nicaragüenses: "El llamado partido legitimista de Nicaragua —decía la proclama— ha rechazado nuestros esfuerzos en favor de la conciliación. Sus miembros han estado comunicándose con sus compinches los serviles de los otros Estados. Por todos los medios de que disponen han tratado de debilitar al actual gobierno provisorio, ayudando y alentando a los enemigos de Nicaragua de fuera de la República... Nos deben las garantías de que han gozado en sus vidas y haciendas y nos pagan con la ingratitud y la traición".

Algunas horas después de haber escrito Walker esta proclama, recibió el decreto de Mora del 1° de marzo en que declaraba la guerra a los americanos de Nicaragua. Tan pronto como fue leído, el presidente provisional publicó una declaración de guerra contra Costa Rica y el 13 se dictó la orden siguiente: "Por cuanto el supremo gobierno provisorio de la República de Nicaragua ha declarado oficialmente la guerra al Estado de Costa Rica por decreto del 11 de marzo, el ejército deberá estar listo para entrar en campaña".

Al coronel Schlessinger, después de que hubo organizado su batallón y de que se les dieron fusiles destinados a las diversas compañías, se le ordenó prepararse para marchar. Se fue a La Virgen con su fuerza, y, conforme a las instrucciones que llevaba, envió a Rivas lo más endeble de su gente con el teniente Colman; a la vez se dio al capitán Rudler la orden de incorporarse a la tropa de Schlessinger con la compañía F. del batallón de rifleros. Las cuatro compañías completas del nuevo batallón las mandaban respectivamente los capitanes Thorpe, Creighton, Prange y Legeay. Las de estos dos últimos oficiales estaban enteramente compuestas una de alemanes y otra de franceses, y el conocimiento que Schlessinger tenía de los idiomas de estas compañías, así como de la lengua española y del departamento del Guanacaste, fueron los motivos de que se le escogiese para servir en aquella empresa a cuyo desempeño estaba a punto de ser enviado. Con la llegada de la compañía de Rudler, la fuerza de Schlessinger alcanzó a unos doscientos cuarenta hombres[27].

Walker ordenó a Schlessinger penetrar con esta fuerza en el departamento del Guanacaste. Su propósito era asestar el primer golpe de la guerra en territorio ocupado por el enemigo y también el de tener un puesto avanzado sólido a alguna distancia al sur del Tránsito, para protegerse contra toda sorpresa en la línea americana de viaje al través del Istmo. Con igual objeto ocupaban unas compañías el Castillo y la punta de Hipp[28] en la desembocadura del Sarapiquí. Era preciso defender el Tránsito con mayor tenacidad que todas las demás partes del Estado, no sólo porque las propiedades allí situadas necesitaban más de protección contra el enemigo externo que todas las otras de la República, sino también porque de acuerdo con los nuevos arreglos hechos, la fuerza militar de Nicaragua debía obtener del Tránsito víveres y nuevos soldados. Como la población entre el camino del Tránsito y la frontera de Guanacaste es muy escasa, tanto más urgente era la necesidad de tener un cuerpo de observación al sur. La mayor

---

[27] El periódico oficial de Walker, al dar cuenta de la derrota de esta fuerza en Santa Rosa, habla de 280 hombres. N. del T.

[28] La Trinidad. N. del T.

dificultad de la guerra, o sea la de conocer con exactitud los movimientos del enemigo, se aumenta en Centro América por la falta de medios de comunicación y la costumbre, que proviene de las frecuentes revoluciones, de esparcir las noticias más exageradas a propósito de los hechos más insignificantes; pero de cualquier informe se puede siempre sacar algo positivo; de manera que bien miradas las cosas cuesta mayor trabajo averiguar los hechos en los distritos poco poblados que en los que lo están mucho.

El 16 salió Schlessinger de San Juan del Sur para el pequeño río de la Flor que separa el Guanacaste del departamento Meridional. Antes de salir irritó mucho a Brewster, comandante de Rivas, con las numerosas irregularidades que allí cometió; pero éste, por natural repugnancia, tardó en dar parte de lo sucedido al cuartel general. En la marcha al río de la Flor y más allá de este lugar hasta Salinas, hubo de parte de Schlessinger los mismos procedimientos irregulares que en el camino del Tránsito. Tan grande era el desorden que el cirujano de la columna, un recién llegado, ignorante de la grave falta cometida, se separó de la fuerza, regresando a Granada con cartas de Schlessinger. Este hecho vino a revelar, pero demasiado tarde, la deficiencia del comandante que había permitido que se ausentara su único cirujano cuando podía empeñar el combate con el enemigo de un momento a otro. Con, un jefe y un cirujano tan ignorantes de sus deberes había que hacer la guerra lo mejor posible. Este ejemplo relativo a Schlessinger y a su cirujano, uno de los muchos que podrían citarse, pone de manifiesto una de las dificultades con que tuvieron que luchar los americanos durante toda la guerra.

Schlessinger no llegó a la casa de la hacienda de Santa Rosa hasta tarde de la noche del 20[29]. Los soldados estaban hambrientos y extenuados por una marcha larga y trabajosa. Según parece, los centinelas fueron debidamente colocados durante la noche, y a la mañana siguiente se mandaron jinetes en busca de noticias y también de guías, si era posible. Se ordenó una inspección de las armas para

---

[29] Los prisioneros tomados en Santa Rosa se llevaron a Liberia, donde estaba el grueso del ejército y allí se les fusiló contra el sentir de muchos oficiales y soldados costarricenses. N. del T.

las dos y luego para las tres de la tarde. Poco antes de la hora señalada para esta inspección y mientras vagaban los soldados por todas partes en torno del campamento, se dio la voz de alarma y uno de los rifleros montados lanzó el grito de "¡Aquí vienen!" al dirigirse a caballo hacia el principal edificio donde estaba alojado el coronel. Shlessinger fue tomado enteramente por sorpresa y en la confusión no lo pudo encontrar el ayudante. El capitán Rudler se situó con sus rifleros en un corral cerca de la casa más grande, para proteger el flanco de los americanos; pero el fuego del enemigo que venía avanzando le obligó pronto a dejarlo. Entretanto el capitán Creighton, ayudado por el mayor O'Neal, había hecho formar su compañía apoyando su derecha en la casa e hizo algunas descargas contra los costarricenses; pero la compañía alemana se había dispersado, abandonando el campo, y los franceses de Legea y se retiraron del terreno alto y quebrado que trataron de ocupar. Cinco minutos después toda la fuerza, con su coronel a la cabeza, iba en la más completa y desordenada retirada. El mayor O'Neal, y varios otros oficiales lucharon en vano por que los soldados volviesen contra el enemigo; pero era tal el pánico que pocos se prestaron a escucharlos o a seguirlos.

La fuerza costarricense que atacó a Santa Rosa era la vanguardia de todo el ejército que venía marchando hacia la frontera del norte. Se componía de unos quinientos hombres y entre los oficiales figuraba el legitimista Manuel Argüello. Llevaban la cinta roja para engañar a los americanos y ganarse a los demócratas nicaragüenses. Después de que el grueso del ejército, con el presidente Mora a la cabeza, llegó a Santa Rosa, los prisioneros nicaragüenses, muchos de los cuales estaban heridos, fueron sometidos a un consejo de guerra y condenados a morir fusilados. La cruel sentencia se cumplió al pie de la letra[30].

Después de haber andado errantes algún tiempo entre Santa Rosa y el lago de Nicaragua, los restos desorganizados de la fuerza de Schlessinger salieron a un lugar cercano a Tortugas, de donde se fueron a La Virgen. A este último pueblo llegaron, no en compañías, sino en escuadras, algunos de ellos sin sombrero y sin botas y hasta

---

[30] Los prisioneros tomados en Santa Rosa se llevaron a Liberia, donde estaba el grueso del ejército y allí se les fusiló contra el sentir de muchos oficiales y soldados costarricenses. N. del T.

sin armas. Muchos venían con las ropas desgarradas por los espinares que habían tenido que pasar, y durante días y hasta semanas después estuvieron llegando rezagados de la expedición. El desaliento era grande y algunos de los soldados, para que fuese menor el bochorno de su retirada, se mostraban demasiado propensos a exagerar ante sus compañeros el aspecto de disciplina, el buen comportamiento militar y las excelentes armas y equipos del enemigo al cual habían mirado con tan poco detenimiento en Santa Rosa.

Entretanto Walker estaba concentrando las fuerzas americanas en Granada y preparándose para la guerra en que probablemente los otros tres Estados centroamericanos iban a unirse a Costa Rica. El batallón de rifleros se hizo venir de León, y más o menos al mismo tiempo que entró en Granada llegó de San Juan del Norte una compañía de reclutas a las órdenes del capitán Mason. Con esta compañía vinieron Turnbull y French; pero como ambos vieran que sus servicios estaban por demás, pronto se largaron de la República. Cuando los rifleros iban entrando en Granada el general en jefe estaba en cama con un ataque de fiebre violento; pero gracias a la buena asistencia médica y a su fuerte constitución pudo sentarse a la mesa al día siguiente, domingo 23. Acababa de tomar asiento cuando le entregaron una carta del mayor Brewster con las primeras noticias someras del descalabro de Santa Rosa. En la misma tarde consiguió Walker ponerse a bordo del vapor, llegando a La Virgen por la mañana del 24. Las noticias que allí le dieron los desbandados de Santa Rosa fueron mejor tónico para él que un baño frío. La necesidad de la acción mental y moral obra de modo maravilloso sobre el cuerpo cuando éste se resiste a ejecutar lo que le ordena la voluntad.

El desastre de Guanacaste hizo que Walker se resolviese a trasladar el grueso de la fuerza americana a Rivas. Ignoraba el efecto que la derrota de Santa Rosa podía causar a los nicaragüenses hijos del país, o hasta dónde era capaz de hacer flaquear la confianza que en los americanos tenían para la protección del Estado contra sus enemigos. Se dieron órdenes de conformidad y entretanto se tomaron medidas para trasladar el gobierno a León. Rivas estaba ansioso de llenar las vacantes de su gabinete y Jerez había dicho que caso de irse el presidente a León, volvería él a ocupar su puesto en el gobierno; pero antes de salir de Granada el presidente emitió un decreto poniendo en estado de sitio los departamentos de Oriente y Meridional y se dieron al general en jefe facultades omnímodas en estas partes de la República. Ferrer, ministro de Crédito Público, se quedó en Granada en calidad de comisionado para colaborar con el general, hasta donde fuera menester, en la tarea de suministrar recursos para llevar adelante la guerra y proveer a las necesidades del ejército.

El día que Walker estableció su cuartel general en Rivas, llegó Schlessinger para informar personalmente sobre su marcha y su retirada. Hizo hincapié en que la inexperiencia de la tropa y su falta de valor disciplinado habían sido las causas de su desventura, y en el acto propuso la organización de una nueva fuerza para ocupar el Guanacaste; pero los oficiales de la expedición empezaron a llegar y todos estaban de acuerdo en la incapacidad y cobardía mostradas por el que acababa de ser su jefe. Algunos hasta insinuaban que había vendido su tropa; pero semejante conducta no cuadraba con su índole tímida. Si la hubiese vendido, nunca habría vuelto a Nicaragua. Sin embargo, los cargos formulados contra él pedían el nombramiento de una comisión indagatoria. El dictamen dado por ésta motivó el arresto y enjuiciamiento de Schlessinger ante un consejo de guerra por negligencia en el cumplimiento de su deber, ignorancia de sus obligaciones de comandante y cobardía en presencia del enemigo. A estos cargos se agregó más tarde el de deserción.

El traslado del ejército de Granada a Rivas, pasando por La Virgen, creó la necesidad de desplegar mayor vigor en sus medios de transporte. Por esta razón se nombró a C. J. Macdonald quarter master general[31] con el grado de coronel; pero tan sólo desempeñó este cargo durante algunos días por los motivos que pronto se verán. Hasta el día 30 se estuvo haciendo la reorganización de los que regresaron de Costa Rica y se procuró aumentar en varios sentidos la eficacia del ejército; pero entre los oficiales y soldados parecía reinar un abatimiento general. Constantemente se recibían solicitudes de licencia para regresar a los Estados Unidos y el ánimo de la tropa decaía cada vez más, al ver que los americanos que no pertenecían al ejército llegaban en tropel al cuartel general pidiendo pasaportes para

---

[31] Intendente de ejército. N. del T.

salir del país. Dos o tres señoras —Mrs, Thompson, esposa del ayudante general, y Mrs. Kewen, mujer de Mr. E. J. C. Kewen, empleado civil del Estado— ayudaron a mantener el valor de los soldados, gracias al buen humor con que soportaron toda clase de fatigas y peligros; pero la órbita de estas influencias era necesariamente reducida y fue preciso infundir algún entusiasmo al ejército o dejar que se disolviese a impulsos de un pánico vergonzoso.

De modo que en la tarde del 30 se pasó revista a la fuerza en la plaza mayor de Rivas, arengándola el general en jefe en la mejor forma que pudo, dadas las circunstancias. Procuró hacer ver a aquellos hombres la grandeza moral de la situación en que estaban colocados. Solos en el mundo, sin tener la simpatía y mucho menos la ayuda de ningún gobierno amigo, no contaban con más apoyo que el de la conciencia de la justicia de su causa en el conflicto con los países vecinos. Perjudicados por los mismos que debían haberlos favorecido y traicionados por aquellos a quienes hicieron beneficios, tenían que escoger entre renunciar villanamente a sus derechos o morir con nobleza por ellos. Su general no pretendía ocultarles el peligro en que estaban; pero la inminencia de este peligro aumentaba la necesidad de portarse con decoro. Las palabras de Walker fueron pocas y sencillas y tomaron escasa fuerza de su manera de decirlas; pero surtieron el efecto apetecido, infundiendo nuevo ánimo a la tropa. Apelando de continuo a las más altas cualidades del hombre es como se puede hacer de él un buen soldado, y toda la disciplina militar consiste en un simple esfuerzo para conseguir que la virtud sea constante y digna de confianza, haciendo que llegue a ser una costumbre.

El 1° de abril se anunció el arribo a San Juan del Sur del vapor "Cortés", procedente de San Francisco. En él venía de pasajero W. R. Garrison con el objeto de hacer arreglos para el nuevo servicio de tránsito; pero no vinieron soldados para el de Nicaragua. Poco después de recibirse en Rivas la noticia de la llegada del vapor, Walker supo que había zarpado de nuevo llevándose a remolque el barco carbonero que estaba en el puerto. El vapor de la Pacific Mail Steamship Company que se dirigía a California se había puesto al habla con el "Cortés" antes de entrar éste en el puerto de San Juan, comunicando al comandante las órdenes de sus superiores de Nueva

York. No obstante, el capitán Collens del vapor "Cortés" dejó en tierra a Mr. Garrison, y éste, al llegar a Rivas, informó a Walker que no había con qué hacer frente a este paso repentino dado por la antigua compañía, y que posiblemente transcurrirían varias semanas, seis cuando menos, antes de que pudiera venir otro vapor de California. Por el momento quedaba así eliminado uno de los motivos que se tenían para conservar el Tránsito. Por consiguiente, desde muy al principio los nuevos contratistas Morgan y Garrison, con su timidez —por no emplear una palabra más dura— comprometieron el bienestar de los que habían creído en sus aptitudes y buena voluntad para llenar los compromisos que contrajeron.

A la vez que Garrison y Morgan entorpecían las comunicaciones de Walker con los Estados Unidos por las vacilaciones y debilidad de su conducta, Rivas escribía que diariamente llegaban a León noticias de que Guatemala y San Salvador se proponían tomar parte en la guerra contra Nicaragua. Eva evidente que los del departamento Occidental empezaban a temblar ante la idea de ser invadidos desde los Estados del norte. Como por el momento estaba inutilizado el Tránsito por obra de personas interesadas en la propiedad de éste, el general en jefe resolvió trasladarse al norte, a fin de devolver la confianza a los leoneses. No estaba entonces enterado de las grandes fuerzas que Mora tenía en la frontera. Patrullas de exploradores enemigos habían llegado hasta Peña Blanca, punto situado en la frontera sur del departamento Meridional; pero no tan numerosas que indicasen el tamaño del ejército que Mora traía por el Guanacaste.

En el momento preciso en que se daban las órdenes para que el ejército se preparase a marchar a La Virgen, el coronel Macdonald renunció el cargo de quartermaster general. En aquel entonces Walker atribuyó este acto a la proyectada partida de las tropas del Tránsito, por cuanto Macdonald estaba en el Istmo al cuidado de los intereses de Garrison y Morgan; acontecimientos posteriores hicieron ver que su conducta antes obedeció a la mortificación que le causaba la visible mala fe de su superior de San Francisco, que a cualquier desafecto por la causa de los americanos de Nicaragua; pero su renuncia fue en aquel momento una pérdida, porque su inteligencia despejada y energía eran muy necesarias en la crisis que se avecinaba. El general en jefe tenía ya algún conocimiento de lo que valía la inteligencia de

Macdonald; sin embargo, no fue sino más tarde cuando se le presentó la oportunidad de descubrir otras cualidades admirables del tenaz escocés. A su sangre escocesa se sumaba la lealtad escocesa; pero la tenacidad desplegada en sus propósitos era la del hombre nacido en las tierras bajas, del otro lado de la frontera de Escocia.

Después de la renuncia de Macdonald, D. Domingo de Goicouría fue nombrado intendente general[32]con el grado de brigadier. Era cubano y había trabajado con los patriotas de la isla en favor de su independencia. Antes de ir a Nicaragua, Goicouría envió a Leiné, también isleño, hombre de noble corazón y abnegado, para negociar con Walker un futuro auxilio contra la dominación española; y éste, al comprometerse personalmente en favor de la causa de Cuba, tuvo el cuidado de no envolver a Nicaragua en la promesa. Por su lado Goicouría ofreció ayudar mucho con dinero, armas y ropas; sus modales y conversación, mucho más mercantiles que militares, estaban calculados para hacer que le creyesen capaz de inspirar a los capitalistas confianza en sus aptitudes comerciales.

Por cuanto muchas personas estuvieron de acuerdo en que Goicouría gozaba de buena reputación, fueron complacidos los deseos que tenía éste de figurar, dándole el mencionado cargo con la esperanza de obtener así alguna recompensa en forma de calzado, chaquetas y equipos para los soldados. Las funciones de la proveeduría se encargaron a la intendencia[33], y el jefe de ésta, Goicouría, recomendó para primer y segundo auxiliares suyos a Fisher y a Byron Cole —éstos habían vuelto últimamente a Nicaragua— con los grados de coronel y teniente coronel respectivamente. De acuerdo con esto se hicieron los nombramientos.

Habiéndose organizado la intendencia con esta precipitación, se le ordenó inmediatamente prepararse para transportar, de Rivas a La Virgen, todo el ejército con todas las cosas que le pertenecían. Walker se trasladó al último punto para ver que todo estuviese listo para el embarque de las tropas en uno de los vapores del lago. Después de haber llegado a La Virgen lo despertó hacia la medianoche el nuevo intendente general. Había venido a caballo desde Rivas para

---

[32] En Castellano en el texto.
33 Idem.

proponerle que dejase el departamento Meridional a su cargo con unos pocos americanos y algunos soldados del país. La vanidad de Goicouría, aguijoneada por su nuevo grado y su título, le había trastornado el juicio, y aunque sólo llevaba un mes de residencia en el país, tenía la necia presunción de espetar su parecer al general en jefe sin que éste se lo pidiese. No es necesario decir que se le dio una respuesta breve, y Walker se puso a pensar que los zapatos y las camisas bien pudieran resultar demasiado caros a cambio del nombramiento de D. Domingo.

Por la tarde del 5 de abril estaba toda la gente en La Virgen y se dio principio al embarque. Al ver los preparativos, la mayor parte de los americanos residentes en el camino del Tránsito pensaron que el departamento Meridional iba a ser abandonado y corrieron al "San Carlos" con las tropas. Cuando se encontraron todos a bordo del vapor, se le mandó salir para el río San Juan, llegando por la mañana del 6 al fuerte de San Carlos. Embarcóse la compañía del capitán Linton, que estaba acantonada en ese lugar, y el vapor siguió por el río hasta el raudal del Toro; una compañía destinada a la guarnición del Castillo Viejo bajó a tierra para relevar la fuerza que allí estaba, y cuando ésta llegó a bordo, el "San Carlos" se fue a Granada donde ancló el 8 por la mañana; las tropas desembarcaron rápidamente. El movimiento ejecutado en dirección del norte se ocultó así durante algún tiempo a las gentes del departamento Meridional, entre las cuales tenía el enemigo numerosos espías, y en aquel entonces se creyó que los americanos trataban de irse del país o de marchar sobre San José. Se dijo que el enemigo supuso lo primero.

Parece que Mora, después de su triunfo de Santa Rosa, siguió marchando aceleradamente hacia la frontera; pero al saber que Walker había ocupado a Rivas con fuerzas considerables, se detuvo para observar a su adversario. Viendo luego los preparativos que se hacían para abandonar el departamento, dejó que los americanos se embarcasen casi en sus barbas. No es necesario decir que habiendo legitimistas en Rivas y sus contornos, era muchísimo más fácil para Mora que para el general nicaragüense obtener noticias fidedignas. Como en el camino no había aldeas ni siquiera haciendas, no era difícil traer un ejército de tres mil hombres hasta las cercanías del Tránsito sin que se supiese absolutamente nada en el departamento.

No bien hubo salido Walker de La Virgen, avanzó Mora para ocupar a Rivas y el camino del Tránsito.

Según declaraciones de testigos juramentados que interrogó Mr. Wheeler, ministro americano, fuerzas costarricenses entraron en La Virgen temprano de la mañana del 7 y rodearon las oficinas de la Compañía del Tránsito. El oficial que las mandaba dio la orden de hacer fuego y nueve ciudadanos americanos, la mayor parte trabajadores al servicio de la compañía y todos enteramente inermes, resultaron muertos o heridos en la primera descarga. Los heridos fueron inmediatamente atravesados por las bayonetas de los soldados y las espadas de los oficiales. En seguida los costarricenses rompieron las puertas del edificio, saquearon los baúles allí almacenados y despojaron los cadáveres de los americanos asesinados del dinero, relojes y joyas que tenían; pero las pasiones brutales de los invasores no se saciaron con estos actos. Dieron fuego después al muelle que la Compañía del Tránsito estaba terminando y manifestaron su intención de exterminar a todos los americanos que había en el Istmo. Principiaron su obra destructora quemando hasta el nivel del agua el muelle construido por el capital americano para uso y provecho del trabajo y de los productos nicaragüenses.

En San Juan del Sur y en Rivas entraron los costarricenses con más orden. Especialmente en Rivas, donde Mora hizo cuanto pudo por ganarse a las gentes del país. Se nombró un prefecto, y D. Evaristo Carazo, que durante varios años había estado acumulando un caudal con el tránsito de americanos por el Istmo, aceptó el cargo. Asimismo, se dictaron órdenes para prohibir que se obligase a los hombres a prestar servicio militar; pero se les invitó encarecidamente a unirse a los que pretendían haber venido a libertarlos del yugo de los americanos. Con todo eso, fueron pocos, si los hubo, los que aceptaron la invitación, y el presidente de Costa Rica no se privó de manifestar su desilusión por lo reacios que estaban a ingresar en sus filas. Había tenido demasiada confianza en los informes interesados de los legitimistas y más tarde se quejó amargamente del engaño de que fue víctima.

En la mañana del 8, una o dos horas después de haber desembarcado Walker en Granada, uno de los americanos del Tránsito vino a informarle de lo que estaba ocurriendo en él. Al propio tiempo, las cartas recibidas de León indicaban que se había calmado la alarma. Por consiguiente, se dieron órdenes en el acto para que toda la fuerza expedicionaria que estaba entonces en Granada, excepto dos compañías destinadas a quedar de guarnición en esta plaza, estuviese lista para machar al amanecer del día siguiente.

La fuerza americana había disminuido sensiblemente con la expedición a Santa Rosa, y después de regresar de aquel campo de desastres, la compañía francesa y la alemana fueron disueltas y a todos los que no sabían hablar el inglés se les despidió del ejército. Así fue que por la mañana del 9 sólo quinientos cincuenta hombres salieron de Granada para Rivas; pero como la tropa iba alegre y marchando de prisa, temprano de la tarde hizo alto para comer a una legua al sur de Nandaime. Allí encontró al coronel Machado, un cubano a quien se había dejado en Rivas con una pequeña fuerza del país cuando Walker partió de esta ciudad con la tropa americana. El oficial que mandaba en Rivas era José Bermúdez. Este se quedó allí, poniéndose a las órdenes de Mora; pero los soldados nicaragüenses del país abandonaron a Bermúdez, y siguiendo a Machado salieron de Rivas algunas horas antes de llegar los costarricenses. Así sucedía por lo general en Nicaragua, los hombres del pueblo se adherían a los americanos; los "calzados"[34], o sea los que gastan zapatos, desertaban para pasarse a los enemigos de la República.

Después de comer y descansar, la tropa, reforzada por la de Machado[35], se fue al río Ochomogo donde acampó para pasar la noche. Allí se supo que Mora había entrado en Rivas el día anterior con un gran ejército. La mujer que trajo la noticia decía que eran por los menos tres mil hombres[36]; pero como las ideas de las gentes del país sobre los números son bastante vagas, no se le dio mucho crédito a este informe. El 10 la marcha fue lenta y trabajosa debido al calor y a largos trechos de camino secos y polvorientos, sin ninguna sombra para proteger a la tropa del sol abrasador de los trópicos. Por la mañana fue apresado un natural de Rivas que llevaba proclamas de Mora para sus amigos legitimistas de Masaya; después de algunas amenazas se le sacaron al mensajero muchos datos sobre la fuerza del

---

[34] En castellano en el texto.
[35] Esta tropa se componía de 200 hombres. N. del T
[36] Eran en realidad 1.500 hombres. N. del T.

enemigo y las posiciones que ocupaba. Al acercarse la tropa al río Gil González, se despachó un cuerpo de batidores con el capitán Waters al punto en que el camino real de Rivas cruza el río; desde allí se tiroteó con un puesto avanzado que el enemigo tenía cerca del Obraje; pero el grueso de la tropa americana dejó el camino real a media legua del río, y caminando por una vereda a mano izquierda fue a salir al Gil González, en un lugar algo distante del punto en que Waters encontró al enemigo. Cerca del anochecer, Walker acampó para pasar la noche en la margen izquierda del río, guardando todo el debido silencio para que el enemigo no advirtiese la presencia de la fuerza en aquel sitio.

Momentos antes de llegar al lugar donde se instaló el campamento, un vaquero que andaba en busca de ganado para los costarricenses fue hecho prisionero, y los soldados acababan de ocupar los diversos puntos que se le habían señalado en el campamento, cuando se encontró a un hombre en acecho cerca del río y lo llevaron a presencia del general en jefe. Al principio dijo no saber nada del enemigo que se encontraba en Rivas; pero una soga que se le echó al cuello, colgándola de una rama del árbol más cercano, le hizo recobrar la memoria y dio un informe exacto y detallado acerca de las diversas posiciones ocupadas por los costarricenses. Dijo cuáles eran las casas en que Mora y los principales jefes se hallaban alojados, en qué lugar estaban almacenadas las municiones y la cantidad que de éstas había, sin olvidarse de dos bonitos cañoncitos que dominaban algunas de las calles. Por desgracia para él se le salió decir que lo habían enviado a saber noticias de los americanos; de consiguiente fue castigado como espía[37]. Pero los informes dados por él eran tan completos y hubo tan pocas contradicciones en su relato después de minuciosas repreguntas, que Walker formó su plan de ataque tomando por base lo que de este modo se averiguó. El resultado vino a demostrar que lo dicho por el espía era enteramente exacto. El miedo a la muerte le había causado tal turbación mental que no pudo inventar una sola mentira.

Antes de retirarse a dormir Walker hizo llamar a los jefes, y al explicarles el plan de ataque indicó a cada uno de ellos lo que debía

---

[37] Este hombre fue ahorcado. N. del T.

hacer por separado. Al teniente coronel Sanders le tocaba entrar por las calles situadas al norte de la plaza con cuatro compañías de rifleros y, si era posible, a paso de carga hasta llegar a las casas ocupadas por Mora, a unas ochenta yardas de la misma plaza[38]. El mayor Brewster debía penetrar por la calle que pasa al costado sur de la plaza con tres compañías de rifleros, tratando así mismo de llegar al cuartel general del enemigo. Walker abrigaba la esperanza de sorprender a Mora y la tenía también de apoderarse de su persona antes de que pudiera escapar. De todos modos, como su cuartel general estaba frente por frente del polvorín, tomando el primero se dominaba éste. He aquí por qué se dio a los rifleros la orden de arremeter contra la casa donde se sabía que se hallaba Mora. El coronel Natzmer con el mayor O'Neal y el segundo de rifleros —nombre con que se designaba su fuerza no obstante hallarse entonces armada de fusiles— debía pasar a la extrema izquierda de la ciudad, amenazando así la derecha del enemigo y manteniéndose a distancia conveniente de Brewster. Machado tenía que pasar con la tropa del país por un camino que conduce a la plaza por el norte, a fin de ir a situarse a la derecha de Sanders. El coronel Fry debía quedar de reserva con sus compañías de infantería ligera.

Entre las dos y las tres de la mañana se formaron las diversas compañías y salieron hacia Rivas, sirviendo de guía el doctor J. L. Cole. Debido a la obscuridad de la noche, que no permitía ver el sendero, la marcha fue durante algún tiempo lenta e interrumpida por frecuentes paradas; pero al rayar el día y tomar la fuerza el camino de Potosí, echó a andar con celeridad y brío. El paso rápido pero firme de los soldados denotaba que su ánimo era bueno, y el polvo del camino, aunque denso y pesado, les incomodaba poco. El profundo silencio que reinaba en las filas expectantes, tan sólo lo interrumpía en voz baja alguno para solicitar de un compañero una gota de agua de su cantimplora, y nadie hacía caso de los ladridos de los perros, tan comunes en las chozas situadas al borde del camino, como no fuera para expresar a media voz la esperanza de que el ruido que metía el animal no sirviera para dar al enemigo aviso de la aproximación de la

---

[38] La casa en que se alojó el presidente Mora estaba situada a 200 varas al oeste de la plaza. N. del T.

fuerza. A poco de haber dejado atrás a Potosí, salió el sol con todo el esplendor de su cielo meridional. Eran cerca de las ocho cuando los americanos, desviándose hacia el lago, tomaron el camino que va de San Jorge a Rivas, a una milla de distancia más o menos de este último lugar.

A media milla cuando más de la entrada de la ciudad, Walker encontró unas placeras y éstas le dijeron que el enemigo ignoraba que estuviese tan cerca; habían salido de la plaza mayor unos pocos minutos antes y los costarricenses —los hermaniticos[39] como los llamaban aquellas mujeres de San Jorge— se encontraban tan descuidados e indiferentes como si estuviesen en su tierra. Se hizo una parada corta en las Cuatro Esquinas para dar tiempo a que llegase la retaguardia, y, cuando apareció ésta, las diversas secciones de la tropa recibieron orden de avanzar en la forma indicada la noche anterior.

Sanders, que iba a la vanguardia, arrolló a un pequeño piquete cerca de la entrada de la ciudad, y siguiendo a paso de carga penetró en la plaza mayor, lanzándose por la calle hacia el cuartel general de Mora. El enemigo, tomado de sorpresa, empezaba apenas a contestar el fuego de los rifleros, cuando éstos llegaron a donde estaba un cañoncito de bronce en la calle, más o menos a medio camino entre la plaza y el polvorín de los costarricenses. La tropa de Sanders, celebrando con gritos de júbilo la toma del cañón, lo llevó a la plaza; pero entretanto dio al enemigo tiempo de reponerse del primer susto y el fuego de los costarricenses se hizo nutrido. Brewster también había logrado que el enemigo despejase e lado de la plaza por donde entró, y yendo la compañía del capitán Anderson a la cabeza, empujaba su tropa hacia las casas ocupadas por los costarricenses; pero algunos buenos tiradores del enemigo, franceses y alemanes, se apoderaron de una torre situada frente a los rifleros y los molestaron tanto que al fin tuvieron que ponerse a cubierto[40]. Natzmer y O'Neal

---

[39] Apodo con que en Centro América se designa a los costarricenses. N. del T.

[40] Walker se refiere aquí a un fortín que fue ocupado por el capitán D. Victor Guardia al principio del combate. Ni allí ni en todo el ejército de Costa Rica habla tiradores franceses ni alemanes. Véase Historia de los Filibusteros por James Jeffrey Roche, versión castellana de Manuel Carazo Peralta, págs. 204 y 205. San José de Costa Rica, 1908. N. del T.

tomaron posesión de las casas situadas a la izquierda de Brewster y cumplían bien, teniendo su gente bien parapetada y haciendo un fuego nutrido y certero contra las filas enemigas. Pero Machado había caído con el mayor denuedo a la cabeza de sus soldados del país y éstos participaron poco en el combate después de su muerte.

De modo que pronto se apoderaron los americanos de la plaza principal y de todas las casas que la rodeaban, al paso que el enemigo se encerró en los edificios situados en la parte occidental de la ciudad, haciendo un fuego irregular desde las puertas y ventanas, lo mismo que por las aspilleras abiertas de prisa en las paredes de adobes. En cuanto a los americanos, después de que pasó el primer entusiasmo del ataque, fue imposible hacerlos asaltar las casas en que los costarricenses se ocultaban para guarecerse del fuego mortífero de los rifleros. Muchos de los soldados, extenuados por la primera carga, arrimaban sus fusiles a la pared, dejándose caer en el suelo, y era difícil hacerlos entrar en acción. Cuando acudió el coronel Fry con su reserva, se procuró que diese una carga en la calle hacia la casa ocupada por Mora; pero Fry y luego Kewen —quien se portó valientemente en la jornada como ayudante voluntario— trataron en vano de llevar los soldados al ataque. El desaliento de las compañías extenuadas por la primera embestida repercutió en la tropa de refresco y fue imposible conseguir que ninguno de los elementos de la fuerza repitiese el ataque con el vigor desplegado al principio.

Los pocos batidores que mandaba el capitán Waters habían echado pie a tierra al iniciarse el combate, tomando parte en él. El joven Gillis, impetuoso teniente de Waters, había caído ya; entretanto este capitán se había adueñado de la torre de la iglesia situada en el costado oriental de la plaza y podía observar desde allí con provecho los movimientos del enemigo y molestarlo con sus rifles. Algunos de los soldados de Sanders estaban asimismo apostados en los techos de las casas, al oeste de la plaza, y desde allí hacían daño; pero pronto se vio claramente que se necesitarían días para desalojar a los costarricenses de las casas que ocuparon pasada la primera sorpresa, sobre todo no contando con artillería la fuerza nicaragüense y teniendo que depender del pico y de la barra para abrirse paso por entre las gruesas paredes de adobes de la ciudad. Era evidente que Mora estaba en grandes aprietos, porque varias veces, durante el día, se vieron entrar en Rivas tropas costarricenses traídas de San Juan y de La Virgen. El presidente concentró todas las fuerzas que tenía en el departamento para repeler a los americanos.

Pero al ver el enemigo que los nicaragüenses no avanzaban, tomó la ofensiva y se propuso penetrar en una casa, al costado norte de la plaza, desde la cual podía dirigir un fuego mortífero contra el flanco americano. Este movimiento lo impidió el teniente Gay con otros, principalmente oficiales, que se prestaron a ello voluntariamente. La bizarría de los compañeros de Gay se parece más en espíritu a la de los caballeros de los tiempos del feudalismo, que a la de oficiales y soldados de los ejércitos regulares. Entre los que acompañaron al joven teniente figuraban el mayor Rogers, del servicio de la proveeduría; el capitán N. C. Breckenridge y el capitán Huston. Nadie pensó en grados; cada cual avanzó revólver en mano, dispuesto a hacer en la refriega el papel de un hombre de verdad. No eran más de una docena los que salieron a desalojar a más de cien, y la carga barrió completamente al enemigo. Gay y Huston cayeron muertos y Breckenridge salió ligeramente herido en la cabeza; pero los restantes regresaron ilesos.

Durante la tarde el enemigo incendió algunas de las casas ocupadas por los americanos, y el fuego que hacía desde una torre situada frente a la tropa mandada por Brewster dificultó algún tanto las comunicaciones entre los costados oriental y occidental de la plaza. Al acercarse la noche decayó el fuego de ambas partes, agotadas al parecer por la excitación y la lucha sostenida durante el día. Entretanto Walker estaba preparando la retirada y cuando obscureció se llevaron los heridos y los impedidos a la iglesia situada al oriente de la plaza. Enseguida se reconcentraron poco a poco en el mismo punto las compañías, quedándose algunos soldados en las casas que ardían para impedir que el enemigo estorbase el movimiento de los americanos. Los médicos examinaron a los heridos, y los que lo estaban de muerte se dejaron en la iglesia cerca del altar mayor; a los demás se les dieron caballos para la marcha.

Don Juan Rafael Mora Fernández

Era más de la medianoche cuando todo estuvo listo, y la fuerza salió de la ciudad despacio y en silencio, llevando a los heridos en el centro. El mayor Brewster mandaba la retaguardia.

Poco después de rayar el día la pequeña fuerza, rendida de fatiga y despeada, astrosa pero resuelta, atravesó el río Gil González cerca del Obraje e hizo alto para tomar un breve descanso. El guía, doctor Cole, y Macdonald, que fue a Rivas en calidad de voluntario, faltaban, no obstante haber salido de Rivas con la fuerza; tampoco parecía por ninguna parte el capitán Norvell Walker[41]. La retaguardia había estado bien mandada por Brewster, cuya sangre fría y entereza contribuyeron mucho a mantener el orden que caracterizó la marcha. Hasta que los americanos llegaron algunas millas más allá del río Gil González, el capitán Walker, que venía solo, no dio alcance a la retaguardia, demostrando con el relato de su ausencia que ésta no se debía a descuido de aquélla en lo de recoger a los rezagados. Habíase quedado dormido en la torre de la iglesia de la plaza principal de Rivas, y no despertando hasta el amanecer, se sorprendió de verse solo en una ciudad ocupada por el enemigo; pero hasta el momento en que salió, los costarricenses no habían notado la retirada de los americanos. Así pudo escapar y ponerse a salvo. Cole y Macdonald, rendidos de fatiga, se metieron por una vereda que pasaba cerca de Rivas para descansar. Viéndose separados de la fuerza nicaragüense solicitaron y obtuvieron refugio en la morada de un pobre hombre del país, que los tuvo escondidos durante una semana cerca de San Jorge. No se les volvió a ver en Granada hasta diez días después del combate.

En la noche del 12 el campamento estaba de nuevo en la margen del Ochomogo. Se mandó al coronel Natzmer que se adelantase hasta Granada, con orden de hacer venir a Nandaime todos los caballos y mulas disponibles, así como algunas provisiones, y a eso del mediodía del 13 la fuerza llegó a este pueblo, donde el ayudante general dio el primer informe sobre las bajas habidas en Rivas. Según este informe oficial hubo 58 muertos, 62 heridos y 13 desaparecidos. La mayor parte de los últimos regresó; de suerte que la pérdida total puede calcularse en 120 hombres[42]. Los oficiales muertos y heridos fueron muchos en proporción. Entre los primeros estaban los capitanes Huston, Clinton, Horrell y Linton; los tenientes Morgan, Stoll, Gay, Doyle, Gillis y Winters; entre los últimos, los capitanes Cook, Gaycee y Anderson; los tenientes Gist, Jones, Jamieson, Leonard, Potter, Ayers, Latimer, Dolan y Anderson. Es difícil determinar las bajas del enemigo, porque los centroamericanos nunca las declaran con exactitud ni a sus mismos jefes; pero es probable que quedaran cerca

---

[41] Hermano menor de William Walker. N. del T.

[42] Hay buenas razones para creer que las bajas de Walker superaron al número de 120 consignado aquí. El mismo dice que salió de Granada con 550 hombres y, según testimonios fidedignos de la época, regresó con sólo 300. N. del T.

de seiscientos costarricenses fuera de combate: doscientos muertos y cuatrocientos heridos. Al empezar la lucha eran más de tres mil y sus bajas pueden calcularse por el número de los heridos que después se llevaron de Nicaragua.

De Nandaime a Granada la marcha fue larga y fatigosa a pesar de los nuevos medios de transporte. De modo que cuando las destrozadas fuerzas de la República entraron en la capital era ya más de la medianoche. Sin embargo, los amigos del gobierno en Granada estaban levantados para recibir a las tropas con toda clase de demostraciones de respeto y confianza. Las campanas repicaron alegremente, se dispararon cohetes y todos se mostraban agradecidos por los servicios que el ejército acababa de prestar al país. Aun cuando los americanos no lograron sacar a los costarricenses de Rivas, les habían asestado un golpe que los paralizaba. A Mora le sorprendió lo súbito y fuerte del ataque, y la vista de los hospitales de Rivas, repletos de heridos, abatió el ánimo de sus soldados novicios en los quebrantos y sufrimientos de la guerra. Los habitantes del departamento Meridional, así como los del Oriental, viendo que los americanos no se intimidaban con el número de las tropas traídas contra ellos, recobraron la confianza ya un tanto perdida desde el desastre de Santa Rosa.

A la vez que Mora penetró en el departamento Meridional, una columna de 250 costarricenses fue enviada al río Sarapiquí para cortar las comunicaciones de Walker por el río de San Juan. El capitán Baldwin, oficial acucioso e inteligente, se hallaba en la punta de Hipp cuando supo que el enemigo estaba abriendo un camino para salir al río. No esperó su llegada, sino que se fue aguas arriba del Sarapiquí y atacó vigorosamente a los costarricenses que venían abriendo el camino y los rechazó, causándoles muchas bajas y poniéndolos en sumo desorden. En cuanto a él tuvo un muerto, el teniente Rakestraw, y dos heridos. El enemigo dejó más de veinte muertos en el campo. Este combate del Sarapiquí fue el 10 de abril y los costarricenses en derrota no pararon en su fuga hasta San José[43].

---

[43] Walker se refiere aquí al combate del Sardinal, en que según el parte firmado el mismo 10 de abril de 1856 en El Muelle de Sarapiquí por el teniente coronel D. Rafael Orozco, tuvo la fuerza costarricense un solo muerto y 10 heridos, uno de los

Tan pronto como llegó a Granada, el general en jefe envió al presidente, que estaba en León, un parte circunstanciado del combate de Rivas, y uno o dos días después mandó a Mr. Fabens con cartas para D. Patricio, insinuándole el nombramiento del padre Vigil para ministro en los Estados Unidos. A la carta relativa al combate con los costarricenses contestó el presidente dando las gracias al ejército, en nombre de la República, por el valor y buen comportamiento que había mostrado en el ataque contra los invasores de Nicaragua; y Mr. Fabens trajo a su regreso las credenciales e instrucciones del padre Vigil como ministro. Este se alistó en el acto para irse a San Juan del Norte con Mr. John P. Heiss. El sacerdote consintió en dejar su cómoda casa de los trópicos para ir a explicar debidamente al gabinete de Washington la índole de los sucesos que estaban ocurriendo en Centro América.

Mientras el grueso del ejército andaba en la expedición a Rivas, Schlessinger había quedado en Granada bajo su palabra. Tuvo la oportunidad de reconquistar hasta cierto punto su perdida reputación, marchando voluntariamente con los americanos contra el enemigo; pero no la quiso aprovechar; al contrario, se quedó para cubrirse de mayor infamia, si era posible, añadiendo el crimen de deserción a los que ya había cometido. El consejo de guerra lo declaró culpable de todos los cargos que se le hicieron y fue condenado a morir fusilado con publicación de la sentencia en todo el mundo civilizado. Más tarde ingresó en un cuerpo de legitimistas que peleaba contra los americanos y en el seno de semejante sociedad zozobró, permitiendo que le tratasen con mayor desprecio que al último soldado, aun de los de un ejército centroamericano. Ahora ha caído tan bajo que sería un acto indigno ejecutar en él la sentencia de un tribunal honorable.

Después del regreso de los americanos a Granada, un enemigo más cruel y maligno que los costarricenses empezó a hacer estragos en sus filas debilitadas. La fiebre, que ya se había llevado a muchos, reapareció con carácter más grave aún. El mayor Brewster fue una de

cuales fue el general D. Florentino Alfaro que la mandaba. Los filibusteros se retiraron a la punta Hipp, o La Trinidad y los costarricenses al Muelle de Sarapiquí. El encuentro del Sardinal fue de poca importancia y ambos adversarios se atribuyeron la victoria. N. del T.

sus primeras víctimas y pocas pérdidas podían ser tan lamentables como la suya. Poseía esa bravura tranquila que no se altera ante ningún peligro, y en los momentos de prueba y de infortunio era cuando podía saberse todo lo que valía. La pérdida de oficiales que morían precisamente cuando empezaban a formarse y a dar a conocer su carácter y sus méritos, impidió a la fuerza americana adquirir la disciplina y sólida virtud que pudo haber alcanzado. Tanto a principios como a fines de la guerra de Nicaragua, los oficiales que ambicionaban aprender su profesión, los acuciosos en el cumplimiento de su deber, eran los más inclinados a buscar el peligro y por consiguiente los más expuestos a sucumbir bajo las balas del enemigo; y a veces parecía que la enfermedad se cebara también en ellos con mayor saña que en otros a quienes trataba mejor.

Pero empezaron a llegar otros para substituir a los que se llevaba la guerra o la enfermedad. En la mañana del 21 de abril arribó el vapor a Granada con unos doscientos hombres a cargo del general Hornsby, que había ido a negocios a los Estados Unidos. Como los americanos habían sido reorganizados después del 13 en dos batallones, uno de rifleros y otro de infantería ligera, se formó con los nuevos reclutas un segundo batallón de infantería, del cual Leonidas Mcintosh era el mayor y James Walker y James Mullen, capitanes. Más de veinte hombres habían venido de su propia cuenta a Granada; se les enroló por cuatro meses y se les puso en el cuerpo de batidores mandado por el capitán Davenport. Este refuerzo reanimó por supuesto a los veteranos; porque algunos de ellos, si se consideran los servicios que habían prestado ya, podían llamarse con justicia así; y después de la llegada de los reclutas, todos estaban tan ansiosos como nunca de marchar contra el enemigo que se encontraba en Rivas.

Y al paso que aumentaba la fuerza nicaragüense, la de Costa Rica se consumía rápidamente, minada por los dos cánceres del cólera y de la deserción.

Cuando los americanos se retiraron de Rivas, los costarricenses, a quienes estorbaba el gran número de sus muertos, en vez de enterrarlos, los echaron en los pozos de la ciudad[44]. Su servicio

---

[44] Lo que Walker dice aquí no sólo es falso, sino exactamente lo contrario de lo que sucedió. Los filibusteros fueron quienes echaron los cadáveres de sus compañeros

sanitario era deficiente, y como los hospitales estaban repletos y mal regidos, las heridas enconadas de los pacientes habrían causado alguna plaga, aun sin la aparición del cólera. La epidemia que empezó a brotar en su campo, poco después del 11 de abril, era probablemente el mismo colerín que atacó a los demócratas en San Juan del Sur el año anterior y a los americanos en La Virgen. Los calambres producidos por la dolencia en esta forma no son tan violentos como los del cólera asiático, ni el paciente sucumbe con tanta rapidez. Sus mortales efectos eran mayores en el campo costarricense por el abatimiento general que reinaba en los oficiales y la tropa, al ver los resultados del primer conflicto con el enemigo que habían venido a expulsar de Centro América con fáciles marchas y la sola fuerza del número, como se lo imaginaron.

Pronto supo Walker por las gentes de San Jorge la situación del campo costarricense. Lejos de recibir reclutas nicaragüenses, todos huían de la ciudad apestada. Tan pronto como se retiraron los americanos, Mora se puso a hacer trincheras, y sólo esto denunciaba el temor de otro ataque; pero al sobrevenir el cólera y la deserción, el invasor perdió la esperanza de mantenerse en sus posiciones, aun al amparo de los adobes de Rivas. Tampoco podían los oficiales costarricenses ocultar a sus soldados el hecho de que los americanos estaban recibiendo refuerzos. El temor de un ataque vino a aumentar el desaliento y cada día las víctimas de la peste eran para ésta una presa más fácil. También corrían vagos rumores de movimientos en Costa Rica contra el gobierno de los Moras. El pueblo, empezando a sentir el peso de la guerra, preguntaba por qué se hacía, y al partido que durante años habían mantenido proscripto de los asuntos públicos, se le oyó levantar la voz contra la guerra injusta que un presidente ambicioso estaba haciendo para aumentar su poder personal. Don Juan Rafael Mora vio que tenía que salir de Rivas y volver a San José. Por esta razón puso a su cuñado el general José María Cañas al frente del ejército, con orden de hacerlo regresar a Costa Rica, y el atribulado presidente montó a caballo y se fue por el camino del Guanacaste casi solo.

---

en los pozos de Rivas. El ejército de Costa Rica quedó dueño del campo de batalla y enterró los suyos el 12 de abril. N. del T.

No entraba en el plan del general nicaragüense malgastar sus fuerzas contra un ejército que otras causas estaban destruyendo eficazmente. Por lo tanto, no se movió de Granada hasta no saber que los costarricenses se preparaban para abandonar a Rivas. Entonces puso los batallones de rifleros y de infantería ligera a bordo del vapor del lago y se fue con ellos a La Virgen. Desembarcaron éstos tan de prisa como lo permitió el estado ruinoso y carbonizado del muelle, y se les dio la orden de avanzar por el camino del Tránsito hacia San Juan del Sur; pero la tropa no había caminado una legua cuando llegó a caballo un mensajero sin resuello con la noticia de que Cañas iba ya marchando rápida y desordenadamente hacia el río de la Flor. Al propio tiempo traía una carta dirigida a "William Walker, general en jefe del ejército nicaragüense", firmada por "José María Cañas, general en jefe del ejército costarricense", y concebida en los siguientes términos:

"Forzado a abandonar la plaza de Rivas por la aparición del cólera en la forma más alarmante, me veo en la necesidad de dejar aquí enfermos que no pueden ser transportados sin poner sus vidas en peligro. Espero de la generosidad de usted que serán tratados con todas las atenciones y el cuidado que su situación exige. Invoco las leyes de la humanidad en favor de estos desgraciados, víctimas de una espantosa calamidad, y tengo la honra de proponerle canjearlos, cuando se restablezcan, por más de veinte prisioneros que están en poder nuestro y cuyos nombres le enviaré en una lista detallada para hacer el canje. Creyendo que esta proposición será aceptada, de acuerdo con las leyes de la guerra, tengo el honor de suscribirme, con sentimientos de la más alta consideración, su atento servidor".

Está por demás decir que los cirujanos recibieron inmediatamente la orden de hacerse cargo de los enfermos del enemigo dondequiera que se encontrasen.

Así fue como terminó el primer acto de la guerra de exterminio. Si el jefe nicaragüense hubiera sido un hombre orgulloso o capaz de gozarse en la humillación de un enemigo, se le habría podido perdonar que sintiese algún deleite al recibir la carta de Cañas. El enemigo que no hacía dos meses había declarado la guerra a los «filibusteros», ordenando que todos los que se tomasen con las armas en las manos fueran fusilados, venía ahora a suplicar al comandante en jefe del ejército nicaragüense que perdonase la vida a los soldados enfermos que quedaban en Rivas. Las víctimas del consejo de guerra asesino de Santa Rosa, los bayonetazos dados a los prisioneros heridos que se encontraron cerca del altar mayor de la iglesia de Rivas, los insultos hechos a los cadáveres de los que el 11 de abril ofrendaron sus vidas en aras de un país que sólo por adopción era su patria, debían ser vengados perdonando, curando y atendiendo a los enfermos y heridos de los mismos autores de tales maldades. Esta era una venganza de que los americanos podían sentirse orgullosos y no indigna de la causa que invocaban ni de la raza a que pertenecen.

Apenas es necesario seguir a los costarricenses en su triste y funesta marcha de San Juan a San José. El sendero que conduce al río de la Flor estaba obstruido por los cadáveres de los rezagados que habían caído al ser atacados por los calambres fatales que no les permitieron volver a juntarse con sus compañeros. No cesó el flagelo de perseguirlos en el territorio del Guanacaste. Los fue acosando hasta San José y su obra de destrucción resultó tan buena que de la bizarra hueste que había salido a exterminar a los "filibusteros", no pasaron de quinientos los que volvieron a la capital de la República. Enseguida, apartándose la peste del ejército al cual había devorado casi todo, buscó sus víctimas en las familias pacíficas del país. Jóvenes y viejos, mujeres y niños sucumbieron a la enfermedad y algunos calculan en catorce mil los que de ella murieron; pero es probable que el cálculo más moderado de diez mil abarque la pérdida total sufrida por la población del país.

Cuando los costarricenses ocupaban a Rivas se dijo que los legitimistas estaban tratando de levantar gente en el distrito de Chontales y en los departamentos de Matagalpa y Segovia. Se mandó a Goicouría con la compañía del capitán Raymond a los cerros de Chontales, y habiendo encontrado en Acoyapa una pequeña partida de los antiguos granadinos, la dispersó en un abrir y cerrar de ojos. Atravesando luego la mayor parte del distrito, regresó a Granada para informar que todo estaba tranquilo del otro lado del lago. Valle, gobernador militar de Segovia, pronto dispersó a los legitimistas que trataron de hacer un movimiento cerca de Somoto Grande; a la vez, Mariano Salazar, enviado por el gobierno a Matagalpa en calidad de comisionado, pacificó a los indios de aquel distrito, regresando luego a León con su tropa. De manera que en pocas semanas fueron restablecidos el orden y la tranquilidad en toda la República y el gobierno provisional era obedecido en toda ella.

En el departamento Meridional hubo que hacer algunos escarmientos con legitimistas que vinieron del Guanacaste con los costarricenses para invadir a la República. Uno de los principales fue el de Francisco Ugarte, que había sido casado con una hermana de la mujer del Dr. Cole. El general en jefe supo que Ugarte se había quedado en el departamento después de la partida del enemigo, y un piquete enviado en su busca lo encontró y lo trajo al cuartel general. Fue juzgado por un tribunal militar que lo condenó a morir ahorcado. Por ser esta forma de castigo para tales delitos desusada en el país —se echaba mano del fusilamiento en vez de la horca—, la ejecución de Ugarte impresionó profundamente al pueblo, inspirando un miedo saludable a la justicia americana entre los conspiradores legitimistas. Como entre Ugarte y sus deudos había habido algunas cuestiones relativas a la tutoría de sus hijos, así como tocante a la administración de los bienes de su esposa, la generalidad de las gentes del país atribuyó el arresto del criminal a informes dados por su cuñado el Dr. Cole; y el hecho de haber prevalecido esta sospecha, indica que no extrañaban que la adhesión a un partido o la supuesta devoción al interés público, sirviesen de careta para saciar odios de familia o pasiones personales.

Durante dos o tres semanas después de haber partido Cañas de Rivas, el grueso de la tropa americana estuvo en La Virgen, desde donde constantemente se mandaban destacamentos a diferentes partes del departamento para volver a inspirar confianza en la solidez del gobierno de D. Patricio Rivas. La fiebre hacía estragos en Granada, llevándose a muchos de los recién llegados al país. Al cabo de algunos días apareció también el colerín en La Virgen y a muchos mató allí. Los americanos residentes en el país y los soldados no fueron las únicas víctimas de la fiebre y del cólera o colerín en aquel entonces. Como los propietarios del Tránsito no habían hecho los arreglos convenientes respecto a su línea de vapores, los pasajeros para California que habían venido a San Juan del Norte en abril tuvieron que quedarse en Nicaragua un mes entero. Muchos de ellos, que carecían de recursos y llevaban una vida desarreglada, no tardaron en pagar su tributo a la fiebre reinante en Granada, y los informes dados por ellos acerca del país, al cual llegaron desprovistos de todas las comodidades de la civilización, impidieron que muchos otros viniesen a él. Hasta el 19 de mayo no llegó el vapor a San Juan del Sur, permitiendo a estos pasajeros que sufrían irse a San Francisco.

Pero a pesar de la enfermedad reinante entre los americanos, éstos tenían buen ánimo y grandes esperanzas. Para el observador superficial los elementos políticos parecían estar más tranquilos que nunca a partir del día en que se firmó el tratado del 23 de octubre. El pueblo bajo, con su robusto instinto religioso, creía que la Providencia había enviado el cólera para expulsar a los costarricenses del territorio de Nicaragua. Los americanos, con esa fe que tienen en sí mismos y que los ha llevado de un océano al otro en un período maravillosamente corto, ya consideraban su establecimiento en Nicaragua a salvo de contingencias; pero al que sabe que los grandes cambios en los Estados y las sociedades no se hacen sin larga y ardua labor, podía parecerle que las dificultades de los americanos en Nicaragua tan sólo estaban comenzando.

Destruir una vieja organización política es tarea relativamente fácil y para realizarla poco se requiere además de la fuerza; pero edificar y reconstruir una sociedad, reunir los materiales tomándolos de todas partes y fabricar con ellos un todo armónico y adecuado a las costumbres de una nueva civilización, exige más que fuerza y aún más que genio para hacer el trabajo, así como agentes para completarlo. Para tener buen éxito se necesita tiempo y paciencia, tanto como pericia y trabajo, y los que emprenden la obra deben hallarse dispuestos a consagrarle su vida.

Había a la sazón en Nicaragua un hombre, por lo menos, que vio que la senda por donde caminaban los americanos estaba erizada de espinas aún en aquel momento. Edmund Randolph, quien desde principios de abril estaba en el departamento Occidental, vino a La Virgen a tomar un pasaje para Nueva York. Durante su permanencia en León y El Realejo estuvo muy enfermo y una vez casi a punto de morir de una afección al hígado; pero en los intervalos de su penosa dolencia, su ojo penetrante vio que había mar de fondo en los asuntos del gobierno provisional. El 20 de mayo, momentos antes de salir para San Juan del Norte, le dijo a Walker que algo andaba mal en León;

pero que por haber estado en la cama no había podido averiguar con certeza la índole del mal.

No faltaban otros hechos en apoyo del informe de Randolph. Uno o dos días antes de evacuar los costarricenses a Rivas fue traído a Granada un correo procedente de León y se le encontraron cartas dirigidas a Su Excelencia D. Juan Rafael Mora. Al abrirlas, Walker se sorprendió de verlas firmadas por Patricio Rivas, y una de ellas era una comunicación oficial del gobierno en que éste manifestaba el deseo de enviar un comisionado para tratar de la paz. No es necesario decir que el general en jefe, bien enterado de que Mora estaba a punto de abandonar la ciudad de Rivas, detuvo el correo y las cartas. En las que a Walker escribía desde León el presidente provisional, no le dijo éste nada durante algunos días sobre dichas comunicaciones con el enemigo, y el hecho de haber escrito a Mora esas cartas, sin consultar con el general en jefe, era sospechoso.

Resultaba pues de suma importancia para los americanos averiguar cómo andaban las cosas en León, y tan pronto como fue despachado el correo para California y los Estados del Atlántico, resolvió Walker trasladarse al departamento Occidental. Los sucesos que tuvieron lugar en León a consecuencia de esta visita constituyen una nueva fase de la guerra de Nicaragua.

CAPÍTULO VII: La defección de Rivas

Uno de los objetos confesados por Jerez al manifestar el deseo de que el presidente provisional se trasladase a León, era establecer relaciones amistosas con los Estados del norte y particularmente con San Salvador. Así fue que aun desde antes de salir D. Patricio Rivas de Granada se enviaron comisionados a Cojutepeque para explicar al gabinete salvadoreño lo que pasaba en Nicaragua; pero los comisionados fueron recibidos con frialdad y el 7 de mayo el gobierno de San Salvador mandó una comunicación al presidente provisional. En ella declaraba que la presencia de los americanos en Nicaragua era una amenaza para la independencia de Centro América. El tono de esta nota era tan insolente que D. Patricio Rivas se negó a darle respuesta; sin embargo, después de saberse en Cojutepeque la retirada de los costarricenses de la ciudad de Rivas, las noticias de San Salvador se hicieron más pacíficas; pero no tardó en llegar la de que Guatemala estaba alistando tropas para marchar contra Nicaragua. Tan frecuentes y circunstanciados llegaron a ser los informes recibidos a este respecto, que el 3 de junio publicó Rivas un manifiesto dirigido al pueblo, en que declaraba que las tropas de Carrera venían marchando sobre el país y llamaba a las armas a todos sus habitantes.

Walker, acompañado del teniente coronel Anderson al frente de doscientos rifleros y del capitán Waters con dos compañías de batidores, salió el 31 de mayo de Granada para León. El general Goicouría, que se imaginaba entender el carácter de los hijos del país por cuanto hablaba el español, se agregó al general en jefe en su excursión al norte. No lejos de Masaya se encontraron con don Mariano Salazar, el cual venía a enterar a Walker de que los informes procedentes de Guatemala eran auténticos y a exponerle la necesidad de que una parte de la fuerza americana protegiese la frontera del norte. Salazar dijo que las gentes del departamento Occidental eran sumamente hostiles a las tropas de Carrera, pudiéndose tener confianza en que se opondrían a su penetración en el Estado; pero que como se decía que las fuerzas guatemaltecas eran numerosas y estaban bien organizadas, había necesidad de algunos de los rifleros en León para hacerles frente.

Walker llegó a León el 4 de junio y fue recibido con el mayor entusiasmo. A la entrada de la ciudad vinieron a encontrarle todos los altos funcionarios del gobierno y del departamento. Las calles por donde pasó estaban repletas de gentes que daban a gritos la bienvenida a sus libertadores, como llamaban a los americanos; en las puertas y ventanas de las casas se apiñaban las mujeres vestidas de todos los colores del arco iris. Se había preparado una fiesta para la ocasión; pero antes de sentarse a la mesa fue llamado el general en jefe al patio de la casa donde se alojaba, y allí encontró reunidas mujeres de todas edades y clases para darle las gracias por haber protegido los americanos sus hogares. Por la noche vinieron músicos a cantar canciones en alabanza del valor americano, y los versificadores de la localidad, que no eran pocos, prodigaron los sonoros versos castellanos para glorificar a los extranjeros que habían libertado a Nicaragua de la opresión de sus enemigos. Todos parecían rivalizar en sus demostraciones de respeto y benevolencia para con los rifleros y los batidores.

Pero en medio de la alegría general era fácil ver que algunos de los hombres del gobierno no estaban contentos por el entusiasmo que mostraba el pueblo. El semblante de Jerez estaba nublado y él se veía inquieto y nervioso; Rivas tampoco parecía tan despreocupado como antes en presencia de Walker. La actitud amenazadora de San Salvador y el rumor del avance de las tropas de Carrera tenían alarmado al presidente, y a las claras se veía que Jerez no procuraba calmar sus temores. Poco después de haber llegado Walker a León, le dijo Rivas que el gabinete de Cojutepeque había propuesto reducir a doscientos hombres la fuerza americana al servicio de Nicaragua, insinuando que si se aceptaba esta proposición entablaría relaciones con el gobierno provisional. El modo como habló Rivas del asunto indicaba que no era contrario al plan; pero la respuesta dada por Walker de que semejante proposición no podía ser considerada mientras no estuviese el Estado en condiciones de pagar lo que debía a los que despidiese, hizo ver al presidente que no podía contar con la colaboración del general en jefe para la política sugerida por San Salvador.

En abril se había convocado al pueblo para elegir presidente, senadores y diputados. En el mes de mayo hubo elecciones en varios distritos del Estado en diversas fechas; pero fueron tales las irregularidades cometidas y la situación de la República era tan revuelta, que todos los partidos consideraron estas elecciones como nulas. Se hizo poco o ningún caso de ellas, y como ya se había restablecido la tranquilidad en todo el país, se estaba tratando de la conveniencia de decretar nuevas elecciones cuando Walker salió de Granada para León. La mayor parte de las votaciones de mayo se efectuaron en el departamento Occidental y favorecieron a Jerez, Rivas y Salazar. Alarmados los granadinos por este motivo y temerosos de que el asiento del gobierno pudiera fijarse de modo permanente en León, hablaban de Walker como de la persona llamada a ocupar la presidencia mientras la República estuviese amenazada de invasión por los Estados limítrofes.

Al llegar a León el general en jefe, se volvió a discutir el asunto y éste vio con sorpresa que el presidente y Jerez, que habían insistido algunas semanas antes en hacer elecciones, se manifestaban ahora hostiles a la medida. El único ministro que parecía serle enteramente favorable era D. Sebastián Salinas, quien a la sazón desempeñaba la cartera de Relaciones Exteriores. Walker instó al presidente para que hiciese la convocatoria, porque veía a D. Patricio amedrentado por el aspecto que presentaban las cosas en el norte y no se podía tener confianza en verlo hacer frente a la coalición que se preparaba contra Nicaragua. Por esto creía Walker más prudente hacer las elecciones cuando el país se encontraba relativamente tranquilo y antes de que pesara sobre él una amenaza más seria.

Cuando se estaba discutiendo este decreto llegó a León la noticia de que el gobierno de los Estados Unidos había recibido al padre Vigil en calidad de ministro de Nicaragua. Se anunció al propio tiempo haber llegado a Granada el coronel Jaquess con unos ciento ochenta hombres. Andando el tiempo será tal vez necesario considerar de qué modo fue recibido Vigil y los motivos de su recepción. Por el momento tan sólo se consigna el hecho para hacer ver el efecto que tuvo en las deliberaciones habidas en León. Fortaleció, por supuesto, la influencia americana en Nicaragua, y a la vez que tendía a hacer más remota la perspectiva de hostilidades de parte de San Salvador, vino a suministrar una nueva razón para establecer el gobierno sobre una base firme, apelando a la voluntad popular; además, por venir acompañado de un aumento de la tropa americana, dio mayor fuerza a los partidarios de la convocatoria.

Ocurrieron entretanto varios sucesos que hicieron ver lo desafectos que eran a los americanos algunos de los hombres principales. Don Mariano Salazar, según lo averiguó Walker después de llegar a León, había vendido al gobierno una cantidad de palo brasil de su pertenencia en condiciones ventajosas para él, Salazar, y que tendían a disminuir las entradas de la aduana de El Realejo. En las circunstancias del momento, el Estado tenía necesidad hasta del último centavo de sus rentas que se pudiera colectar. Por lo tanto, era vituperable que un amigo del gobierno, y particularmente un militar, especulase con las necesidades de la República. Con arreglo a las ordenanzas del ejército, derivadas de las antiguas leyes españolas, no era permitido a un oficial contratar con el Estado sin permiso del general en jefe. Por consiguiente, Walker, para censurar el acto de Salazar, le arrestó en su casa durante algunas horas. Varias personas importantes de la ciudad vinieron a interceder por él durante el corto tiempo de su arresto y procuraban excusarle diciendo que lo hecho por Salazar no era insólito en el país; y era fácil ver que no eran en absoluto favorables a una autoridad que aspiraba a proteger al Estado contra los contratistas y especuladores.

El domingo siguiente a la llegada a León propuso Goicouría reunir a los principales vecinos de la ciudad para conversar libremente con ellos sobre la situación. Goicouría se dejaba llevar constantemente por la ilusión de conocer a los hijos del país, siendo así que siempre estimaba en menos las capacidades de los caudillos y las virtudes del pueblo; pero reunió políticos conspicuos pronunciándoles un discurso lleno de divagaciones acerca de sus ideas —que eran de las más ramplonas— sobre la manera de reorganizar el país. Tocó el punto de la autoridad eclesiástica diciendo que se ocurriese al Papa para el nombramiento de un obispo independiente del metropolitano de Guatemala. La insinuación en sí misma era muy inocente; pero D. José Guerrero, intrigante astuto que cuando fue director de la República hizo una revolución contra su propio gobierno para tener el pretexto de quedarse en el poder, la tergiversó de tal modo que en seguida dijeron por toda la ciudad que los americanos pretendían segregar a Nicaragua de la jurisdicción de la Sede romana. Goicouría abrigaba la esperanza de excitar la ambición del alto clero haciendo brillar ante sus ojos la mitra y el báculo; pero un político más hábil logró devolverle la pelota en detrimento suyo. El hecho es que los naturales del país malquerían a Goicouría porque lo tomaban por español, y los extranjeros a quienes más odian los nicaragüenses son los españoles. No es necesario decir que el general en jefe nada supo de la insinuación de Goicouría hasta después de haberla hecho. Su política había sido siempre la de dejar que la Iglesia manejase sus asuntos con toda libertad; pero fue cosa fácil para los descontentos presentar el discurso de Goicouría como inspirado por su jefe, y las noticias que circularon acerca de esta reunión tonta hicieron ver a Walker que en León muchos estaban deseosos de excitar las pasiones y los prejuicios populares contra los americanos.

Además, los que le eran leales a toda prueba decían diariamente al general en jefe que ciertas influencias trabajaban para destruir la confianza del pueblo en los nicaragüenses naturalizados. Valle, al cual trataban con bastante altivez los caudillos educados por cuanto no sabía leer ni escribir, se empeñaba en que no debía darse crédito a las protestas de amistad de muchos que debían sus empleos al general en jefe.

Don Nazario Escoto, sucesor de Castellón en el gobierno provisional antes de firmarse el tratado de paz, dijo también que no se debía tener confianza en la lealtad de las personas que a la sazón ejercían el gobierno. En realidad, todo tendía a demostrar que, en caso de ser invadida Nicaragua por San Salvador y Guatemala, el mecanismo gubernativo creado por los americanos podía volverse contra ellos. Resultaba, pues, que salvo llevándose a Rivas en calidad de prisionero—lo que por el mismo hecho habría restado a su gobierno toda fuerza moral—, era preciso, para el bienestar de los americanos, hacer nuevas elecciones.

Por último y después de mucho deliberar se redactó en consejo de ministros el decreto convocando inmediatamente a elecciones, que fue firmado el 10 de junio. Walker se proponía salir para Granada temprano de la mañana del 11. En la tarde anterior a su partida lo visitó Jerez varias veces; se mostraba inquieto y nervioso, cosa no insólita en él. Llegó tres o cuatro veces en el término de otras tantas horas y conversó mucho con el general en jefe del envío de un nuevo ministro a los Estados Unidos, por creerse que el padre Vigil preferiría regresar a Nicaragua. Al mismo Jerez se le había hablado del puesto y Walker le dijo que si lo deseaba se le podría tocar el asunto a D. Patricio para que apresurase el nombramiento. El ministro Jerez observó entonces: "De modo que mi viaje a los Estados Unidos es ya cosa resuelta"; pero lo dijo en un tono tal que parecía insinuar que esto pudiera ser un pretexto para deshacerse de él. La respuesta inmediata fue que sólo en el caso de ser ése su deseo se insistiría en su nombramiento. Este incidente pone de manifiesto el carácter de Jerez y las influencias que obraban en el ánimo dócil de Rivas.

Temprano de la mañana del 11 salió Walker de León escoltado por los batidores, dejando en la ciudad los rifleros de Anderson con el coronel Natzmer. El presidente y muchos vecinos principales del departamento le acompañaron en su viaje durante varias millas. Al despedirse, D. Patricio abrazó afectuosamente al general en jefe, diciendo con lágrimas en los ojos que en cualquier emergencia se podía contar con él. A pesar de su arresto, Salazar formaba también parte de la comitiva; pero Jerez brilló por su ausencia. Todos saludaron cordialmente al general y éste siguió para Managua, donde pasó la noche, llegando al siguiente día por la tarde a Masaya.

No hacía muchas horas que estaba en Masaya cuando recibió cartas del coronel Natzmer refiriéndole extraños acontecimientos habidos en León. En la mañana del 12, Escobar, gobernador militar del departamento, había pedido un piquete de americanos para resguardar el Principal, sólido edificio enclavado en la plaza, donde estaban almacenadas las armas y municiones, y no bien colocaron su centinela los rifleros cuando se notó en la ciudad un movimiento extraño. El presidente y los ministros salieron precipitadamente de la casa de gobierno, situada cerca del Principal, y Mariano Salazar recorrió las calles a caballo proclamando que los americanos estaban a punto de hacer preso a Rivas y de asesinar a los ministros y hombres más importantes de la ciudad. La excitación llegó pronto a ser intensa; comenzaron a salir los turbulentos vecinos del barrio de San Felipe, uno de los más revoltosos de la ciudad, algunos con armas y todos atizando la efervescencia popular. Luego se dijo que Rivas había salido de la ciudad, y las mujeres, creyendo que aquel movimiento era una revolución y señal de guerra, se pusieron a acomodar los baúles y a cerrar puertas y ventanas. Natzmer, viendo la actitud amenazadora de los hombres de los barrios, llamó a los americanos a la plaza mayor, les hizo tomar las armas y se apercibió a la defensa.

En el acto se despachó un correo a Chinandega al teniente Dolan, el cual se encontraba allí con una compañía de rifleros, para que viniese inmediatamente a León. A poco andar se encontró Dolan con Rivas y Jerez que cabalgaban hacia Chinandega. La singularidad del hecho le hizo sospechar que algo malo sucedía y pensó en arrestarlos de camino; pero el cirujano que iba con él, Dr. Dawson, el cual había vivido muchos años en Nicaragua, le dijo que no estaría bien que un simple teniente arrestase al presidente y a uno de sus ministros. Así fue que Dolan siguió su camino sin molestarlos y pronto se reunió con Anderson en la plaza.

Tan luego como estas noticias llegaron a su conocimiento, Walker ordenó al coronel Jaquess, el cual se encontraba en Masaya, que se preparase a marchar, y éste no tardó en tomar el camino de Managua con sus batidores. Con intervalos de pocas horas llegaban correos al encuentro de Walker que se dirigía a León, y cerca de Nagarote topó éste a Ferdinand Schlessinger, un individuo a quien Rivas había encargado fortificar el puerto de El Realejo. Shlessinger le dijo al general en jefe que Rivas y Jerez estaban en Chinandega atrincherando la ciudad y reclutando gente; añadió que le habían ordenado parar los trabajos en Punta Icaco y que por las sospechas que concibió se había fugado. Al propio tiempo supo Walker, por cartas de Natzmer, que Jerez, como ministro de la Guerra, le había ordenado desocupar las torres de la catedral para poner allí soldados del país. Natzmer remitió la orden a Walker, pidiéndole instrucciones.

En cuanto recibió Walker la carta de Natzmer, envió a éste la orden de obedecer el mandato de Jerez y de retirarse a Nagarote con toda la fuerza americana que estaba en León. Los designios de Rivas y Jerez resultaban ahora claros para todos. Al entrar en Chinandega habían llegado al extremo de enviar un comisionado a invitar a las fuerzas de Carrera para que penetrasen en el Estado y apresurasen su avance sobre León. Jerez había dado a Natzmer la orden mencionada suponiendo que no sería cumplida y con la esperanza de hacer depender el movimiento contra los americanos de la desobediencia de éstos a una autoridad legítima. Pero Walker no estaba dispuesto a dejar que el futuro conflicto ocurriese por ningún motivo de este género. Tomó la resolución de que se fundase en algo más serio. Como tampoco sabía hasta dónde alcanzaba la defección de los caudillos del país, estaba ansioso de concentrar sus fuerzas, diseminadas a lo largo de una extensa línea desde León hasta el Castillo. De modo que por razones de orden militar y político se quedó esperando en Nagarote con Jaquess la llegada de Natzmer y Anderson, para irse después a Granada con la fuerza reunida.

Unos cuantos hijos del país y algunas familias acompañaron a los rifleros a Nagarote, entre otros D. José María Valle y D. Mateo Pineda. Este último era un hombre dotado de constancia y fidelidad raras en un centroamericano, y sus virtudes le habrían hecho realmente notable en cualquier parte. Su nombre es tan puro que se ha librado de la malignidad de sus enemigos durante todos los disturbios civiles de Nicaragua, y en aquel país demente aparece Pineda como un ejemplo casi único de buena fe sin tacha y lealtad inquebrantable. No ha necesitado de más defensa que su alta honorabilidad y su inmaculada reputación para librarse de las persecuciones de sus enemigos; y si fueran necesarias más pruebas de la devoción de los americanos al derecho y a la justicia, podría encontrarse una muy evidente en el solo hecho de que Mateo Pineda los acompañó lo mismo en la buena que en la mala fortuna.

Cuando los rifleros llegaron a Nagarote se pusieron en marcha hacia Masaya con los batidores y el batallón de infantería. En Masaya encontraron al comandante del lugar, José Herrera, firme en su lealtad a los americanos, y así permaneció hasta la muerte, a pesar de los esfuerzos de un hermano suyo para desviarlo de la senda del deber militar. Fue ejecutado poco después por los Aliados, en virtud de sentencia dictada por un consejo de guerra y a causa de su adhesión a los americanos.

Al llegar a Granada, el general en jefe publicó un decreto reorganizando el gobierno provisional en virtud del tratado del 23 de octubre. Este convenio garantizaba a los nicaragüenses naturalizados los mismos derechos que a los naturales del país; pero el presidente y sus ministros lo habían violado tratando de hacer diferencias en perjuicio de los ciudadanos naturalizados. Walker no sólo había jurado cumplir el tratado, sino también hacerlo cumplir. Él era el único garante de Rivas ante Nicaragua y ante el mundo y habría merecido el estigma de perjuro permitiendo que éste no sólo excitara impunemente las pasiones del pueblo contra los americanos, sino que llamase al enemigo extranjero para expulsar del país a los soldados naturalizados. Además de los deberes que le incumbían por motivo del juramento que prestó de hacer cumplir el convenio, se le habían dado facultades omnímodas para proteger los departamentos Oriental y Meridional contra los enemigos externos de la República; pero ¿cómo era posible hacerlo teniendo que respetar las órdenes del poder político que les abrían de par en par las puertas del país? Por estas razones se nombró al comisionado en los departamentos Oriental y Meridional, D. Fermín Ferrer, presidente provisorio mientras elegía el pueblo su gobernante en virtud del decreto emitido por Rivas el 10 de junio. El mismo día en que fue publicado este decreto, Walker lanzó un manifiesto al pueblo de Nicaragua en que después de relatar los actos del gobierno de Rivas terminaba diciendo:

"Por haber cometido tantos crímenes, conspirando contra el mismo pueblo que tenía la obligación de proteger, el extinto gobierno provisional no merecía seguir existiendo. Por consiguiente, en nombre del pueblo lo he declarado disuelto y he organizado un gobierno provisorio mientras ejerce la nación el derecho natural de elegir a sus gobernantes".

Con arreglo al decreto del 10 de junio, la elección del presidente se hizo el cuarto domingo del mes y en los dos días siguientes. La votación fue general en los departamentos Oriental y Meridional; pero como D. Patricio Rivas derogó su propio decreto después de llegar a Chinandega y los guatemaltecos habían atravesado ya la frontera norte del Estado, no se votó en el departamento de Occidente. La gran mayoría de los votos emitidos resultó en favor del general en jefe, y Ferrer, el presidente provisional, al proclamar el resultado de las elecciones, fijó en un decreto la toma de posesión del presidente electo para el 12 de julio. Por consiguiente, en la fecha fijada y con las ceremonias de estilo, civiles y religiosas, Walker juró su cargo en la plaza mayor de Granada y tomó posesión de la jefatura del poder ejecutivo de la República de Nicaragua.

Pocos días después de publicado el decreto del 20de junio, arribó al puerto de San Juan del Sur la goleta costarricense «San José», mandada por Gilbert Morton. Mariano Salazar la había comprado a Alvarado, el anterior propietario, y cedió nominalmente la mitad de la propiedad de la goleta a Morton, imaginándose que así podría adquirir ésta el derecho de llevar la bandera americana. El vicecónsul de los Estados Unidos en El Realejo, un tal Giauffreau, dió a la goleta lo que Morton llamaba una patente para navegar[45]; según todos los informes recibidos el vicecónsul era tan ignorante o tan negligente en el cumplimiento de sus deberes, que permitió al barco enarbolar la bandera americana y salir del puerto de El Realejo en virtud de la tal patente para navegar. El comandante de Chinandega, un cubano llamado Golibard que había sido expulsado por Rivas porque rehusó abandonar a los americanos, se encontraba a bordo de la "San José" cuando ésta llegó a San Juan del Sur. Creyendo Morton poder engañar a las autoridades con la patente expedida por Giauffreau, no vaciló en entrar en el puerto, y tanto él como Salazar se imaginaban que a la sombra de la bandera americana podrían hacer un comercio lucrativo durante las hostilidades entre Nicaragua y los otros Estados.

Pero no hacía muchas horas que la «San José» estaba en el puerto cuando fue apresada por no tener bandera ni papeles en regla. El barco era de construcción americana y había renunciado a la bandera de los Estados Unidos para tomar la de Costa Rica. Aun cuando lo hubiesen revendido a un ciudadano americano, no podía recobrar su calidad original sin una ley del congreso. Después de la captura, Morton apeló al ministro de los Estados Unidos residente en Granada para que soltasen el barco; pero Mr. Wheeler estudió cuidadosamente el caso, convenciéndose de que la goleta, lejos de tener derecho a la protección de las autoridades americanas, había cometido en realidad un abuso al enarbolar la bandera de los Estados Unidos. Por consiguiente, la "San José" fue condenada por un tribunal de presas en el puerto de San Juan, y habiendo sido decomisada en favor del gobierno de Nicaragua, se la convirtió en goleta de guerra bajo la bandera de esta República.

La "Granada" se armó con dos carronadas de a seis y se la puso bajo el mando del teniente Callender Irvine Fayssoux. Este oficial era oriundo de Misuri y había servido algún tiempo en la armada tejana a

---

[45] Sailing letter.

las órdenes del comodoro Moore. También acompañó al general López en su expedición a la isla de Cuba en mayo de 1850, y en Cárdenas contribuyó de mod esencial al feliz desembarco de la fuerza del vapor "Creole", nadando hasta tierra con una cuerda entre los dientes, cuando había mucha dificultad para hacer atracar el barco al muelle. Sus grandes cualidades se pondrán de manifiesto más tarde, al relatar la historia de la goleta; basta por ahora decir que el sistema y el orden impuestos por él fueron tales que la "Granada" estuvo lista para prestar servicio en muy breve tiempo. Los soldados que de las diversas compañías del ejército se destacaron para servir en la goleta, pronto estuvieron bien disciplinados por su eficaz comandante, y todos ellos comprendían que se encontraban a las órdenes de un jefe competente y resuelto a que todos cumpliesen con su deber en todo caso.

El 29 de junio de coronel John Allen, de Kentucky, llegó a Granada con ciento cuatro hombres para el servicio del Estado, y el 6 de julio desembarcaron casi otros tantos procedentes de Nueva York, Nueva Orleans y Carolina. Uno o dos días después de la llegada de los últimos, el mayor Waters se fue a León con unos batidores y practicó un reconocimiento de la ciudad, encontrándola atrincherada por todas partes; los guatemaltecos mandados por Paredes ocupaban la plaza principal. Al acercarse Waters, los piquetes del enemigo se replegaron y toda su fuerza se preparó para entrar en acción; pero nadie se atrevió a salir de las trincheras. Después de haber pasado por los suburbios de la ciudad y de examinar los preparativos de defensa, Waters regresó a Granada con el informe de que los Aliados —nombre que se daban ellos— no podían moverse mientras no recibiesen grandes refuerzos.

Después de tomar posesión el 12 de julio, Walker formó su gabinete nombrando a D. Fermín Ferrer ministro de Relaciones Exteriores, a D. Mateo Pineda ministro de la Guerra y a D. Manuel Carrascosa ministro de Hacienda y Crédito Público. La organización del nuevo gobierno se comunicó debidamente al ministro americano y el 19 de julio fue recibido Mr. Wheeler por el presidente en la casa de gobierno en Granada.

El ministro comenzó su discurso dirigido al jefe del poder ejecutivo de Nicaragua diciendo: "El presidente de los Estados

Unidos me ordena deciros que tengo instrucciones para entablar relaciones con este Estado". De suerte que Mr. Wheeler se mostró mucho más atrevido y resuelto que Mr. Pierce en Washington. Cierto es que el gobierno de Washington había dado a su ministro instrucciones para "entablar relaciones" con el gobierno de Nicaragua; pero cuando se le dieron se creía que Rivas estaba ejerciendo el poder en Granada. Mr. Marcy había instruido también a Mr. Wheeler para pedir explicaciones acerca de la revocatoria de la concesión de la Compañía Accesoria del Tránsito, así como para solicitar que se licenciase del ejército de Nicaragua a dos o tres muchachos —entre ellos un hijo y un sobrino, según parece, del senador Bayard de Delaware— que se habían escapado del colegio para venir a Centro América en busca de novedades y aventuras. No es menester decir que sólo Walker podía dar las explicaciones relativas al decreto de revocatoria y conceder la licencia de los muchachos. El ministro tenía por lo tanto que desatender las órdenes de Mr. Marcy, o reconocer el gobierno del presidente recién electo.

El mensaje que Mr. Pierce envió al congreso sobre la recepción del padre Vigil estaba fuertemente impregnado de la debilidad y vacilación de la diplomacia americana. Su tono era de disculpa desde el principio hasta el fin y en todo él se mostraba el presidente dominado por la falsa idea que tenían muchos en los Estados Unidos de que el movimiento nicaragüense era de anexión a la República del Norte. Los representantes de Francia, España, el Brasil y los Estados hispanoamericanos en Washington, viendo la debilidad de los Estados Unidos, se concertaron para echar al padre Vigil del país. Y tan buen éxito tuvieron, que el ministro de Nicaragua se retiró de la capital federal pocos días después de su recepción. Así pudo Mr. Marcy, con ayuda de los representantes extranjeros, aprovechar todas las circunstancias oportunas para sacar al gabinete americano de la situación embarazosa en que él lo suponía colocado. Ya puede imaginarse por lo tanto el enojo del secretario de Estado al saber que Mr. Wheeler, cumpliendo al pie de la letra sus instrucciones, había reconocido el gobierno que depuso al de Rivas.

Mr. Wheeler, encontrándose sobre el terreno, veía cómo estaban las cosas y nunca tuvo dudas acerca de la política que su país debía seguir respecto de las partes contendientes en Nicaragua; pero el secretario de Estado de Washington, muy alejado del teatro de los disturbios, constantemente trabajado por los ministros de países extranjeros y temeroso del efecto que el nuevo movimiento nicaragüense pudiera tener en la vieja organización política de los Estados Unidos, se mostraba siempre adverso a todo acto que pudiera favorecer a los americanos de Nicaragua. Sin embargo, pocos días después de haber reconocido Mr. Wheeler el gobierno de Walker, hubo acontecimientos que pusieron muy de relieve la buena política seguida por el ministro americano.

El teniente Fayssoux, tan pronto como estuvo listo para hacerse a la vela, recibió orden de salir de San Juan con rumbo al norte y de cruzar en el golfo de Fonseca. Era bien sabido que el enemigo se estaba comunicando con San Salvador y Guatemala por medio de bongos, entre el Tempisque y La Unión, y se tenía la esperanza de que la "Granada" interceptara cartas que revelasen cómo andaban las cosas en León y qué clase de relaciones tenía Rivas con los otros Estados. Por otra parte, la presencia de la goleta en aquellas aguas no podía dejar de alarmar al enemigo y estorbar el paso de los refuerzos destinados a León. Se tuvo asimismo noticia de que los enemigos estaban alistando barcos para enviarlos en busca de la «Granada» y capturarla, y de que los aprestaban en La Unión, Estado de San Salvador.

Por la tarde del 21 de julio la goleta levó anclas, se hizo a la mar y en la tarde del 23 se hallaba cruzando a la entrada del golfo de Fonseca.

"A las 3 h. y 30 m. —dice el cuaderno de bitácora—se vio una vela fuera del golfo; se le dio caza. A las 5 h. y 30 m. se le hizo ponerse a la capa con un disparo del cañón de babor. El capitán De Brissot (que venía como pasajero en la goleta) fue a bordo. Resultó ser el bergantín italiano "Rostand", procedente de La Unión y con destino a San Juan del Sur. Informó que dos bergantines chilenos y una goleta sarda estaban fondeados en La Unión y la fragata francesa "Embuscade" en la isla del Tigre. A las 7 se pusieron el petifoque y el trinquete y estuvimos entrando y saliendo a la mira de una goleta que según informó el "Rostand" venía del noroeste".

Con fecha 24 dice:

"A las 9 y 15 a. m. se vio una vela procedente de La Unión. A las 2 p. m. ligeras brisas del S. O. A las 4, yendo nosotros al E., pasó en dirección contraria la fragata francesa "Embuscade". A las 4 y 30 p. m. se vieron unas embarcaciones pequeñas al E.; se ordenó que toda la tripulación estuviese en sus puestos. A las 5 se abordó la balandra "María", capitán Braganda. Habiendo demostrado ser francesa y estando sus papeles en regla, se le permitió seguir su derrotero al Tempisque. El capitán Braganda informó lo mismo que el bergantín "Rostand"; por lo tanto, no habiendo ningunos barcos enemigos en el golfo, resolvimos salir de él para buscar la goleta procedente del N. O."

Pero no se vio la esperada embarcación procedente del noroeste, y el 26 la "Granada" estaba otra vez en el golfo. El 27 se capturó un bongo con varios pasajeros y el 28 un bote grande que venía del Tempisque; uno de los pasajeros resultó ser Mariano Salazar. Cuando lo llevaron a bordo de la "Granada" dijo llamarse Francisco Salazar; pero De Brissot le había visto en El Realejo, y aunque no estaba seguro de ello, le dijo a Fayssoux que creía que el prisionero era D. Mariano. En el mismo bongo en que venía Salazar se encontraron varias cartas dirigidas a personas de San Salvador. Al día siguiente de la captura de Salazar se puso la proa a San Juan del Sur, desde donde se remitieron el prisionero y las cartas a Granada inmediatamente que llegó la goleta.

Salazar fue ejecutado como traidor en la plaza principal de Granada en las últimas horas de la tarde del 3 de agosto. Era un domingo y las gentes de la ciudad se juntaron en gran número para presenciar la ejecución. Consideraban a Salazar autor de la mayor parte de las desgracias que habían padecido durante la guerra civil. Con dinero suyo se habían equipado las partidas democráticas que quemaron a Jalteva y robaron a los tenderos de los suburbios. Miraban como cosa providencial que hubiese sido apresado por una goleta que le había pertenecido y que lo ejecutasen los americanos de quienes se sirvió primero, tratando de traicionarlos después. Por la muerte de Salazar mostraron los antiguos legitimistas el mismo sentimiento de regocijo que los demócratas por la ejecución de Corral.

Entre las cartas tomadas en el golfo había una de Manning, vicecónsul británico en El Realejo, para su corresponsal en San Miguel D. Florencio Souza. Estaba fechada en León el 24 de julio y es tan característica que merece insertarse casi toda como ejemplo de la conducta y de la política británicas. Empieza con ternura así:

"Querido amigo: Aquí me tiene usted sin saber dónde ir, por cuanto Walker no nos quiere dar pasaporte para pasar por Granada. Entiendo que el hombre está furioso contra mí atribuyéndome el cambio. La verdad es que todos sus actos son impetuosos y no hemos dejado de abrigar aquí grandes temores de que hiciera un ataque a León. Vino hasta Managua y todo lo que sabemos es que regresó a Granada. Si este hombre recibe refuerzos y dinero, le aseguro a usted que no será tan fácil sacarlo del país; porque como las fuerzas de los otros Estados vienen a poquitos, no se hace nada y los gastos y los sacrificios son en balde. Me aflige mucho pensar que en estas circunstancias no se ponga mayor actividad en un asunto tan serio. Actualmente hay 500 hombres de San Salvador, 500 de Guatemala y 800 de aquí, y a mi juicio se necesita el doble".

A continuación de los asuntos públicos, el astuto comerciante pasa a tratar de negocios:

"Todos los negocios están en un estado lamentable y muy aflictivo en Nicaragua, y si me quedo aquí mucho tiempo no tendré camisa que ponerme. Ya puede usted suponer lo que he sufrido con estas conmociones".

Luego se prepara para sacar provecho de Souza, aparentando preocuparse de los intereses de este salvadoreño:

"Se sabe —escribe— que un tal Fabens ha salido para Boston con el cuarzo aurífero y ha comprado con un tal Heiss la mina al padre Sosa. No se alarme, pues yo haré todo lo que pueda en su favor en este asunto con todo empeño. Usted debiera escribir a Davis a Boston, vía Omoa, preguntándole si el mineral que llevaron Fabens y Heiss es de la mina de Bestaniere".

Al final y como si fuera el post scriptum de una dama, aparece la madre del cordero:

"Las tropas están aquí enteramente desnudas. Si usted tuviera algún dril que me pudiese vender a 12 y 1/2 centavos la yarda, le tomaría diez fardos. No olvide usted mi súplica en favor de mi hijo adoptivo Mr. George Brower, para que le nombren cónsul de San Salvador en Liverpool".

Por mucho que simpatizara el vicecónsul con la causa de los Aliados, no podía perder la ocasión de ganar algún dinero con el dril que necesitaban los soldados.

Cuando los amigos de Salazar supieron en León que éste había sido capturado en el golfo, arrestaron inmediatamente al Dr. Joseph W. Livingston, un americano establecido en Nicaragua desde hacía mucho tiempo, y enviaron a Granada un correo a decir que lo tendrían en rehenes para responder de la vida de Salazar. El vicecónsul británico se dignó escribir una carta al ministro americano rogándole que salvase la vida de Salazar para que Livingston no sufriese ningún daño; pero el correo llegó varios días después de la ejecución del traidor leonés. Por otra parte Mr. Wheeler no era hombre para dejarse desviar del camino del decoro por los ardides arteros de Mr. Manning. En su respuesta al vicecónsul británico, el ministro americano establece la diferencia que había entre Salazar y Livingston en términos tales que no, fueron probablemente del agrado de su corresponsal:

"Salazar —decía— era miembro, uno de los miembros más conspicuos de una facción sublevada contra el gobierno legítimo de la República y uno de los generales de las fuerzas de aquélla. Sabía que era pasible de la pena impuesta a la traición. El doctor Livingston es un ciudadano americano, muy querido y respetado, y no debe fidelidad a las autoridades de Nicaragua y mucho menos a una facción despechada; tampoco se ha mezclado nunca en luchas de partidos, haciendo ningún acto público ni de beligerancia".

Al contestar la carta de Mr. Manning, Mr. Wheeler escribió al general Ramón Belloso, comandante en jefe de las fuerzas aliadas, haciéndole saber que si el Dr. Livingston sufría algún daño, el gobierno de los Estados Unidos pediría pronto estrictas cuentas a los de San Salvador y Guatemala, y terminaba diciendo:

"Si se toca un cabello de la cabeza del Dr. Livingston, o si se quita la vida a él o a cualquier otro ciudadano americano, el gobierno de usted y el de Guatemala sentirán la fuerza de una potencia que si bien respeta los derechos de las demás naciones, puede defender su honor y las vidas y propiedades de sus ciudadanos y está dispuesta a hacerlo".

Valientes palabras que se habrían traducido en hechos dignos de ellas si Mr. Wheeler hubiese dispuesto de la fuerza necesaria; pero al leerlas con los comentarios que sugieren sucesos posteriores, se convierten en cáustico sarcasmo para el gobierno por él representado. Sin embargo, es probable que las palabras enérgicas del ministro salvaron la vida de Livingston; pero a éste se le mandó salir del país en que había vivido diez años[46].

Algunos días después de estos sucesos llegó a Granada el Honorable Pierre Soulé. Había venido con el objeto de obtener algunas modificaciones al decreto dado por Rivas poco antes de su fuga de León a Chinandega. Este decreto autorizaba a unos comisionados para negociar un empréstito de quinientos mil dólares con garantía de un millón de acres de terrenos baldíos. Pronto se hicieron las modificaciones sugeridas por Mr. Soulé, y de acuerdo con el decreto se nombró para comisionados a S. F. Slatter y Mason Pilcher. Los bonos emitidos en virtud de este decreto son los únicos legítimos de la República vendidos en los Estados Unidos, y la idea generalizada de que circulan muchas obligaciones de Nicaragua es enteramente errónea.

No obstante que el decreto relativo al empréstito era el objeto inmediato de la visita de Mr. Soulé, su presencia en Nicaragua tuvo otros resultados favorables. Su hermosa cabeza y su noble presencia hicieron profunda impresión en las gentes del país, sensibles como son a los encantos de la figura y de los modales. Además, hablaba el castellano con tan suprema elegancia y conversaba con las gentes del pueblo con tal bondad y comprensión de sus necesidades y sentimientos, que todos lo escuchaban con deleite y respeto. La docilidad de los naturales de Nicaragua, especialmente la de los

---

[46] Mr. Wheeler, el ministro filibustero, como llamaban los centroamericanos con sobrada razón a este representante infiel de los Estados Unidos, era un digno amigo de Walker. En la carta que escribió a Manning hay un párrafo de una crueldad y un cinismo tales sobre la muerte de Salazar, que el mismo Walker no se atrevió a estamparlo. Helo aquí: "Pero aun suponiendo lo contrario, ya que ahora duerme y descansa en su tumba después de la ardiente fiebre de la vida, bien dormido está. Ni el acero, ni el veneno, ni la malignidad de sus paisanos, ni la guerra exterior, nada podrá afectarlo en lo futuro". N. del T

indios, es grande, y tratándolos con benevolencia y persuasión casi se puede hacer de ellos lo que se quiera. La influencia de lo que les dijo Mr. Soulé duró mucho tiempo, y después de su partida solían preguntar cuándo volvería a Nicaragua Su Excelencia, título éste que dan a las personas que consideran de alto rango[47].

Durante el mes de agosto no llegaron muchas personas al país, ni para el servicio militar ni para ocuparse en asuntos civiles. Un nuevo mal y más peligroso apareció también en el ejército. La deserción, más mortífera que el cólera, empezó a hacer estragos en las filas. La de un tal Turley, con toda una compañía de batidores, fue la primera digna de nota. Habían sido enviados desde Managua por el comandante, capitán Dolan, con orden de explorar el camino que corre a lo largo de la margen sudoeste del lago hasta Tipitapa. Durante varios días aguardó Dolan con ansiedad su regreso; pero en Granada se tuvieron noticias de que los habían visto en el río Malacatoya. Sin embargo, pasaron muchos días antes de saberse su propósito y la suerte que corrieron.

Según parece, desertaron con ánimo de irse por Chontales robando y saqueando, como en efecto lo hicieron, y, por último, salir al mar por el río de Blewfields. Algunas circunstancias indican que el plan se fraguó antes de venir a Nicaragua estos individuos; porque al llegar pidieron con mucha insistencia que se les dejara constituir una compañía por sí solos, y cuando desertaron habían servido solamente algunas semanas. Pero su plan, ya fuera el resultado de largas meditaciones o de una repentina resolución, tuvo el condigno castigo.

Muchos días después de la desaparición de Turley, un comerciante francés de la población minera de La Libertad llegó a Granada para informar a Walker del fin que habían tenido los desertores. Cuando aparecieron en Chontales, la gente supuso que andaban en comisión; pero sus actos de violencia y de rapacidad no tardaron en delatar su verdadero carácter. Pasaron por el distrito minero y cerca de La Libertad amarraron y azotaron a un francés para obligarle a decir

---

[47] Mr. Pierre Soulé era un francés naturalizado en los Estados Unidos, que llegó a ser hombre de mucha popularidad y de gran influencia en los Estados del Sur, especialmente por su notable talento de orador. Soulé fue uno de los firmantes del manifiesto de Ostende a que se hace referencia en la "Introducción". N. del T.

dónde tenía su oro. Entonces los franceses del distrito, en su mayor parte de los que fueron licenciados del ejército en Rivas en el mes de marzo anterior, se juntaron, reunieron gentes del país y atacaron a los ladrones. Según parece, Turley y los de su gavilla estaban escasos de municiones y convinieron al fin en entregar sus armas, siempre que se les diese un guía para llevarlos a Blewfields. Entregaron las armas y poco después, cuando los que les habían apresado los llevaban hacia el pueblo, se les hizo fuego y todos, menos dos, fueron asesinados allí mismo.

Sin embargo, exceptuando la compañía de Turley, la deserción era en aquel entonces rara entre los americanos. Los desertores, aunque no muy numerosos, se contaban especialmente entre los europeos. Muchos de éstos habían ido a Nicaragua con la sola idea de sentar plaza para cobrar la paga; y no teniendo la previsión o la paciencia de aguardar que con el tiempo aumentase el valor de las tierras que debían recibir, se disgustaban por la escasez de dinero, poniéndose a buscar la manera de abandonar el ejército y el país. Por otra parte, los recién llegados se atemorizaban con las noticias que constantemente corrían acerca del número y de la fuerza del enemigo, y los que estaban menos al corriente de las cosas del país eran los más propensos a desalentarse.

Además de estas causas que tendían a debilitar el ejército, muchos de los que iban a Nicaragua a expensas del Estado resultaban impropios para el servicio militar. Como no era posible hacerles pasar un examen médico en los Estados Unidos, sus defectos no se conocían hasta que los examinaba el servicio de sanidad en Granada. Las personas versadas en las estadísticas médicas imaginarán fácilmente los muchos que se rechazaban por el solo hecho de padecer de hernia.

Pero tampoco le faltaban al enemigo motivos de debilidad y disensión. Algunos de los defectos de su ejército provenían de su calidad de aliado. Los soldados que estaban en León eran de Guatemala y San Salvador; además, Rivas había reclutado muchos labriegos de las regiones de León y Chinandega. El contingente guatemalteco estaba todo compuesto de indios y el odio que existía entre éstos y los leoneses era feroz. No escaseaban las querellas entre guatemaltecos y hombres del pueblo en las numerosas tabernas diseminadas en los suburbios de Subtiaba, y en estas riñas salían a relucir los cuchillos y corría la sangre. Tan apremiante llegó a ser el mal que se acabó por ordenar a los soldados guatemaltecos quedarse en sus cuarteles, y fue necesario no dejarlos salir a la calle para evitarles los insultos del pueblo. A los salvadoreños los toleraban los leoneses; pero las autoridades no pudieron hacer que éstos los mirasen como a sus libertadores de la tiranía y de la opresión.

No habían estado mucho tiempo las tropas aliadas en León cuando fueron atacadas por la fiebre y el cólera. Especialmente los guatemaltecos sufrieron de estas enfermedades, y tanta gente se les murió que muchos de los soldados y aun algunos oficiales atribuyeron la peste a la mezcla de substancias tóxicas en los alimentos que les daban. Pero el ojo de un médico podía ver fácilmente que, para causar aquella mortalidad en las tropas, bastaba con haberlas traído de las tierras altas de Guatemala a las llanuras de Nicaragua, así como la falta total de confort y limpieza en los cuarteles y las personas de los soldados.

Como lo escribió Manning, andaban casi sin ropas, y para el indio guatemalteco esto era una gran privación, acostumbrado como está a usar la gruesa chaqueta de lana que lo protege del frío de sus montañas natales. En Nicaragua es indispensable para la salud del soldado un abrigo de lana por la noche. Los días calurosos, seguidos de noches frías, hacen necesarias las mantas de lana en todas las estaciones del año; y la falta de cuidado para dormir era el motivo de muchos de los casos de enfermedad, no sólo entre los guatemaltecos de León, sino también entre los americanos de Granada. Si a esto se añade lo poco que se cuidan los oficiales centroamericanos de la salud de su tropa y la escasa competencia de los cirujanos y médicos del país, no será difícil comprender la mortalidad que hubo entre los Aliados.

A la vez que la enfermedad iba acabando con los soldados y surgían disensiones entre éstos y el pueblo, los jefes no abrigaban, los unos respecto de los otros, sentimientos más amistosos que los de sus subalternos. Consecuencias de esto eran las disensiones en los consejos y los procederes antagónicos. El mando en jefe de las fuerzas aliadas lo había dado el gobierno de Rivas al general Ramón Belloso, comandante del contingente salvadoreño; pero Paredes, jefe de los guatemaltecos, se mostraba poco dispuesto a obedecer las órdenes de un hombre al cual juzgaba totalmente inferior a él en saber y capacidad; además, creía indigno de su país ceder el mando de sus fuerzas al general de un Estado mucho más débil. Los guatemaltecos consideran a su país como el mejor organizado y el que va a la cabeza de los de Centro América; y la raza española que mantiene su supremacía en el asiento de la antigua capitanía general con ayuda de Carrera y sus indios, mira con algún desdén los gobiernos irregulares que las razas mestizas tratan de establecer. En cambio, los llamados liberales de toda la América Central odian profundamente a Carrera y sus paniaguados, como llaman a los Aycinenas y los Pavones, que son los que realmente dirigen los negocios de la República bajo la presidencia de un indio iletrado; y por los celos que tenían de Guatemala, Rivas y Jerez confiaron el mando a un general salvadoreño. Sin embargo, Paredes conservó, según parece, la facultad de negar la obediencia a Belloso, siempre que lo creyera conveniente, y éste no estaba en situación de hacerse obedecer ni de prescindir de los servicios de los guatemaltecos.

Además de las disensiones que reinaban en el campo de los Aliados, dos autoridades reclamaban para sí el poder ejecutivo en el norte de Nicaragua. En León don Patricio Rivas y su gabinete sostenían su derecho a que los Aliados les considerasen como la autoridad soberana de la República, en tanto que D. José María Estrada había establecido su gobierno en Somoto Grande, Segovia, y desde allí daba órdenes en nombre del pueblo nicaragüense. Cada una de estas camarillas hacía ridículo de las pretensiones de la otra y sus disputas eran a propósito para suscitar a los Aliados nuevas dificultades. Después del tratado del 23 de octubre Estrada fue a refugiarse en Honduras y publicó un folleto en que alegaba su derecho a la jefatura del poder ejecutivo de Nicaragua, por cuanto había emitido un decreto reservado declarando nulo el convenio hecho por Corral en virtud de los plenos poderes que él le había conferido.

Todos se rieron de la idea de querer dar valor a un decreto del cual nadie supo nada hasta que fue publicado en Honduras; pero cuando vino la defección de Rivas, Estrada penetró en Segovia protegido por unos pocos legitimistas a las órdenes de Martínez. Este siguió hacia Matagalpa para enrolar a los indios de esa región, en tanto que el senador presidente, título que se daba Estrada, se quedó en Somoto Grande.

De modo que el pretendiente legitimista se atravesaba así en el camino de su propio partido. No fue bastante discreto para ver que, al convertirse en obstáculo para la unión de las dos facciones contra los americanos, tanto sus amigos como sus enemigos iban a procurar expulsarlo de Nicaragua. Según parece, no se le ocurrió que lo hubiesen dejado adrede en Somoto Grande sin una guardia conveniente; pero la noticia de hallarse Estrada indefenso pronto se supo en León; tan pronto que casi no cabe más explicación del hecho que la de haber sido enviada por alguno de sus mismos partidarios. Inmediatamente un demócrata exaltado, que había estado preso en Granada durante la guerra civil y a quien Walker puso en libertad el 30 de octubre de 1855, reunió una partida compuesta de unos cuarenta y cinco o cincuenta hombres con armas y salió disparado para Somoto Grande. Este individuo, que se llamaba Antonio Chaves, difícilmente pudo hacer esto sin conocimiento y ayuda del gobierno de Rivas. Chaves llegó a Somoto Grande sin que Estrada lo supiese, y mientras el granadino soñaba con recobrar el poder en la República, los demócratas de León le sorprendieron y asesinaron en las calles de la aldea de las montañas.

El asesinato de Estrada hace pensar en los negros artificios que caracterizan la historia de las repúblicas italianas durante los siglos trece, catorce y quince. Las mismas causas que en Italia produjeron los Carraras de Padua, los Viscontis de Milán y, por último, la obra maestra de la escuela, César Borgia, duque de Urbino, han dado origen entre los políticos y soldados de las repúblicas hispanoamericanas a tipos de igual carácter. Cierto es que éstos carecen del talento eminente y del gusto refinado que tuvieron aquéllos, y que la raza mestiza de Centro y Sur América no podría nunca producir un Maquiavelo capaz de pintar con terrible verdad los principios, si así pueden llamarse, en que se inspiran los actos políticos de sus paisanos. Pero las arterias del hispanoamericano son tan negras como las del italiano, aunque no tan profundas ni tan sensatas.

Y las largas guerras civiles parecen tener la facultad de crear este tipo de hombres políticos, aun en razas menos propensas a él; porque las guerras inglesas de las Dos Rosas engendraron el genio artificioso de Ricardo III, que podía rivalizar con los mejores de los italianos en su fidelidad a las máximas del autor de El Príncipe.

Por la muerte de Estrada los antiguos legitimistas que emigraron después del tratado del 23 de octubre tuvieron que reconocer la autoridad de D. Patricio Rivas. De consiguiente Martínez, el cual había penetrado con algunos hombres y unas pocas armas hasta Matagalpa, operaba bajo las órdenes del gobierno provisional de León. Sin embargo, para los jefes era más fácil arreglar sus diferencias y ponerse de acuerdo en un plan general de operaciones, que extinguir los odios y animosidades que habían fomentado y atizado en sus respectivos satélites. Durante algún tiempo no se atrevieron a poner en el mismo campamento a los legitimistas y a los demócratas a quienes habían embaucado o forzado a prestarles servicio militar, y en el curso de la guerra se vieron obligados a tener a los soldados de las dos facciones tan separados los unos de los otros como era posible.

Hacia fines del mes de agosto se terminaron los arreglos que hizo el gobierno de Walker con Garrison y Morgan para traer americanos a Nicaragua. Los comisionados que se nombraron para investigar lo que la antigua Compañía del Canal adeudaba al gobierno habían vertido en julio su informe, según el cual esta deuda alcanzaba a más de cuatrocientos mil dólares.

Cierto es que se habían hecho algunos pagos, pero el informe no los tomó en cuenta por no haber comparecido la compañía, que fue condenada en rebeldía. Aun deduciendo todos los pagos, la deuda pasaba de trescientos cincuenta mil dólares y esta era mucho más de lo que valían todas las propiedades de la compañía en el Istmo. Por consiguiente, fueron vendidas a Garrison y Morgan y éstos las pagaron con bonos de los que habían recibido por préstamos de dinero hechos al gobierno de Rivas. Entretanto el ministro americano, cumpliendo instrucciones de su jefe, estudió los hechos que motivaron la revocatoria de las concesiones de la Compañía del Canal y de la Accesoria del Tránsito. Además de las explicaciones dadas por el gobierno nicaragüense y de los hechos consignados en el informe de los comisionados, Mr. Wheeler interrogó testigos cuyas declaraciones remitió al Departamento de Estado en Washington. Los hechos de que informó el ministro eran tan concluyentes en cuanto a la legalidad y justicia de los procedimientos contra las compañías, que Mr. Marcy no volvió nunca a escribir una palabra sobre el asunto.

La verdad es que la Compañía Accesoria del Tránsito había suministrado ella misma al gobierno la prueba más convincente de su índole criminal y sin escrúpulos. El 8 de abril, estando Mora en Nicaragua, Thomas Lord, vicepresidente de la compañía, escribió a Hosea Birdsall autorizándole para "pedir auxilio al comandante de cualquier barco de guerra de la armada de Su Majestad Británica que estuviese en el puerto de San Juan". "Lo que se propone la Compañía del Tránsito —escribió su vicepresidente— es impedir el ingreso de filibusteros en las filas de Walker mientras duren las hostilidades con Costa Rica, y para conseguirlo no debe ahorrarse ningún trabajo ni dejar de hacerse ningún esfuerzo". Para terminar, añadía: "Salvo que nuestros barcos sean apresados por los filibusteros del «Orizaba» y del "Charles Morgan", no podrán internarse, y si Walker no recibe grandes refuerzos tendrá que fracasar y se salvará Costa Rica. Los oficiales de Su Majestad que están en San Juan pueden contribuir poderosamente a obtener este resultado, protegiendo las propiedades americanas de la manera indicada". Estos actos hicieron ver que la compañía tenía miedo de ponerse en manos de la justicia del gobierno de su país.

La necesidad de terminar los arreglos relativos al Tránsito, así como la estación lluviosa, fueron las causas de que Walker no se moviera contra los Aliados. Habría sido una locura avanzar sobre León sin tener asegurados el Tránsito y la comunicación con los Estados Unidos. León estaba bien atrincherado y a los americanos nos les sobraba la gente para prodigarla en un asalto; tampoco tenían artillería con que ayudarse en el ataque, aun cuando los caminos hubiesen permitido transportarla con facilidad. Además, las enfermedades y las disensiones estaban debilitando a los Aliados, y no fue sino después de la muerte de Estrada cuando éstos llegaron a tener siquiera una apariencia de unión. A principios del mes de setiembre hubo acontecimientos que envalentonaron a los Aliados a marchar sobre Granada; pero antes de relatarlos será buenos mencionar la fiesta celebrada el 1° de septiembre en la capital, ya que saca a relucir un elemento que tomó parte en la guerra de Nicaragua.

En diferentes ocasiones habían llegado cubanos a Nicaragua, y después de que el teniente coronel F. A. Lainé fue nombrado edecán del general en jefe, se formó con ellos la guardia de honor del presidente. La compañía cubana estaba compuesta de unos cincuenta hombres, y por el conocimiento que éstos tenían de los dos idiomas, el español y el inglés, sus servicios eran valiosos. A principios del año el elemento cubano de Nicaragua había llamado la atención de las autoridades españolas de la Isla, y en junio de 1856 el general Morales de Roda, quien malquería, como es natural, a los llamados «filibusteros», porque la carrera que éstos le obligaron a dar le convirtió en el hazmerreír de todos los ingenios de la Habana, fue enviado a San José para entenderse con el presidente Mora sobre la guerra contra los americanos de Nicaragua. Los cubanos que estaban con Walker eran bien conocidos por su devoción a la causa de la independencia. Dos de los edecanes del general en jefe, Lainé y Pineda, habían estado metidos en planes revolucionarios en la Isla, y el prefecto del departamento Oriental, don Francisco Agüero, era oriundo del distrito desafecto de Puerto Príncipe. De aquí el interés con que España vigilaba los asuntos de Nicaragua.

El 1° de septiembre se dijo en la iglesia parroquial de Granada una misa por el descanso del alma de López, y los cubanos que servían en el ejército celebraron el día de varias otras maneras. Sin embargo, las ardientes imaginaciones de aquellos jóvenes meridionales soñaban más con el porvenir que lo que meditaban sobre el pasado. Pensaban más en el día de su embarque para ir a vengar la muerte de López y sus compañeros, que en las sombrías y dolorosas escenas de su ejecución. Y por esta renuencia de la imaginación de los meridionales a ponerse a considerar el lado triste de las cosas, es que son menos aptos para la obra verdadera de la revolución que los robustos hijos del Norte, cuya fantasía no huye de la tumba ni de las cosas que la rodean.

CAPÍTULO VIII: La Administración de Walker

La política del gobierno de Walker en lo que atañe a la introducción de la raza blanca en Nicaragua fue por supuesto la misma que siguió el de Rivas; pero éste era por su naturaleza misma transitorio. Aspiraba a aumentar el nuevo elemento americano sin saber qué sitio ocuparía en la sociedad vieja. Rivas y su gabinete comprendían que era menester reorganizar la sociedad nicaragüense; pero no sabían cómo hacerlo ni tampoco hubieran tomado las medidas necesarias para ello, aunque se las hubiesen indicado. Por consiguiente, cuando fue preciso reorganizar no solamente el Estado, sino también la familia y el trabajo, el cambio de Rivas por otro jefe del poder ejecutivo era algo que se imponía. No sólo se necesitaba modificar la segunda forma del cristal, sino cambiar radicalmente la primera, y para esto era preciso poner en juego una nueva fuerza. Puede ser que se intentara llevar a cabo la reorganización de Nicaragua demasiado pronto; pero los que hayan leído las páginas anteriores podrán juzgar si los americanos fueron o no arrastrados por los acontecimientos. Tarde o temprano habría ocurrido inevitablemente el conflicto entre la antigua y la nueva forma de sociedad.

La diferencia de idioma entre los individuos de la sociedad vieja y el grupo de los de raza blanca que debía dominar necesariamente en la nueva, a la vez de ser motivo de que se mantuviesen los elementos separados, proporcionaba también el medio de reglamentar las relaciones entre las diversas razas reunidas en el mismo suelo. Para que la publicación de las leyes de la República resultara completa, se decretó que se hiciese en inglés y en español. La razón de esto estaba al alcance de todos; pero el objeto de otra cláusula inserta en el mismo decreto, sólo lo notaron observadores cuidadosos. Esta cláusula disponía "que todos los documentos relacionados con los negocios públicos tendrán el mismo valor escritos en inglés o en español". Con esta cláusula los procedimientos de todos los tribunales y la redacción de todos los documentos oficiales podían hacerse en inglés. No era preciso decretar que todos debían redactarse en inglés; para el objeto bastaba el simple hecho de poderlo hacer. Los abogados comprenderán desde luego la ventaja que esto daba a los que hablaban el inglés y el español sobre los que solamente poseían este último idioma.

El decreto relativo al empleo de las dos lenguas tendía a hacer caer la propiedad de las tierras baldías nacionales en manos de los individuos de habla inglesa; además, se emitió otro en que se disponía la confiscación de las propiedades de todos los enemigos del Estado en favor del mismo, y se nombró una junta de comisionados "para dirigir, arbitrar y vender todas las propiedades que se declaren confiscadas y secuestradas". Se dieron a la junta las facultades ordinarias de los jueces instructores para oír testigos y hacer obedecer sus órdenes. Toda propiedad cuya confiscación se acordase, debía ser vendida poco después de pronunciada la sentencia, y en pago de ella debían recibirse vales militares, para dar así a los que servían en el ejército de la República la oportunidad de asegurarse su paga con las haciendas de los que les hacían la guerra.

En Nicaragua los títulos de propiedad eran muy vagos y obedecían al mismo sistema de otros países hispanoamericanos. Los linderos de las concesiones eran indeterminados y no había por supuesto ley de registro de la propiedad. De suerte que para fijar el número de las concesiones pendientes hechas por la República se publicó un decreto disponiendo que todas las escrituras sobre tierras se registrasen dentro de seis meses, y fue decretadlo además que después de cierta fecha no sería válido ningún traspaso de dominio o hipoteca a favor de terceros, si no eran debidamente registrados en el distrito en que estuviese ubicada la propiedad Esto era una substitución del sistema inglés y americano por las reglas del derecho romano y continental. No cabe dudar que el registro de las escrituras de propiedad es una ventaja para el público, y en virtud de este decreto los dueños de buenos títulos iban a poseer sus tierras en Nicaragua con mayor seguridad que nunca. Pero el sistema era fatal para los títulos malos o inciertos. Resultaba también ventajoso para los que tienen el hábito de hacer uso del registro de la propiedad.

La tendencia general de estos decretos era la misma. Se emitieron con la intención de poner una gran parte de las tierras del país en manos de la raza blanca. La fuerza militar del Estado podía asegurar por un tiempo a los americanos el gobierno de la República; pero a fin de que lo poseyesen de manera estable, necesitaban ser dueños de las tierras. Los naturales del país que las habían poseído durante más de una generación confesaban que los campos cultivados eran menos todos los años, desde la Independencia, por falta de un sistema de trabajo adecuado. Por lo tanto y de acuerdo con lo reconocido por todos, la reorganización del trabajo era necesaria para el desarrollo de los recursos del país.

A fin de reglamentar la mano de obra ya existente en él, se emitió un decreto declarando legales los contratos de servidumbre personal por tiempo fijo. Fue también publicado un decreto riguroso contra los vagos, y ésta era una medida así de precaución militar como de economía política. Cuando Martínez comenzó a reclutar en Matagalpa, los hombres diseminados en las fincas de Chontales y Los Llanos fueron a parar a Granada huyendo del pelotón reclutador; pero estos individuos habían estado casi todos al servicio de amos legitimistas, y encontrándose juntos en la ciudad era peligroso que los empleasen en algo malo. Pocos tenían medios de vida conocidos y por consiguiente la mayor parte caían bajo las disposiciones relativas a los vagos. Como tenían escasa inclinación al trabajo, desaparecieron poco después de publicado el decreto y así se salió de unos sujetos que en aquel entonces pudieron ser peligrosos en Granada.

Sin embargo, el decreto de 22 de setiembre era el paso de que más se podía esperar para la organización del trabajo en el país. Era el acto en torno del cual giraba toda la política del gobierno, y como ha sido muy criticado será bueno insertar el decreto entero. Dice así:

"Considerando que la Asamblea Constituyente de la República, el 30 de abril de 1838 declaró al Estado libre, soberano e independiente, disolviendo el pacto que la constitución federal estableció entre Nicaragua y los demás Estados de la América Central;

"Considerando que desde la fecha mencionada, Nicaragua ha estado realmente exenta de los deberes que le imponía la constitución federal;

"Considerando que el decreto de la Asamblea Constituyente del 30 de abril de 1838 dispuso que los decretos federales anteriores a esa fecha quedasen vigentes, con tal que no se opusiesen a las disposiciones del mismo decreto;

"Considerando que varios de dichos decretos no convienen a la presente situación de la República y son contrarios a su bienestar y prosperidad, lo mismo que a su integridad territorial,

"Se decreta:

"Artículo 1°—Todos los actos y decretos de la Asamblea Federal Constituyente, lo mismo que del Congreso Federal, se declaran nulos y de ningún valor.

"Artículo 2°—Ninguna de las disposiciones aquí contenidas podrá afectar los derechos poseídos hasta el día en virtud de los actos y decretos que por el presente quedan derogados".

Uno de los primeros actos de la Asamblea Federal Constituyente fue la abolición de la esclavitud en Centro América, y como ese acto quedó derogado, entre otros, por el decreto del 22 de setiembre, se supuso generalmente que éste restableció la esclavitud en Nicaragua. Cabe dudar que tal deducción sea estrictamente legal; pero la derogatoria de la prohibición abría claramente las puertas a la introducción de la esclavitud. La mente y el propósito del decreto eran claros; tampoco pretendió su autor disimular el objeto que se propuso al emitirlo. Por este decreto debe juzgarse la administración de Walker, porque es la clave de toda su política. En realidad, la cordura o la insensatez de este decreto implican la cordura o la insensatez del movimiento americano de Nicaragua; porque del restablecimiento de la esclavitud africana dependía la estabilidad de la raza blanca en el país. Si no era juicioso el decreto llamado de la esclavitud, Cabañas y Jerez estaban en lo cierto al querer servirse de los americanos tan sólo para levantar una facción y derrocar a otra. Sin una mano de obra como la que proporcionaba esa ley, los americanos sólo habrían podido hacer en Centro América el papel de la guardia pretoriana en Roma o de los jenízaros en el Oriente, y para prestar servicio tan degradante estaban mal preparados por las costumbres y tradiciones de su raza.

La diferencia entre el sistema colonial de las Coronas de Inglaterra y de España explica los resultados distintos en los dominios ingleses y españoles en América. Las colonias de la Gran Bretaña fundaron sus propias formas de sociedad; se dieron a sí mismas todos los estatutos y reglamentos que su nueva situación requería, y por lo tanto echaron los cimientos sólidos de una civilización peculiar y original.

Sus instituciones nacieron de sus necesidades y fueron por consiguiente adaptadas al clima y al suelo que se encontraron en el Nuevo Continente. Pero en las posesiones españolas la cosa fue harto distinta. Las Leyes de Indias eran decretadas por la Corona, y estas leyes, algunas veces buenas, pero con más frecuencia malas, eran el resultado de la voluntad del monarca. En el caso de Cuba, Isabel se dejó influir en su resolución por los consejos del benévolo Las Casas, y si España posee actualmente la isla, lo debe a la sabia filantropía del sacerdote de buen corazón. La esclavitud de los negros es sin duda la causa de la presente prosperidad de la isla, así como de la continuación del régimen colonial, y Cuba contrasta hermosamente con Jamaica y Santo Domingo y ostenta con ventaja la superior sabiduría de España, en comparación de la falsa humanidad de Francia e Inglaterra. Sin embargo, en el continente no fue España tan afortunada como en la isla siempre fiel.

A la conquista no siguió un cambio estable y radical de la organización política. Llevó allí el derecho romano; pero éste no modeló la nueva sociedad ni infundió a sus instituciones un espíritu nuevo. Así, por ejemplo, los únicos cambios de verdad efectuados en México y el Perú los hizo la Iglesia. Los paganos del continente fueron convertidos al cristianismo y los padres misioneros redujeron las tribus salvajes, enseñándoles la agricultura y las artes más rudimentarias de la vida. Fuera de la protección dada por la Corona a la Iglesia en su obra de reconstrucción de la sociedad, poco hizo el gobierno español en favor de sus vastos dominios continentales. La esclavitud no pasaba de ser en el continente lo que los fisiólogos llaman una «señal», y pronto cedió ante las pasiones que surgieron a raíz de la independencia de las colonias.

Los hombres que concibieron la constitución de los Estados Unidos no estaban libres de las influencias que en Francia llevaron a los horrores de Haití y en Inglaterra a las miserias de Jamaica. Los ingenios y filósofos de la convención constitucional —el robusto talento de Franklin, el genio brillante de Hamilton y el alma excelsa de Washington— no estaban exentos de los errores de los reformadores franceses de la época. Las rapsodias locas de Rousseau, el sarcasmo incisivo y amargo de Voltaire habían infestado a los lectores de aquel tiempo con una especie de hidrofobia: una aversión mortal a la palabra "esclavitud". Hamilton y Washington, aunque batallando contra las ideas francesas, estaban todavía hasta cierto punto bajo la influencia de los delirios del ginebrino sobre la igualdad y la fraternidad. Mr. Jefferson no sólo seguía las modas francesas en la manera de pensar y de sentir, sino que las consideraba como los verdaderos frutos de la razón y de la filosofía. A la vez que estas causas obraban en el ánimo de los caudillos americanos de aquel tiempo, el pueblo estaba inficionado de las ideas de los ingleses Buxton y Clarkson. Los disidentes de la Gran Bretaña inculcaron sus opiniones sobre la trata de esclavos a sus religiosos hermanos de América, y así fue como mediante la unión de la filosofía francesa y del humanitarismo inglés, se echó sobre la constitución de 1787el peso de cláusulas cuyos malos efectos se hacen sentir constantemente en las comunidades que son dueñas de esclavos en los Estados Unidos.

Si las robustas y claras inteligencias de la convención constitucional de 1787 no pudieron resistir del todo a las opiniones que dominaban en Francia y en Inglaterra sobre la esclavitud, ¡cuánto menos capaces de oponerse a las prevenciones del mundo europeo eran los pobres seres imitadores que la política española dejó en pos de sí era sus colonias americanas después de la Independencia! En realidad, la esclavitud que les dejó España era demasiado poca para preservar su orden social. En vez de mantener la pureza de las razas, como lo hicieron los ingleses en sus colonias, los españoles echaron sobre sus dominios continentales la maldición de una raza mestiza. Por lo tanto, habría sido casi milagroso que los Estados hispanoamericanos hubiesen resuelto mantener la esclavitud al emanciparse. Tan sólo en los últimos años se ha empezado a apreciar en los Estados Unidos el carácter realmente beneficioso y conservador de la esclavitud de los negros.

Durante mucho tiempo estuvo de moda considerar a los Estados del Norte de la Unión federal como el elemento conservador de la sociedad americana, y algunos siguen esta moda todavía. Cierto es que los Estados del Norte son el elemento conservador del gobierno federal, porque la Unión es casi por completo una hechura de su voluntad y sus intereses. De aquí que siempre hayan procurado afianzar el poder federal por medio de tarifas, bancos y grandes proyectos de progreso interno. Pero un conservatismo como éste no afecta la estructura orgánica de la sociedad; tan sólo determina su forma externa y su aspecto. El conservatismo de la esclavitud es más profundo; penetra hasta las relaciones vitales del capital y del trabajo, y mediante el sólido asiento que da al primero, permite a la intelectualidad social avanzar audazmente persiguiendo nuevas formas de civilización. El conflicto entre el trabajo libre y el trabajo esclavo es lo que hoy impide orientar las energías del primero contra el capital del Norte, mediante el ingenioso mecanismo de las urnas electorales y del sufragio universal; y con dificultad se concibe cómo puede ponerse el capital a cubierto de las embestidas de la mayoría en una democracia pura, sin el auxilio de una fuerza cuyo poder dimane del trabajo esclavo.

Después de la Independencia, los Estados hispanoamericanos aspiraron a establecer repúblicas sin la esclavitud, y la historia de cuarenta años de desorden y crímenes políticos es fértil en enseñanzas para quien tiene ojos para ver y oídos para oír. Extraviado por su imaginación, o más bien por su sensibilidad, Mr. Clay defendió la causa de la independencia hispanoamericana y pronosticó un buen gobierno como resultado del movimiento. La política preconizada por él fue indudablemente juiciosa para los Estados Unidos, así como para Inglaterra, siendo así que abrió las puertas de las antiguas colonias españolas a otras naciones comerciales; pero los efectos de la Independencia no han sido provechosos para los pueblos de las colonias. España mantenía cuando menos el orden en sus dominios del Nuevo Mundo, y el orden, acompañado de la exacción y algunas veces hasta de la extorsión, era preferible a la anarquía del llamado régimen republicano. En Nicaragua regiones enteras cultivadas bajo la dominación española, se han convertido en eriales después de la Independencia; y el añil del Istmo, que hace apenas diez años era un valioso artículo de exportación, casi ha desaparecido del comercio.

Pues bien, si España no pudo legar a sus colonias la fuerza interna o un sistema capaz de reorganizar la sociedad independiente, debía surgir en el acto y automáticamente el plan de aplicar en ellas las leyes que han formado una civilización sólida y armoniosa allí donde el angloamericano se ha encontrado en el mismo suelo con alguna de las razas de color. La introducción de la esclavitud negra en Nicaragua suministraría una cantidad de mano de obra constante y segura para el cultivo de los productos tropicales. Teniendo como compañero al negro esclavo, el hombre blanco llegaría a arraigarse allí, y juntos el uno y el otro destruirían el poder de la raza mestiza que es la perdición del país. El indio puro no tardaría en caer dentro de la nueva organización social, porque no aspira al poder político y sólo pide protección para el fruto de su trabajo. El indio de Nicaragua se parece mucho al negro de los Estados Unidos en lo fiel y dócil, así como en su aptitud para el trabajo, y pronto se asimilaría los usos y costumbres de este último. En su modo de ser para con la raza que gobierna, el indio es ahora realmente más sumiso que el negro americano respecto de su amo.

Sin embargo, algunos podrán argumentar que el clima de la América tropical es desfavorable para el negro africano. Esta idea se ha propagado con motivo de los datos estadísticos que publicó un oficial inglés sobre la vitalidad comparada de los regimientos de europeos y de negros en Jamaica. Las cifras demuestran que el término medio de la mortalidad es más alto en los regimientos de negros que en los de europeos, y el Dr. Josiah C. Nott ha llegado a citar con elogio esa estadística, deduciendo de ella que la América tropical no conviene a los africanos. Pero las cifras del oficial británico pueden tomarse en otro sentido y probablemente con mayor acercamiento a las leyes naturales. No es el clima sino el oficio de soldado lo que tan rápidamente acaba con los regimientos de negros en Jamaica.

Ningún género de vida requiere tanta comprensión, tanto conocimiento de las leyes de la existencia, tanta consagración a observarlas como el de soldado. La gran diferencia entre un veterano y un recluta consiste en que el uno sabe cuidarse y el otro no; pero nunca se puede hacer de un negro un veterano: se queda siempre en la condición de recluta y por lo tanto los regimientos de negros tienen la salud y la vitalidad de los regimientos de reclutas. Ninguno que haya estado en la América tropical admitirá ni por un momento la exactitud de la deducción hecha a la ligera, fundándose en los cuadros estadísticos de los regimientos de Jamaica.

En Nicaragua el negro parece estar en su clima natural. Los que de Jamaica han ido allí están sanos, fuertes y pueden hacer un trabajo penoso. La Compañía Accesoria del Tránsito los empleaba mucho en el río San Juan y La Virgen, y aun en los bongos del lago y del río soportaban la faena y el sol tan bien como los naturales del país. Es más, la sangre negra parece afirmar su superioridad sobre el indio indígena de Nicaragua. Algunos de los oficiales negros y mulatos del ejército legitimista descollaban entre sus compañeros por su valor y energía, aunque estas cualidades iban generalmente acompañadas de crueldad y ferocidad.

Por consiguiente, la esclavitud negra tendría en Nicaragua una doble ventaja. A la vez que proporcionaría mano de obra para la agricultura, tendería a separar las razas y a destruir los mestizos, causantes del desorden que ha reinado en el país desde la Independencia; pero si bien admiten muchos que la esclavitud sería ventajosa para Nicaragua, piensan que fue impolítico su restablecimiento cuando se emitió el decreto del 22 de septiembre. Esto nos obliga a considerar este decreto en relación con el problema de la esclavitud en los Estados Unidos.

Cuando se dictó era evidente que los americanos de Nicaragua iban a tener que defenderse contra las fuerzas de cuatro Estados aliados. Su causa era buena y justa, pero a la sazón parecía que sólo a ellos les importaba. Hasta aquel entonces no había más intereses americanos en el país que los del ejército y los de la Compañía del Tránsito; por lo tanto, convenía ligar algún interés fuerte y poderoso de los Estados Unidos a la causa por la cual luchaban los nicaragüenses naturalizados. El decreto que restablecía la esclavitud, al declarar cómo se proponían los americanos regenerar la sociedad nicaragüense, hacía de ellos a la vez los campeones de los Estados del Sur de la Unión en el conflicto bien llamado «inevitable» entre el trabajo libre y el trabajo esclavo. La política de la medida estriba en indicar a los Estados del Sur el único medio poco revolucionario de que disponen para conservar su presente organización social.

En 1856 empezó a notar el Sur que todo territorio adquirido de aquí en adelante por el gobierno federal sería destinado para uso y provecho del trabajo libre. El inmigrante procedente de los Estados donde el trabajo es libre, se traslada rápida y fácilmente a los nuevos territorios; y como el exceso de población es más grande en el Norte que en el Sur, la mayoría en todo nuevo territorio vendría seguramente de la región antiesclavista. Además, el Sur no tiene exceso de mano de obra que mandar al Oeste o al Sur. Al contrario, los Estados del Golfo piden a gritos más negros y el malestar de la sociedad del Sur proviene de la superabundancia de intelectuales y capitalistas en proporción del número de obreros. Tal como están al presente las cosas es imposible que el Sur pueda conseguir la mano de obra de que carece, y el único medio de que su industria recobre el equilibrio sería mandar sus intelectuales desocupados a un campo donde no haya obstáculos políticos que les impidan obtener la mano de obra necesaria.

Sin embargo, en los Estados del Sur algunos reprueban todo esfuerzo para extender la esclavitud, porque dicen que esto irrita el sentimiento antiesclavista y por lo tanto fomenta y fortalece la hostilidad contra la sociedad del Sur. El gran remedio contra el abolicionismo es, según ellos, la quietud y la inacción de parte de los propietarios de esclavos; pero los que esto dicen son los pensadores más superficiales. Imposible es contener el debate del problema de la esclavitud en los Estados Unidos. Es ésta una cuestión que afecta todo el trabajo del país y las vitales relaciones entre el capital y el trabajo[48]. Y esta cuestión es la que en todo tiempo y en todas partes ha dividido las naciones y las sociedades. Por lo tanto, resulta ocioso hablar de que se está arreglando. Por la índole de las cosas, el conflicto entre el trabajo libre y el trabajo esclavo "nunca termina, siempre está empezando".

En setiembre de 1856 la propaganda para la elección presidencial estaba enardeciendo las pasiones y los prejuicios en las diversas partes

---

[48] Conviene tal vez decir que estos párrafos fueron escritos antes de que Mr. Seward pronunciase en el senado su discurso magistral del 29 de febrero de 1860. Por mucho que se pueda disentir de las opiniones del senador, es imposible no aprobar la robustez y el vigor de los pensamientos y del lenguaje. El autor estima que los hombres del Sur cometen un error al tratar de deprimir el talento o de menospreciar las intenciones de los jefes del partido antiesclavista. Cuanto más grande sea su talento y cuanto más puras sus intenciones, tanto más peligrosos resultan para el Sur. N. del A.

de la Unión, y uno de los grandes partidos políticos del país, reunido en una convención, había declarado que simpatizaba con los esfuerzos que se estaban haciendo para regenerar a Centro América, comprometiéndose a darles su apoyo. Estas promesas y estos compromisos fueron de parte del partido que confiaba en los Estados esclavistas para obtener el triunfo, y este partido debió mirar favorablemente una medida tendiente a fortalecer la esclavitud en el Sur; pero el modo como recibió la democracia del Norte el decreto que restablecía la esclavitud en Nicaragua, prueba la falsía de sus declaraciones amistosas respecto a los intereses del Sur. Casi no se levantó una voz en defensa de la medida al norte del Potomac; sin embargo, los Estados partidarios del trabajo libre verán tal vez, cuando ya sea demasiado tarde, que la única manera de evitar la revolución y un conflicto armado entre los del Norte y los del Sur de la Unión, es seguir la política propuesta por Nicaragua.

Verdad es que el autor del decreto de la esclavitud no estaba enterado, cuando éste se emitió, de la fuerte y universal hostilidad de los Estados del Norte contra los del Sur. No sabía cuán profundos son los sentimientos antiesclavistas que reinan en los Estados partidarios del trabajo libre, ni que estos sentimientos se enseñan en la escuela, se predican en el púlpito y se inculcan por las madres a sus hijos desde la infancia. Pero el conocimiento de tal manera de sentir habría hecho de la emisión del decreto un deber tan sagrado como político. Para evitar la invasión que lo amenaza, el Sur necesita romper las vallas que lo rodean por todos lados y llevar la guerra entre las dos formas de trabajo más allá de sus límites. Un ejército sitiado que carece de aliados por la parte de fuera, habrá de rendirse por hambre, cuando menos, salvo que pueda hacer una salida y abrirse paso por entre los enemigos que lo asedian.

A la vez que el decreto de la esclavitud procuraba ligar los Estados del Sur a Nicaragua como si este país fuese uno de ellos, era también una repudiación de todo deseo de anexarlo a la Unión federal, y desde todo punto de vista importaba hacer ver que el movimiento americano de Nicaragua no se proponía la anexión. Esta idea asediaba sin cesar la mente de los hombres públicos de la Unión, poco acostumbrados a mirar las cuestiones políticas desde puntos de vista que no sean los de partido. Turbó la mente de Mr. Pierce al escribir su mensaje sobre la recepción del padre Vigil; preocupó a Mr. Marcy al considerar la suerte futura del partido demócrata; y no cabe duda de que la incertidumbre del secretario de Estado en cuanto al efecto que el movimiento nicaragüense pudiera tener sobre la acción de los partidos políticos en los Estados Unidos, le hizo mirar de reojo la empresa desde el principio. Mr. Marcy era un hombre anciano que ambicionaba una posición todavía más alta que la que tuvo en el gobierno federal, y su larga experiencia le permitía calcular bien el resultado de los votos de los viejos partidos en las convenciones y elecciones populares; pero aquí se trataba de un elemento nuevo que iba a ser lanzado en la política de la Unión, y a la desconfianza que suelen inspirar las novedades a la vejez, se añadía en el ánimo del secretario de Estado la circunstancia de no poder estimar con precisión la fuerza y el derrotero del movimiento nicaragüense. Para hacer ver cuál era el espíritu de Mr. Marcy, basta decir que cuando se emitió en Nicaragua el decreto que revocaba los actos de la Asamblea Federal Constituyente y del Congreso Federal, Mr. Wheeler comunicó a su gobierno el hecho, limitándose a observar que le parecía una buena medida para el Istmo. De fuente enteramente fidedigna se sabe que la nota de Mr. Wheeler se discutió en un consejo del gabinete de Mr. Pierce. Mr. Marcy y Mr. Cushing insistieron en que el ministro debía ser retirado en el acto; en cambio, Mr. Davis y Mr. Dobbin defendieron a Mr. Wheeler, diciendo que no había hecho más que cumplir con su deber, informando a su gobierno del decreto publicado en Nicaragua y del efecto que probablemente iba a tener en el país. El secretario de Estado insistió hasta el fin en la destitución de Mr. Wheeler, y todavía la víspera de separarse de su cargo pidió al presidente, como un favor personal, que gestionase la renuncia del ministro.

Con el decreto del 22 de setiembre se quiso desvanecer el error de los hombres públicos de los Estados Unidos acerca de que Nicaragua deseaba la anexión. Para un espíritu pensador era evidente que meterse en la Unión federal equivalía a frustrar el objeto del decreto, toda vez que las leyes federales prohíben el ingreso dentro de los límites de su jurisdicción de individuos sujetos a trabajar por un término de años. Nicaragua no podía tener la esperanza de conseguir su mano de obra en países que ya se quejaban de la escasez de la suya, y los mismos Estados del Sur se habrían opuesto a la anexión de un territorio que podía quitarles esa mano de obra para ellos tan necesaria. Sin embargo, en el calor de las pasiones de partido, los políticos, de los cuales Mr. Marcy era el arquetipo, no se hacían cargo de estos puntos de vista. Estaban demasiado absortos observando las corrientes de la opinión pública o el repartimiento del botín de la guerra de partidos, para ponerse a pensar un rato en el bien público o en una política de verdad y de justicia.

Los políticos de la Unión estaban tan lejos de ver que con el decreto de la esclavitud se proponía Walker declarar su hostilidad a la anexión, que algunos de ellos se imaginaron asestar un golpe magistral publicando ciertas cartas en que se le daban a Goicouría instrucciones sobre la conducta que debía observar en Inglaterra. Walker autorizaba al intendente general para ir a Londres a tratar de convencer al gabinete británico de que Nicaragua no deseaba ser admitida en la Unión americana, y se suponía que siendo cubano el emisario podría hacerse oír del ministerio británico mejor que un natural de los Estados Unidos. En su carta a Goicouría, Walker le daba instrucciones para explicar que lo que Nicaragua necesitaba era "una república basada en principios militares", y una república de esta clase era claramente impropia para ser admitida en la Unión del Norte. Los ingleses verían pronto que el crecimiento de una república tal como ésa, situada hacia los límites meridionales de los Estados Unidos, tendería a restringir la expansión territorial de esta potencia.

Siguiendo esa política pensaba Walker fomentar el bienestar de su país natal tanto como el de su patria adoptiva; porque la adquisición por los Estados Unidos de todo territorio ocupado por hispanoamericanos sería la causa de muchas molestias y peligros para la Confederación, así como de sufrimientos y opresión para los habitantes del nuevo territorio. La adquisición de territorio situado al sur sería sobre todo fatal para los Estados propietarios de esclavos, porque así vendría a completarse el círculo formado por las comunidades en que el trabajo es libre, círculo que ya los rodea casi por todas partes.

Más fácil habría sido hacer ver en Francia que en Inglaterra el carácter antianexionista del decreto de la esclavitud. M. Ange de Saint—Priest, sabio que ha publicado una obra extensa y valiosa sobre las antigüedades de México y Centro América, aceptó el cargo de cónsul general de Nicaragua en París, y se esperaba poder establecer por su medio relaciones con el gobierno imperial. La política perseverante de Napoleón III ha sido la de aumentar el tonelaje de Francia, teniendo así mayores facilidades para formar marinos. Se abrigaba la esperanza de poder hacer un tratado con el fin de emplear barcos franceses para traer aprendices africanos a los puertos de Nicaragua, suministrando así mano de obra a esta república con aumento del tráfico de los buques franceses. El mismo emperador ha escrito una obra sobre el canal de Nicaragua y su conocimiento del país que le permitiría ver las ventajas de llevar a él mano de obra negra. Por otra parte, de no tener Francia la posesión del Istmo, el mayor deseo del emperador habría de ser que la ruta del canal estuviese en manos de una potencia vinculada al imperio por fuertes lazos de interés y de comercio.

En realidad, todas las potencias de Europa están resueltamente interesadas en favorecer la política que los americanos se proponían seguir en Nicaragua. Con ella obtendrían productos tropicales mucho más baratos que, en la actualidad, y particularmente Rusia necesita proveerse de estos artículos en un país que no esté bajo el dominio o la influencia de Inglaterra. Hasta la Gran Bretaña, si quisiera mirar más allá de las ganancias inmediatas de sus mercaderes codiciosos, podría ver provechos estables en la seguridad y el orden que la mano de obra negra daría a Nicaragua. Ahora que la Corona ha tomado el gobierno de la India de manos de una compañía de comerciantes, tal vez desdeñe dejarse llevar de los mezquinos celos comerciales que sacrificaron la isla de Jamaica a la Compañía de la India Oriental.

Pero se dirá tal vez que Inglaterra nunca permitiría nada parecido al renacimiento de la trata de negros. Sin embargo, quienes observan de cerca las fases de la política británica, saben que la influencia de Exeter Hall va decayendo. El frenesí del público británico contra el comercio de esclavos está agotado y las gentes empiezan a notar que fueron inducidas en error por el entusiasmo caritativo de clérigos que sabían más de griego y hebreo que de fisiología y economía política y por solteronas enamoradas de la humanidad en general, a pesar de que desdeñan poner sus afectos en cosas menos remotas que el África. Todos los argumentos aducidos por los enemigos del comercio de esclavos se sacaron de los abusos a que éste se prestaba, y el remedio verdadero no consistía en abolirlo sino en reglamentarlo. En los siglos diez y siete y diez y ocho se le daba el nombre de "comercio para la redención de cautivos africanos", y si se resucitara esta antigua denominación que pinta el verdadero carácter del negocio, se borrarían muchas de las prevenciones que contra él existen.

La alianza de una filosofía escéptica y de un celo religioso ofuscado, fue lo que originó la opinión europea sobre el comercio de esclavos. Por concentrar su atención en los abusos del sistema, los opositores a la trata no vieron ninguno de los grandes aspectos del asunto. Si nos pusiéramos a contemplar el África desde el punto de vista de la historia universal, veríamos que durante más de cinco mil años sólo fue una cosa perdida en los mares del mundo, que no desempeñaba ningún papel en los destinos de éste, ni contribuía de modo alguno al progreso de la civilización general. Sumida en las depravaciones del fetichismo y manchada con la sangre de los sacrificios humanos, parecía una sátira dirigida contra el hombre, apenas buena para provocar el escarnio de los demonios contra la sabiduría, la justicia y la bondad del Creador. Pero la América fue descubierta y el europeo encontró en el africano un auxiliar útil para someter el nuevo continente a las costumbres y los fines de la civilización. El hombre blanco sacó al negro de sus desiertos natales y al enseñarle las artes de la vida le otorgó los inefables beneficios de una religión verdadera. Tan sólo entonces empezaron a manifestarse en todo su esplendor la sabiduría y excelencia de la economía divina al crear la raza negra. Dejó que el África permaneciera ociosa hasta el descubrimiento de América para que pudiese conducir a la formación de una nueva sociedad en el Nuevo Mundo. A una raza fuerte, altiva, educada para la libertad en su isla del norte, dio la misión de ir a América y de ponerla bajo el gobierno de leyes libres; pero aquellos hombres poseídos del amor a la libertad y a la igualdad, ¿de dónde iban a tomar el contrapeso destinado a impedir que su libertad degenerase en licencia y su igualdad en anarquía o despotismo? Una vez transplantados del rudo clima en que prospera la libertad, ¿cómo harían para conservar su precioso mayorazgo en la suave atmósfera tropical que invita al descanso y a la molicie? ¿No ha sido acaso el africano reservado para este fin? ¿Y no es así como una raza consigue para ella la libertad, otorgando a la otra el confort y el cristianismo?

Pero el hombre, siempre víctima del engaño de sus vanos deseos, oscilando siempre entre opiniones extremas y nunca estacionario en la posesión de la verdad, no estaba satisfecho del lugar asignado al africano en el plan de la Creación y de la Providencia.

Los predicadores del nuevo evangelio de la igualdad y la fraternidad no se contentaban con hacer comentarios sobre los horrores del middle passage[49], o con llorar sobre las desgracias de hombres redimidos del cautiverio de amos salvajes. Si la trata de esclavos era criminal, la esclavitud que la motiva debía ser extirpada. Por consiguiente, se hizo el ensayo en Santo Domingo y el esclavo, súbitamente libre de las sujeciones que le imponía la ley, se lanza al asesinato y a la destrucción. Entonces se resuelve hacer otro experimento con mayor prudencia, vigilándolo más de cerca. La esclavitud es abolida en Jamaica y la isla se arruina. Parece que fuera acercándose el tiempo en que el hombre, guiado por una filosofía menos vana, busque la verdad por otros caminos que no sean las matanzas de Haití o el empobrecimiento de Jamaica.

Si las ideas que se acaban de expresar sobre el empleo del africano en la economía de la Naturaleza y de la Providencia son exactas, la esclavitud no es anormal en la sociedad americana. Debe ser la regla, no la excepción; pero para que así sea, es preciso esforzarse y trabajar. Los enemigos de la única forma original de civilización americana son muchos y poderosos. Se muestran resueltos en su determinación, no solamente de limitar, sino de extirpar la esclavitud. El hombre que está a la cabeza de los muchos millares de partidarios del trabajo libre en los Estados Unidos, ese hombre cuya firme voluntad y vasta inteligencia no flaquean ante las doctrinas o los actos a que lógicamente lo lleva su filosofía política, ha declarado ya que abriga la esperanza de ver llegar el día en que no se pose ningún pie de esclavo en el suelo del continente; y sin embargo los haraganes de la esclavitud dicen: "Descansemos un rato más; crucémonos otra vez de

---

[49] Con este nombre se conocía en la trata de esclavos la parte del océano Atlántico comprendida entre el África y las Antillas. N. del T.

brazos para dormitar". Strafford duerme, no obstante que afilan el hacha del verdugo para su ejecución.

En los Estados Unidos la contienda entre el trabajo libre y el trabajo esclavo no sólo afecta los intereses y la suerte de los que están inmediatamente empeñados en ella, sino también la fortuna de todo el continente. La cuestión consiste en saber si la civilización del mundo occidental ha de ser europea o americana. Si llegara a prevalecer el esfuerzo del trabajo libre para desterrar del continente el trabajo esclavo, la historia de la sociedad americana se convertiría en un pálido reflejo de los sistemas y. prejuicios europeos, sin aportar nuevas ideas, nuevos sentimientos o nuevas instituciones a la riqueza mental y moral del mundo. Consecuencia obligada del triunfo del trabajo libre será la destrucción, por medio de un proceso lento y cruel, de las razas de color que viven en el centro y el sur del continente. El trabajo de las razas inferiores no puede competir con el de la raza blanca si no se le da un amo blanco para dirigir sus energías, y sin la protección que les brinda la esclavitud, las razas de color tendrán que sucumbir inevitablemente en la lucha con el trabajo libre.

Por lo tanto, un nicaragüense no puede ser espectador indiferente de la lucha entre las dos formas de trabajo entablada en los Estados Unidos; y si este nicaragüense resulta ser nacido y educado en uno de los Estados esclavistas de la Unión, más hondo habrá de ser todavía el interés que le inspira la lucha. En su mente se agitan las consecuencias que para la patria de su infancia y el hogar de sus amigos de la juventud tendría la victoria de los soldados del trabajo libre. Hombres del Sur, no creáis por consiguiente que la voz que os habla es la de un extranjero, ni de una persona que no se interesa por el bienestar de vuestro país la que os insta para descargar un golpe en defensa de vuestro honor, de vuestros hogares y de vuestras familias, antes de que el clarín del enemigo os intime deponer las armas ante una fuerza aplastante.

El lenguaje de la verdad y del cariño no es el de la lisonja exagerada ni el de la vil adulación, y las palabras melosas del cortesano conducen con demasiada frecuencia al peligro y a la muerte. Por consiguiente, no os disgustéis, hijos del Sur —ya que con vosotros hablo—, si la crítica de vuestros actos resulta dura y severa; pero examinad vuestra conducta y la de vuestros servidores públicos durante los últimos tres años y veréis adonde os ha llevado. Hace apenas un poco más de tres años elegisteis un presidente escogido por Vosotros, y con vuestra ingenuidad pensasteis que esto era una gran victoria. ¿Cuáles son los frutos que con ella habéis cosechado? Dónde está el galardón de vuestra campaña? ¿En qué triunfos políticos han venido a parar todos vuestros trabajos y esfuerzos?

Vuestro presidente —porque éste es obra de vuestras manos— entró a ejercer el cargo comprometido a seguir vuestra política en Kansas y Centro América. Trató de engañaros en Kansas y vuestros caudillos le impusieron la conducta que tuvo que observar. Como carneros que llevan al matadero, él y sus amigos del Norte tuvieron que dar su apoyo a la política del Sur en Kansas; pero ¿cuál ha sido el resultado de su sacrificio o el de todos los esfuerzos de los caudillos del Sur para llevarlos a rastras al altar? ¿Fue admitido Kansas en la Unión? ¿Tuvisteis siquiera el vano placer de jactaros de una victoria estéril? La contienda relativa a Kansas fue por un derecho abstracto, según confesión de todos. Vuestros caudillos fueron consecuentes con vosotros, porque también lo fuisteis con vosotros mismos al luchar por un "derecho abstracto". Veamos ahora si vosotros y ellos habéis sido igualmente fieles a vuestro honor y a vuestros intereses al combatir por un derecho que no es abstracto.

Vuestro presidente adquirió respecto de vuestra política en Centro América un compromiso más explícito aún que en lo relativo a Kansas. Las resoluciones de la convención de Cincinati sobre la América Central no fueron escritas por una mano temblorosa o insegura[50]. No se formularon dichas resoluciones en esas frases délficas con que se escudan los políticos tímidos cuando buscan el apoyo de sus electores. Son claras, precisas, inequívocas; no pueden interpretarlas de doce maneras diferentes los juglares que se imaginan que toda la sabiduría política consiste en engañar al pueblo con palabras que parecen decir lo que no dicen. ¿Se han cumplido por ventura los compromisos contraídos en Cincinati? ¿Esas palabras tan llenas de sentido y de resolución, ese ha traducido en actos, o han muerto acaso en medio de los sollozos, lamentos y gemidos de un partido que aspiraba a la grandeza sin atreverse a realizarla?

---

[50] Estas resoluciones las escribió el Honorable P. Soulé. N. del A.

No se necesitan nuevas palabras para deciros cuán fundamentalmente han sido violados los compromisos contraídos en Cincinati. No bastó pisotear las promesas hechas al país en nombre de un partido; fue también necesario volver las espaldas a todos los principios del derecho público y proclamar ante el mundo que el fin justifica los medios. Con la violación de la palabra empeñada excusaban la violación del derecho; y cuando el presidente envió al senado el mensaje disculpando la conducta observada por el comodoro Paulding en Punta Arenas[51] en diciembre de 1857, Mr. Seward pudo decir con acierto, en doble sentido, que Su Excelencia se había convertido a la doctrina de la "suprema ley".

Y en aquella emergencia, ¿cómo se portaron los caudillos del Sur? En el momento preciso que se recibió en Washington la noticia de lo hecho por Paulding en Punta Arenas, se supo también que la constitución de Lecompton había sido sancionada. Entonces el presidente suplicó a los que le estaban forzando la mano en la cuestión de Kansas, que no le apremiasen en cuanto a la política de Centro América; y los caudillos del Sur, abandonando la realidad, se lanzaron en pos de la sombra[52]. La constitución de Lecompton no daba una pulgada más de tierra a la esclavitud; el movimiento de Nicaragua podía proporcionarle un imperio; sin embargo, éste fue sacrificado en aras de aquélla, y los agravios inferidos por Paulding, y el presidente no han sido todavía cobrados por el Sur.

¿No habrá llegado el momento de que el Sur deje de luchar por abstracciones y combata por realidades? ¿De qué le sirve discutir el derecho de llevar esclavos a los territorios de la Unión, si no hay ningunos que puedan ir a ellos? Estas son cuestiones de eruditos escolásticos, buenas para aguzar las facultades lógicas y avivar la sotileza del entendimiento en la percepción de las analogías y las diferencias; pero no son con seguridad de las que afectan la vida práctica ni tocan la cuerda sensible de los intereses y de las acciones del hombre. Los sentimientos y la conciencia de un pueblo no responden a las sutilezas de los abogados ni a las diferencias de

---

[51] Se refiere a la Punta de Castilla. N. del T.

[52] El Honorable A. H. Stephens figuró entre los hombres públicos del Sur que vieron claramente la importancia del movimiento nicaragüense. N. del A.

criterio de los metafísicos; tampoco se puede hacer que sus energías entren en acción para defender derechos que nadie quiere ejercer. La mente de hombres adultos no puede alimentarse de simples discusiones sobre derechos territoriales; exige alguna política substancial que todos puedan entender y juzgar.

Tampoco es juicioso que el partido más débil malgaste sus fuerzas luchando por sombras. El más fuerte es el único que puede permitirse el lujo de escaramuzas que no son decisivas. Hoy por hoy el Sur debe economizar su poder político, o si no perderá todo lo que posee. La misma influencia que puso en juego en favor de la posición tomada por él en Kansas, habría podido asegurar el establecimiento de los americanos en Nicaragua. Y salvo que ahora asuma una actitud defensiva enteramente distinta, ¿qué otra cosa puede hacer el Sur sino llevar adelante en Centro América la política propuesta hace tres años? ¿De qué otro modo puede afianzar la esclavitud, como no sea procurando extenderla más allá de los límites de la Unión? El partido republicano aspira a destruir la esclavitud con la zapa y no por medio del asalto. Ahora declara que la tarea de limitar la esclavitud está concluida y que la del minador ha comenzado ya. ¿Adónde podrá huir el esclavista cuando terminadas las cámaras, rellenas éstas de pólvora y lista la mecha el enemigo se encuentre ya con la pajuela encendida para darle fuego?

El tiempo apremia. Si el Sur desea implantar sus instituciones en la América tropical debe hacerlo antes de que se celebren tratados que embaracen su acción y entraben sus energías. Existe ya entre México y la Gran Bretaña un tratado por el cual se compromete el primero a hacer todo lo posible para suprimir la trata de esclavos, y en 1856 se insertó en la convención Dallas—Clarendon una cláusula que excluye a perpetuidad la esclavitud de las Islas de la Bahía de Honduras. Esta cláusula la sugirió un americano (según informes dados al autor de este libro por el mismo que la propuso) con el objeto de obtener el apoyo de Inglaterra para un ferrocarril que se proyectaba construir a través de Honduras; de este modo se dieron los intereses de la civilización americana a cambio de las miserables ganancias de una compañía de ferrocarriles. Y a la vez que Nicaragua quedaba encerrada al norte por un tratado antiesclavista entre Inglaterra y Honduras, Costa Rica celebró un convenio con la Nueva Granada para no permitir nunca la introducción de la esclavitud en sus respectivos territorios. Los enemigos de la civilización americana —porque tales son los enemigos de la esclavitud—parecen ser más listos que los amigos de ésta.

La fe que tenía Walker en la inteligencia de los Estados del Sur para comprender cuál era la verdadera política que debían seguir, así como en su resolución de llevarla adelante, fue uno de los motivos de que se diese el decreto del 22 de setiembre. Su fe no ha flaqueado; sin embargo, ¿cómo no sentir asombro al ver la facilidad con que el Sur se extravía persiguiendo quimeras? Pero tarde o temprano los Estados esclavistas tendrán que apoyar sin discrepancia la política nicaragüense. El decreto del 22 de setiembre no es el fruto de una precipitación apasionada o de la impremeditación; fijó la suerte de Nicaragua y ató la República al carro de la civilización americana. Durante más de dos años los enemigos de la esclavitud han estado maquinando y conspirando para expulsar a los nicaragüenses naturalizados de su país adoptivo; pero hasta ahora no se ha añadido una sola barrera a las ya existentes, y el Sur no tiene más que resolver acerca de la tarea de introducir en Nicaragua la esclavitud, para poderla llevar a cabo.

Si para estimular a los Estados del Sur a que hagan un esfuerzo en el sentido de restablecer la esclavitud en Centro América fuera necesario apelar a otras razones además de las que dicta el interés, éstas no escasean. Los corazones de la juventud sudista responden al llamamiento del honor, y buenas armas y ojos de mirada certera están esperando el momento de llevar adelante la política que ahora ha venido a ser el dictado del deber, así como del interés. La cuestión entre la esclavitud y sus enemigos está planteada en Nicaragua, y es imposible que la esclavitud se retire de la contienda sin perder algo de su valentía y de su fama. La cuestión no es tampoco de meras palabras. No se trata de una lucha deportiva ni de una corrida de cañas; los caballeros han tocado los escudos de sus adversarios con la punta de la lanza y el torneo es a muerte. ¡Que la fortuna favorezca a los que mejor cumplan con su deber en la pelea!

El Sur debe hacer algo por la memoria de los valientes que descansan bajo la tierra de Nicaragua. En defensa de la esclavitud aquellos hombres abandonaron sus hogares, arrostraron con calma y constancia los peligros de un clima tropical y por último dieron la vida por los intereses del Sur. Yo los ví morir de muchos modos. Los ví boqueando a consecuencia del todo; los ví en las convulsiones de la agonía producida por los horribles golpes del cólera; los ví caer gloriosamente, víctimas de heridas mortales recibidas en el campo del honor; pero nunca ví uno solo que se arrepintiese de haberse comprometido en la causa por la cual diera la vida. Estos mártires y penitentes de la causa de la civilización del Sur merecen sin duda la gratitud que ésta puede ofrecerles. Pero ¿qué se puede hacer por su memoria mientras la causa por la cual sufrieron y murieron esté en peligro?

Si todavía hay vigor en el Sur —¿y quién lo duda?— para seguir luchando contra los soldados antiesclavistas, que sacuda la modorra que lo embarga y se prepare de nuevo para el conflicto. Pero al despojarse de la languidez y de la indiferencia y sin perder de vista las enseñanzas del pasado, que descarte las ilusiones y abstracciones con que los políticos han agitado sus pasiones sin provecho para sus intereses. Ya es tiempo de que la esclavitud aplique sus esfuerzos a realidades y deje de estar azotando el aire con golpes vanos y mal meditados. El verdadero campo para ejercer la esclavitud es la América tropical; allí está el natural asiento de su imperio y allí puede desarrollarse con sólo hacer el esfuerzo, sin cuidarse de conflictos con intereses contrarios. El camino está abierto y tan sólo se requiere tener valor y voluntad para recorrerlo y llegar a la meta. ¿Querrá el Sur mostrarse digno de sí mismo en esta emergencia?

CAPÍTULO IX: El avance de los Aliados

A principios de setiembre de 1856 el ejército de Nicaragua fue organizado con dos batallones de rifleros, dos de infantería ligera, uno de batidores y una pequeña compañía de artillería. El primer batallón de rifleros era el cuerpo más completo y mejor del ejército; tenía escasamente doscientos hombres efectivos. El segundo de rifleros sólo era la sombra de un batallón y su disciplina había sido poco menos que descuidada. Los batallones de infantería ligera eran más numerosos que el segundo de rifleros, y algunas de sus compañías, como por ejemplo la del capitán Henry del segundo batallón, estaban bien ordenadas y en buen estado. Los batidores formaban tres pequeñas compañías mandadas por el mayor Waters y podían prestar servicio activo. El capitán Schwartz, con algunos artilleros, demostró ser competente para organizar su cuerpo, así como conocer su profesión; había servido algún tiempo en calidad de oficial de artillería en Baden durante los disturbios revolucionarios de 1848. La fuerza total efectiva apenas llegaba a ochocientos hombres.

El general Hornsby mandaba el departamento Meridional con residencia unas veces en San Jorge y otras en Rivas o en San Juan del Sur. Tenía allí varias compañías del primero de infantería y la sección de artillería del capitán Schwartz, que apenas merecía el nombre de compañía. El primero de rifleros estaba en Granada y el segundo de Tipitapa al mando del coronel McDonald. El segundo de infantería se encontraba en Masaya y lo mandaba el teniente coronel McIntosh en ausencia del coronel Jaquess. El capitán Dolan estuvo al frente de una compañía de rifleros en Managua, pero hacia mediados de setiembre se mandó allí al mayor Waters con sus batidores. Los principales almacenes de la proveeduría, la intendencia, el parque y todos los talleres del ejército se hallaban en Granada. Dos compañías de infantería resguardaban el río de San Juan y esta frontera se puso a cargo del teniente coronel Rudler.

La mayor fuerza del enemigo estaba en León a las órdenes de Belloso; en el mes de agosto comenzó Martínez a reclutar en Matagalpa y hasta en Chocoyas y La Trinidad. Las tropas de Belloso permanecían muy cerca de León; batidores procedentes de Managua solían hacer reconocimientos hasta más allá de Pueblo Nuevo sin encontrar señales del enemigo. Sin embargo, Martínez estaba recogiendo los vaqueros y criados adictos a los legitimistas dueños de haciendas de ganado al norte de Chontales y en Los Llanos, y como éstos conocían bien la región les era fácil dar a su jefe noticias de todo lo que en ella ocurría. Una gran parte del ganado que consumían los americanos se sacaba de aquellos distritos y solían conducirlo a Granada oficiales del país, acompañados de pequeños destacamentos de rifleros montados para el caso. Uno de los más competentes de estos oficiales era Ubaldo Herrera, cuyos servicios durante la guerra civil se han relatado ya.

A fines de agosto fue enviado Herrera con unos pocos americanos a una de las haciendas de ganado de Los Llanos, y cuando iba descuidado arreando las reses hacia Tipitapa, lo atacó y mató una pequeña partida de legitimistas. Este incidente fue a pocas millas de Tipitapa y con tal motivo se ordenó al teniente coronel McDonald atravesar el río Tipitapa y marchar hacia Los Llanos para saber si había rastros de enemigos por ese lado. En aquel entonces los caminos estaban malos y todos los movimientos eran necesariamente lentos e inseguros debido a las fuertes lluvias de la estación. Sin embargo McDonald,el capitán Jarvis y unos cuarenta hombres más salieron para San Jacinto, una gran hacienda de ganado situada a pocas millas al nordeste de Tipitapa. Se tenían noticias de que una parte del enemigo ocupaba la casa de esta hacienda, y habiendo llegado McDonald cerca de ella antes del amanecer, demoró el avance hasta no saber el número de las fuerzas enemigas. Poco después de rayar el día puso en movimiento su tropa para atacar; pero cuando iba avanzando a paso de carga se le hizo un fuego tan nutrido y certero que creyó prudente retirarse. Trajeron al capitán Jarvis mortalmente herido y McDonald se enteró de que el enemigo era más numeroso de lo que había supuesto y estaba metido en fuertes barricadas de adobes.

La presencia del enemigo en San Jacinto era un serio inconveniente para el servicio de la proveeduría, y al saberse esto en Granada, numerosos voluntarios se ofrecieron para ir a desalojar a los legitimistas de la casa que ocupaban. Por el estado de los caminos era casi imposible mandar artillería a San Jacinto, aun en el caso de haber tenido las balas rasas o las bombas indispensables para el empleo eficaz de un cañón contra defensas de adobes. En Granada se tenía generalmente la idea de que los rifleros de McDonald se habían retirado demasiado pronto, y esto se debía a la falta total de disciplina que reinaba en aquel batallón. Viendo el entusiasmo de algunos oficiales y ciudadanos, y deseoso como estaba de averiguar con mayor exactitud de que fuerzas disponía el enemigo más allá de Tipitapa, Walker consintió en que se enrolasen voluntarios para ir a atacar a San Jacinto.

Estos voluntarios eran en su mayor parte americanos que habían sido licenciados o que renunciaron sus puestos en el ejército y de ellos fueron inscritos unos sesenta y cinco o setenta en Granada y Masaya. Entre los oficiales que se incorporaron a la expedición figuraban el mayor J.C. O'Neal, los capitanes Watkins, Lewis y Morris, los tenientes Brady, Connor, Crowell, Hutchins, Kiel, Reader y Sherman. Salieron de Granada en la tarde del 12 de septiembre y pasando en la mañana del 13. En Tipitapa ofrecieron el mando de la fuerza al teniente coronel Byron Cole, que había estado visitando varios lugares de Chontales con el objeto de conseguir ciudadano de Granada, fue nombrado segundo comandante. Del espíritu aventurero que reinaba, no sólo en estos hombres, sino en otros muchos en Nicaragua, puede juzgarse por el hecho de que conforme a esta organización improvisada el mayor O'Neal consintió en ponerse a las órdenes de Marshall, quien no era más que un simple ciudadano.

Cole y su tropa llegaron a San Jacinto hacia las cinco de la mañana del domingo 14 de setiembre, encontrando una casa bien situada para la defensa en una pequeña altura que dominaba todo el terreno de los contornos. Cerca de la casa había un corral cuyas cercas servían para protegerse de las balas de rifle o el plan de ataque. Dividió su pequeña fuerza en tres columnas, poniendo la primera a las órdenes de Robert Milligan, ex—teniente del ejército, la segunda a las del mayor O'Neal y la tercera del capitán Watkins puntos distintos y emplear como arma principalmente den de cargar simultáneamente por los sitios designa—bizarría y Cole, Marshall y Milligan habían penetrado ya en el corral cuando fueron barridos por el fuego certero del enemigo. O'Neal fue más afortunado; tan sólo recibió una herida en el brazo, al paso que Watkins quedó fuera de combate de un balazo en la cadera. De suerte que casi en el mismo instante y estando ya los soldados a unas pocas varas de la casa, todos los jefes y casi una tercera parte de la fuerza total quedaron muertos o heridos. Entonces los demás, viendo que nada podían hacer en tan corto número, se retiraron llevándose sus heridos, y algunos minutos después iban ya en plena retirada para Tipitapa[53].

De manera que en el intrépido pero inútil asalto de San Jacinto pereció Byron Cole, cuya energía y americanos a Nicaragua[54]. Por primera vez se le presentaba la ocasión de entrar en combate, y apenas había tenido tiempo de ver el fogonazo de un fusil enemigo cuando tropezó con la Parca. Durante meses, antes de llegar a El Realejo los americanos, había estado viajando y trabajando en su favor, y la única recompensa de sus labores y ansiedades fue la muerte en el primer campo de batalla en que tropezó con el enemigo de los principios que él había contribuido a fomentar. Tampoco fue Cole la única pérdida de nota en aquel día fatal. Marshall murió de sus heridas, después de llegar a Tipitapa, y entre los desaparecidos figuraba Charles Callahan, a quien se había nombrado administrador de la aduana de Granada. Era corresponsal del Picayune, periódico de Nueva Orleans, y su carácter afable le había ganado muchos amigos que sintieron su muerte prematura. El afán de combatir le hizo dejar sus ocupaciones en Granada por el ataque de San Jacinto y no volvió nunca al desempeño del cargo en el cual se había iniciado tan bien algunas semanas antes.

La retirada de los voluntarios de San Jacinto fue irregular y desordenada, y en soldados como los que tenía McDonald en Tipitapa, la llegada de los derrotados causó un efecto alarmante. Fue tal el pánico que destruyeron el puente del río para que no lo aprovechase el enemigo que aguardaban; pero éste no apareció y la alarma se fue calmando paulatinamente. Sin embargo, la noticia de la defensa de San Juancito alentó mucho a los Aliados, y a poco de haber

---

[53] El combate de San Jacinto tuvo una inmensa resonancia en Nicaragua, y no obstante la corta edad numérica de las fuerzas que en él tomaron parte, contribuyó a desalentar a los filibusteros y a dar ánimo a los centroamericanos. N. del T.

[54] Byron Cole no pereció en el ataque de San Jacinto como lo afirma Walker, sin duda para realzar la memoria de su amigo. Su fin fue más prosaico. Fue muerto por unos labriegos nicaragüenses que lo contrataron cuando andaba fugitivo, dos días después del combate. N. del T.

llegado ésta a León, Belloso, a instancias de algunos de los más resueltos de sus oficiales, decidió avanzar sobre Granda.

Pocos días después del combate de San Jacinto llegaron a Granada, procedentes de Nueva York, unos doscientos hombres para el ejército de Nicaragua. Pronto fueron organizados en compañías; pero desde el principio se vio cuán inútiles resultaban para el servicio militar. Muchos de ellos eran europeos de las clases sociales más pobres, alemanes la mayor parte, que se cuidaban más la mochila que de la cartuchera. Excepción hecha del capitán Russell y de los tenientes Nagle y Northedge, los oficiales eran tan insignificantes como los soldados; y no habían estado diez días en el país estos individuos que se intitulaban Voluntarios de Nueva York, cuando empezaron muchos de ellos a desertar. Según parece, la mayor parte habían ido a Nicaragua atraídos por la promesa de tener la casa y la comida de balde, y al salir de los Estados Unidos estaban muy lejos de pensar que debían prestar servicio. Huelga decir que semejante morralla era mucho peor que absolutamente nada, porque sus vicios y corrupción contaminaron a los hombres sanos con quienes estaban en contacto.

A la vez que llegaban a Granada estos reclutas, Belloso, el cual había recibido refuerzos de San Salvador y Guatemala, venía marchando sobre Managua desde León con unos mil ochocientos hombres. Le acompañaba el general Zavala, segundo comandante de los guatemaltecos; Paredes había quedado enfermo en León. Jerez siguió también a los Aliados y no faltaban a su lado leoneses de la talla de Méndez y Olivas, ávidos de todo desorden que ofreciese una perspectiva de saqueo. Valle, que se había arriesgado a cambios de junio con la mira de sublevar al pueblo contra el gobierno de Rivas, fue arrestado y puesto después bajo la vigilancia de la policía. Se quedó en Chinandega esperando que cambiasen las cosas, a fin de que su presencia allí pudiera ser útil a los americanos. Con haber permanecido en el departamento de Occidente ayudó a impedir que las gentes de esa región tomaran parte en la cruzada que predicaban los Aliados contra los "filibusteros".

El mayor Waters observaba cuidadosamente el avance de los Aliados, y gracias a la firmeza de su actitud en Managua, los demoró durante varios días en el camino que conduce de esta ciudad a León.

Sin embargo, cuando Belloso estuvo a pocas millas de Managua, Waters recibió la orden de replegarse a Masaya. El comandante de esta plaza era el teniente coronel McIntosh y unos doscientos hombres formaban su guarnición, que fue aumentada en el número, aunque no en el vigor, por el segundo de rifleros procedente de Tipitapa. Se acopiaron en Masaya víveres para muchos días y el comandante se puso a construir barricadas y otras defensas cerca de la plaza mayor. Mientras se hacían estas obras, el capitán Henry, que había estado muchas semanas en cama a causa de una dolorosa herida que recibió en un desafío, salió a la calle y con la pericia de que dio pruebas supo inspirar a los soldados confianza en su criterio y sagacidad lastimosa, y los efectos de su irresolución se hacían tener confianza en la fuerza de Masaya para defender la plaza contra el enemigo que venía acercándose. Si Henry hubiese tenido el mando, otra muy diferente habría sido la situación de la guarnición, y fue una desgracia que su largo encierro no permitiese conocer sus capacidades hasta el último momento. Como luego se verá, su inclinación a buscar el peligro lo hizo figurar en la lista de los heridos durante casi toda su permanencia en Nicaragua. En la guerra de Centro América no hubo mejor soldado que Henry, y la lectura y el estudio, así como la práctica y la costumbre, lo hicieron muy versado, no sólo en los detalles de la administración militar, sino también en los principios más profundos y más arduos del arte de la guerra[55].

Después de haberse detenido corto tiempo en Managua, Belloso siguió avanzando; y en Nindirí, a una hizo subir el número de las fuerzas de los Aliados a estado de ánimo de la guarnición de Masaya era tal que McIntosh recibió orden de retirarse a Granada, juzgar del estado en que se encontraban sus soldados. La prisa y la confusión fueron tales que al capitán Henry lo dejaron atrás y tan sólo se salvó por casualidad, gracias al afecto de las mujeres que lo cuidaron durante su enfermedad. Un cañón de bronce de a seis quedó en el camino, a unas tres millas de Masaya, cayendo más tarde en poder del enemigo. McIntosh pudo haberse movido calmosa y hasta lentamente

---

[55] Henry, siendo ya coronel, acompañó a Walker en la invasión América el año 1860, y fue muerto en Trujillo de un balazo en la cara por uno de N. del T.

con seguridad completa; porque Belloso no entró en Masaya sino algunas horas después de haber abandonado los americanos la ciudad.

Caso de haberlo querido hacer, es probable que Walker hubiese podido impedir durante algún tiempo la reunión de Martínez y Belloso, o cuando menos haberla estorbado; pero una campaña contra guerrillas dispersas era para los americanos más extenuante que un conflicto con el enemigo reunido en masas. Los Aliados eran menos temibles estando juntos que cuando operaban con diferentes columnas en puntos distantes. De aquí que no se le pusiese ningún obstáculo a Martínez en su marcha hacia donde estaba Belloso. En realidad, la mejor manera de curar un movimiento revolucionario en Centro América, es tratarlo como un divieso: se le deja que madure y luego se le mete la lanceta para que salga de una vez todo el pus. A los americanos les convenía que todos los descontentos de Nicaragua se juntasen con los Aliados para que la cuestión pudiera resolverse definitivamente. En efecto, poco fue el aumento de fuerza que recibió el ejército de Belloso con la llegada de Martínez, si es que recibió alguno.

Entretanto las tropas que estaban en Granada fueron reforzadas el 4 de octubre con la llegada del coronel Sanders, el capitán Ewbanks y unos setenta reclutas de California. Tres días después desembarcó el coronel John Allan con cerca de cien hombres de refuerzo, y al mismo tiempo se recibieron de Nueva York dos cañones Howitzer de montaña, de a doce, con una pequeña cantidad de grandas y cuatrocientos rifles Minié; pero a consecuencia de un error garrafal, los pasaron varios días antes de que el capitán Schwartz visionalmente. Con ansiedad se habían estado aguardando los obuses y las granadas, porque se tenía la esperanza de que con su ayuda se podría desalojar más pronto al enemigo de las poblaciones en que acostumbraba atrincherarse con adobes, lo cual hacía difícil tomarlas por asalto, como no fuera perdiendo mucha gente.

Se hizo venir al general Hornsby del departamento Meridional a Granada con su tropa y así quedaron concentradas en este lugar casi todas las fuerzas de la República, que sumaban unos mil hombres efectivos, comprendiendo en esta cifra a todos los empleados en las oficinas del ejército y los que servían en las filas; pero estos últimos eran en gran parte recién llegados al país, muchos de ellos no tenían ninguna instrucción militar y todavía eran más numerosos los que en toda su vida no habían visto enemigos de ninguna clase. Sin embargo, se necesitaba asestar un golpe a americanos no estaban enteramente reducidos a la defensiva.

De manera que tan pronto como se montaron los obuses en sus cureñas bastante toscas y se distribuyeron en los varios cuerpos los recién venidos, convenientemente armados y equipados, se dio la orden de marcha.

En la mañana del 11 de octubre salió Walker dio día cuando el primero de rifleros se formó en Jalteva y de allí siguió a Masaya por el camino de Enmedio. A la vanguardia de los rifleros iba el mayor y tras él la guardia cubana del general en jefe. Enseguida de la guardia marchaba el capitán Schwartz con los obuses, luego las mulas que llevaban las municiones. Seguían el segundo de rifleros y los dos batallones de infantería mandados por el general Hornsby. Un pequeño cuerpo de batidores cerraba la marcha, que fue tranquila y no interrumpida, y poco después de las nueve de la noche acampó la fuerza en los linderos de la ciudad de Masaya, ocupando las alturas a uno y otro lado del camino de Granada, en el sitio por donde penetra éste en la plazuela de San Sebastián. Durante la noche hubo algunos tiroteos entre exploradores montados del enemigo y piquetes americanos; pero estas escaramuzas fueron ligeras y sin importancia.

Poco después del amanecer del 12 el capitán Schwartz disparó algunas granadas sobre la plazuela de San Sebastián; enseguida el capitán Dolan avanzó con su compañía de rifleros a paso de carga para ocuparla y la encontró enteramente abandonada por el enemigo. Belloso había replegado todas sus fuerzas a las casas situadas en la plaza mayor y sus inmediaciones, y las bocas de todas las calles que a ella conducían estaban sólidamente atrincheradas. Después de que el grueso de los nicaragüenses hubo llegado a la plazuela de San Sebastián, se ordenó a unos pocos zapadores y minadores que habían sido organizados de prisa por el capitán Hesse, ingeniero civil, que fuesen abriéndose paso por entre las paredes de las casas situadas de ambos lados de la calle principal que iba de la plazuela a la plaza mayor. Hesse trabajó con todo empeño apoyado por los rifleros, a la derecha de la calle, y por la infantería a la izquierda. De vez en cuando trataba Schwartz de hacer caer granadas en medio de la plaza, pero las espoletas eran demasiado cortas y la mayor parte de los proyectiles estallaron en el aire. Además del inconveniente que ofrecían las espoletas, uno de los obuses quedó desmontado después de algunos disparos y la cureña del otro resultó impropia para el objeto a que se la destinaba.

Con todo eso, los rifleros y los de la infantería, precedidos de los que iban trabajando, avanzaban sin cesar hacia la plaza; algunas veces se encontraban con el enemigo, obligándolo siempre a retroceder. De los rifleros, el capitán Leonard con los capitanes McChesney y Stith eran los que iban adelante y los más activos; a la izquierda de la calle, Dreux, de la infantería, se mantuvo siempre a la cabeza. Al anochecer, las casas situadas frente a la plaza eran ya lo único que separaba a los americanos del enemigo, y la tropa, fatigada por el trabajo del día, tuvo que suspenderlo hasta la mañana siguiente. Entretanto los batidores que estaban en el camino de Granada dieron parte de que se oía un fuego nutrido en dirección del lago. El coronel Fisher, comisario general, acompañado del teniente coronel Lainé, del Mayor Rogers y de una escolta de batidores fue enviado a Granada para procurarse algunos pertrechos y también con el objeto de averiguar si los caminos estaban libres. Poco después de la medianoche regresó Rogers con la noticia de que el enemigo había atacado a Granada y ocupaba gran parte de la ciudad, con esperanzas de apoderarse de toda ella.

Parece que cuando Zavala —el cual con sus guatemaltecos y algunos legitimistas ocupaba Diriomo, pequeña aldea situada entre Masaya y Nandaime— supo que Walker había salido de Granada, resolvió atacar esta plaza suponiendo que había quedado enteramente indefensa; pero el general Fry mandaba en ella, y aunque la tropa de línea que tenía a sus órdenes era pequeña, con los avecindados en la ciudad y los funcionarios civiles del gobierno, el número de los americanos llegó a unos doscientos. La fuerza de Zavala no bajaba de setecientos hombres cuando entró en la ciudad, y es probable que alcanzase a novecientos por la mañana del 13. Entre sus secuaces estaba un renegado llamado Harper, el cual se había fugado de Granada en el mes de abril anterior para unirse a los costarricenses, porque su conocida condición de reo indultado de la penitenciaría de

California, impidió que se le diese el puesto a que aspiraba en el ejército nicaragüense.

Cuando Walker supo del ataque contra Granada dio en el acto la orden de que toda su fuerza se preparase para salir; temprano de la mañana del 13 iba ya marchando de prisa en socorro de Fry y de su pequeña guarnición. Poco después de las 9 a. m. los americanos que regresaban oyeron frecuentes descargas de fusilería en la ciudad, y al acercarse a Jalteva encontraron una fuerte columna enemiga con un cañoncito de bronce, situada en ambos lados del camino que había sido atrincherado. El coronel Markham iba a la vanguardia con el primero de infantería; el fuego de los Aliados era tan nutrido y certero que le impidió avanzar durante un rato; pero al cabo de algunos minutos los americanos dieron una carga y el enemigo desapareció, dispersándose y dejando abandonado el cañón. Enseguida el grueso de la fuerza nicaragüense avanzó rápidamente hacia la plaza principal, donde vió que todavía ondeaba su bandera, y la ciudad quedó pronto libre de Aliados. Zavala dejó abandonada otra pieza de artillería, además de la que se le tomó en Jalteva, y las calles quedaron sembradas de cadáveres de los suyos. Varios prisioneros de nota y algunos heridos cayeron en manos de los nicaragüenses.

Al llegar Walker a la plaza supo que Zavala había atacado la ciudad por la mañana del día anterior y que la pequeña guarnición había estado peleando con los Aliados durante cerca de veinticuatro horas. Los ciudadanos se portaron con un valor digno de encomió y algunos de ellos recibieron, en defensa de sus nuevos hogares, heridas que ostentarán durante toda su vida. El mayor Angus Gillis, registrador de la propiedad del departamento Oriental, había ido a Nicaragua para vengar la muerte de un noble hijo que cayó peleando en Rivas el 11 de abril, y mientras combatía con todo el vigor de un joven contra el enemigo aborrecido que le había arrebatado a su hijo, recibió una herida grave y dolorosa en la cara, que le dañó para siempre un ojo y tal vez los dos. A John Tabor, editor de El Nicaragüense, le rompieron el muslo cuando estaba defendiendo el derecho que le asistía de imprimir y publicar sus opiniones en Centro América. Douglass J. Wilkins defendió el hospital, que estuvo casi todo el tiempo amenazado de un asalto, infundiendo algo de su indómita energía a los seres débiles y consumidos que yacían estirados en las camas o encogidos en las hamacas de las diversas salas. Los oficiales empleados en las diferentes oficinas del ejército prestaron también muy buenos servicios en la tarea de rechazar los ataques de los Aliados. El coronel Jones, jefe de la pagaduría, dirigió la defensa de la casa de gobierno situada en la esquina de la plaza, y el mayor Potter, de la artillería, sirvió bien en muchas partes, especialmente en el cuartel que estaba cerca de la iglesia. Por primera vez desplegó en esta misma ocasión el capitán Swingle la destreza y el valor que tan útil le hicieron en operaciones posteriores.

Los que por su profesión solían predicar la paz, tampoco creyeron indigno de su ministerio descargar un golpe en defensa de una causa vilipendiada y perseguida por los hombres, pero que para quienes sabían las razones de la contienda, era justa y sagrada. No parecerá extraño, tal vez, que Thomas Baysie, juez de primera instancia, echase mano de un rifle para defender a la autoridad que le confirió su empleo; pero es probable que la conducta observada por el padre Rossiter, sacerdote católico recién nombrado capellán del ejército, llame más la atención y se preste a un análisis más minucioso. Sin embargo, cuando nos enteremos de los actos cometidos por los Aliados a su entrada en la ciudad, no ha de sorprendernos que hasta un sacerdote tomara las armas para defenderse de los ataques de quienes se portaron como salvajes. Por esta razón habremos de referirnos a algunos incidentes ocurridos durante el ataque de Granada, que indican la clase de guerra que hacían los Aliados.

Entre los americanos residentes en Granada figuraba John B. Lawless, oriundo de Irlanda pero naturalizado en los Estados Unidos. Durante años había trabajado en el comercio en el Istmo, principalmente en la compra de cueros y pieles para exportarlos a Nueva York. De índole suave y modales inofensivos, había desarmado hasta la envidia granadina con la honradez de su conducta y la integridad de su carácter. Durante las primeras semanas de la ocupación americana prestó muchos servicios a los legitimistas, presentando sus pequeños agravios y quejas al general en jefe; sus intercesiones fueron siempre en favor de la raza del país y para protegerla contra la conducta impremeditada de los recién llegados. Tan completa era la confianza que le inspiraban los legitimistas en lo tocante a su persona, tan perfecta la que tenía en la protección que le daba su ciudadanía americana, que al presentársele la oportunidad de trasladarse a la plaza en busca de la seguridad que le brindaban las armas nicaragüenses, rehusó hacerlo, quedándose en su casa al entrar en la ciudad los soldados de Zavala; y estaba precisamente desplegando la bandera americana en su puerta cuando los guatemaltecos le arrancaron de su hogar, llevándole a Jalteva, y habiéndole acribillado a balazos allí, desfogaron sus pasiones salvajes hundiendo las bayonetas en el cadáver.

Y no fue Lawless la única víctima de su violencia. Un agente de la Sociedad Bíblica Americana, el Reverendo D. H. Wheeler, fue sacado de su casa y asesinado del mismo modo que Lawless. El Reverendo Wm. J. Ferguson, predicador metodista, fue también arrancado de los brazos de su mujer y de su hija y corrió la misma suerte que Lawless y Wheeler. No contentos con el asesinato de estas personas inofensivas, dos brutales soldados de Carrera despojaron los cadáveres de sus ropas y los arrojaron desnudos como perros a las plazas públicas. Y en la casa donde se alojaba el padre Rossiter cometieron los secuaces de Zavala un crimen más negro todavía. Cuando entraron en la ciudad las tropas guatemaltecas, los niños de un inglés recién llegado a Granada y procedente de Nueva York estaban comiendo. Se hallaban sentados a la mesa un niño de seis años, dos niñitas, una de cuatro y otra de dos, y la niñera. Un soldado que iba pasando frente a la ventana apuntó con su fusil al inocente grupo y haciendo fuego de propósito deliberado mató al niño instantáneamente. La niñera salvó a las muchachitas huyendo a la casa vecina mientras los soldados forzaban las puertas y ventanas de la habitación en que yacía el niño muerto.

Las víctimas de estos desmanes se encontraban bajo la protección de la bandera americana; pero esta misma bandera era objeto de mofa y escarnio de parte de los soldados que un salvaje ignorante había desencadenado en las llanuras de Nicaragua. Cuando los Aliados atacaron la ciudad, el ministro americano estaba a las puertas de la muerte a causa de una enfermedad que le atacó repentinamente algunos días antes. En los primeros momentos de alarma, las señoras y otros no combatientes fueron enviados a casa del ministro; sin embargo, se hizo bien en mandar al mismo tiempo un pequeño cuerpo de rifleros para protegerlos. El ministro no estaba en condiciones de hacerse cargo de las personas desvalidas que llegaron a su casa; pero los anchos pliegues de su bandera ondeaban frente a la puerta y se creyó que esto sería bastante protección contra los guatemaltecos; no obstante, cuando el enemigo se apoderó de la casa vecina de la legación americana, empezó a tirar sobre "la bandera de las estrellas y las barras" y a gritarle a Mr. Wheeler que se saliese a la calle. Todas las palabras escogidas de la obscenidad española se añadieron al nombre de "ministro filibustero"[56], y los antiguos legitimistas de Granada no dejaron epíteto de odio o de desprecio para la raza del Norte que no profiriesen. Bien librado salió Mr. Wheeler con que el secretario de Estado americano le diera por aquel tiempo licencia de volver a Washington para informar sobre lo que estaba pasando en Nicaragua, lo cual equivalía a decirle cortésmente que su gobierno ya no tenía necesidad de sus servicios.

Las bajas de los americanos en los combates del 12 y 13, en Masaya y Granada, fueron algo más de ciento veinticinco muertos y ochenta y cinco heridos. Hubo muy pocas en Masaya; la mayor parte se contaron en Granada. Desaparecieron algunos hombres, especialmente de los que el coronel Fisher se llevó de Masaya en la noche del 12. Fisher regresó a Masaya por otro camino que el que Walker había tomado en la mañana del 13 y al llegar a los suburbios de la ciudad tuvo la sorpresa de encontrarse con un gran destacamento enemigo. Apresurándose a tomar un sendero transversal hacia Diriá y Diriomo pudo evitar durante algún tiempo al enemigo; pero no tardó mucho en volverlo a encontrar, aunque no tan numeroso como antes. Los oficiales y batidores de Fisher notaron entonces que el fuerte sereno de la noche había inutilizado las carabinas Sharp, por haber penetrado la humedad entre la cámara y el cañón. Por último, se separaron y algunos dieron pronto con el camino de Granada; en cambio, otros tardaron varios días en volver. El teniente coronel Lainé, edecán del general en jefe, fue hecho prisionero por los Aliados y fusilado. Tan pronto como se supo con certeza en Granada su ejecución, dos oficiales guatemaltecos, el teniente coronel Valderrama y el capitán Allende, fueron fusilados en represalias.

---

[56] En castellano en el texto.

El enemigo tuvo muchas bajas en Granada. Es probable que por la noche del 12 enterrase sus muertos de ese día, porque se encontraron numerosas sepulturas frescas en las cercanías de las casas ocupadas por los Aliados. Además, cerca de cien cadáveres fueron sepultados por los americanos después de que Zavala se retiró a Masaya. Según los informes que se tuvieron, hubo también muchos heridos, no sólo los que se llevaron de Granada, sino también los de Masaya en la mañana y la tarde del 12.

El vapor del lago «La Virgen», estuvo fondeado cerca del muelle, en Granada, durante los combates del 12 y 13, y por la noche del 13 zarpó para La Virgen llevando a varios oficiales que regresaban a los Estados Unidos y también al padre Vigil que se dirigía a San Juan del Norte. En lo tocante a la manera centroamericana de hacer la guerra, el cura de Granada era más instruido que el agente de la Sociedad Bíblica Mr. Wheeler, o el predicador metodista Mr. Ferguson; porque apenas supo que los guatemaltecos estaban en Jalteva, huyó a un pantano situado cerca de la ciudad, escondiéndose allí hasta que la retirada del enemigo fue cosa indudable. Por la tarde del 13 vino a felicitar al general en jefe por la victoria contra los Aliados, y sus congratulaciones terminaron con la petición de un pasaporte para irse en el vapor que iba a salir con rumbo a La Virgen. Y el buen padre no estuvo tranquilo hasta no verse seguro a bordo y fuera del alcance, a su juicio, de los temidos "chapines"[57].

Algunos días después del combate del 13 ingresó en el ejército un elemento valioso, el coronel C. F. Henningsen, que vino a Granada procedente de Nueva York con armas y pertrechos de artillería. A la edad de diecinueve años comenzó el coronel Henningsen su carrera militar a las órdenes del caudillo carlista Zumalacárregui, y los servicios que prestó en España fueron una buena preparación para la guerra de Nicaragua. No obstante ser inglés de nacimiento había pasado casi toda su vida en el continente europeo, y después de la muerte de Zumalacárregui estuvo residiendo algunos años en Rusia. Por último, abrazó en 1849 la causa de la independencia de Hungría y vino a los Estados Unidos hacia el mismo tiempo que Kossuth. Uno

---

[57] Apodo que se da en Centro América a los guatemaltecos. N. del T.

o dos días después de haber llegado a Granada se le nombró general de brigada, encomendándole especialmente la organización de la artillería y la dirección de la enseñanza del manejo del fusil Minié. Muchos oficiales manifestaron gran disgusto por el grado conferido a Henningsen; tampoco faltaron esfuerzos para fomentar prevenciones contra él por cuanto no era americano; pero su mérito triunfó pronto de la mayor parte de estos sentimientos, aunque en el pecho de algunos. oficiales se anidó la envidia hasta el último día. Con todo esto, Walker nunca tuvo motivos para arrepentirse de la confianza que desde el principio le inspiró la capacidad de Henningsen[58].

La competencia del nuevo brigadier no tardó en hacerse sentir en la organización de dos compañías de artillería y una de zapadores y minadores. Henningsen redactó instrucciones extensas y detalladas sobre el manejo del fusil Minié, y bajo su vigilancia se hicieron ejercicios de tiro al blanco con esta arma durante algunos días. Tuvo que luchar mucho contra la pereza y la desidia de los oficiales; entre éstos eran demasiados los que apreciaban más su grado como excusa de holgazanería que como un incentivo para el cumplimiento de difíciles y arduas obligaciones. Obtuvo mejores resultados en los ejercicios de tiro de cañón que en los que se hicieron con el nuevo rifle, porque entre los oficiales de artillería había varios que tenían mucho orgullo profesional. Se ha hablado ya de la habilidad y experiencia del mayor Schwartz. Merecen también ser mencionados el capitán Dulaney y el teniente Stahle.

El capitán Ferrand tenía valor, pero esto era casi todo lo que tenía; su pereza era intolerable. Stahle resultaba particularmente útil en el tiro con cañones Howitzer y morteros Cochorn. Habiendo llegado las cureñas de los obuses, prestaban éstos mejor servicio, y como los morteros eran livianos y de fácil transporte, se empleaban en ellos las mismas granadas que en los cañones Howitzer. El tiro de los morteros se simplificó mucho empleando siempre la misma carga y determinando la distancia tan sólo por el ángulo de elevación de la pieza.

---

[58] El notable e infortunado periodista francés Félix Belly, que tanto se interesó a mediados del siglo XIX por la construcción del canal de Nicaragua, dice que a Henningsen se le acusaba de haber hecho un robo de diamantes en Rusia.V. Félix Belly, A travers l'Amérique centrale. París, 1867. N. del T.

Entretanto el departamento Meridional no tenía más protección que la de la goleta "Granada", surta en San Juan del Sur. Durante los meses de agosto y setiembre el teniente Fayssoux había estado cruzando en el golfo de Fonseca, después en el de Nicoya y por último frente a El Realejo; pero no pudo ver ninguna embarcación con bandera enemiga. La presencia de la goleta en varios puntos de la costa había tenido al enemigo constantemente en jaque y estorbó de muchos modos los movimientos de los Aliados. Sin embargo, como se iba acercando el día de la llegada del vapor de San Francisco, fue necesario mandar una guardia para custodiar los caudales en el Tránsito y proteger a los pasajeros. Para esto se envió al general Hornsby el 2 de noviembre, de Granada a La Virgen, con 175 hombres. Llegó al Tránsito en tiempo preciso de custodiar los caudales traídos por el "Sierra Nevada".

Se sabía que de Masaya habían mandado un destacamento para ocupar a Rivas. Por otra parte, eran frecuentes y constantes los informes de que Costa Rica enviaba una nueva fuerza para cooperar con los Aliados en el departamento Meridional[59]. Por este motivo se ordenó a Hornsby quedarse en La Virgen con el objeto de señorear el muelle, a fin de que una fuerza procedente de Granada pudiera desembarcar en cualquier momento. Al propio tiempo se quedó Fayssoux en el puerto de San Juan del Sur para inquietar al enemigo, caso de que ocupase esta plaza. El cuaderno de bitácora de la «Granada» nos dice cómo desempeñó la goleta su papel. El 7 de noviembre consigna lo siguiente:

"A las 4 y 30 p. m. recibí una carta fechada a las 4 p. m. y firmada por José M. Cañas, comandante de la vanguardia costarricense, pidiéndome la rendición de la plaza sin disparar un tiro. Caso de hacerlo así, los ciudadanos tendrían garantías; de lo contrario no. No hice caso de esto. A las 5 p. m. Mr. G. Rozet, inspector de los Estados Unidos en San Juan, vino a bordo trayendo la noticia de que los generales Bosque y Cañas estaban en el pueblo con 600 costarricenses; que pedían la rendición de la goleta sin que yo disparase un tiro; de no hacerlo así, los ciudadanos no tendrían garantías. Contesté que no me rendiría; pero que no pudiendo

---

[59] Esta fuerza, al mando del general Cañas, constaba de 400 hombres. N. del T.

expulsarlos a ellos de la población, consideraba prudente salir del puerto. A las 5 y 45 p. m. solté las amarras de la boya, salí y me puse al pairo fuera del puerto".

El 8 el cuaderno prosigue así:

"Al pairo cerca del puerto. A las 3 y 30 p. m. recibí cartas del oficial que manda en San Juan, Guardia[60], en que ofrece garantías a todos los ciudadanos que le entreguen sus armas, y de Mr. Rozet rogándome no entrar en el puerto, porque de lo contrario perecerían todos los americanos. Contesté a Rozet que no tenía la intención de entrar y díjese a Guardia que yo no quería comunicarme con el enemigo. Las personas que vinieron a verme me informaron de que los costarricenses aguardaban de un momento a otro la llegada de una barca y dos bergantines, éstos armados en guerra y con tropas, y aquélla con provisiones y soldados".

Con fecha 10 se lee:

A las 12 m., junto a la entrada del puerto. Ví hombres a caballo y al parecer 150 soldados que iban saliendo de la población".

El motivo de la partida de esta tropa se verá, volviendo a los movimientos del general Hornsby en La Virgen.

Aunque en La Virgen estaban 175 hombres de infantería, la fuerza verdadera de esta tropa era muy inferior a su importancia numérica; y aunque Hornsby fue reforzado el 10 por Sanders con 150 rifleros y un obús mandado por el capitán Dulaney, no pudo marchar contra el enemigo con más de 250 hombres. Cañas se había situado en la colina sobre la cual pasa la carretera del Tránsito, a una milla más o menos de la casa del Medio Camino yendo para San Juan del Sur. Inmediatamente después de esta casa hay un tajo hondo en la carretera y a unas 150 yardas más allá un puentecito sobre un barranco profundo. El enemigo se había atrincherado cerca del puente y dominaba un gran trecho del camino, teniendo de un lado una altura y del otro el barranco.

El capitán Ewbanks envolvió con un destacamento de rifleros el flanco derecho de los costarricenses que defendían el puente y esto permitió a Hornsby llegar al pie de la colina donde estaba situado el

---

[60] El mayor don Tomás Guardia, después general de división y presidente de la República de Costa Rica. N. del T.

grueso de la fuerza de Cañas; pero al reconocer el general americano la colina ocupada por los costarricenses y viendo el efecto que había producido en su tropa el fuego que ésta acababa de sufrir en su avance, juzgó prudente retirarla sin arriesgarse a atacar. Por lo tanto, se retiró a La Virgen y de allí se fue a Granada para informar personalmente a Walker de su marcha contra Cañas[61].

Era necesarísimo mantener el Tránsito libre de toda fuerza de los Aliados que fuera de temer. Bien sabía el enemigo la importancia que para los americanos tenía, cuando le daba el nombre de "Camino real del filibusterismo". Así fue que Walker se dirigió a La Virgen con 250 rifleros, un obús, un mortero y una sección de zapadores y minadores. El general Henningsen acompañó la fuerza para dirigir el nuevo cuerpo formado bajo su vigilancia. La artillería no se había portado bien el 10 y el general estaba muy deseoso de que volviese por su reputación.

Walker desembarcó por la tarde del 11, y saliendo en la misma noche para la casa del Medio Camino, llegó allí momentos antes del amanecer. Después de un breve descanso la avanzada reasumió la marcha y al llegar ésta al tajo del camino, el enemigo rompió el fuego desde las mismas trincheras situadas cerca del puente que ocupaba en la mañana del 10. Al capitán Ewbanks, que conocía bien el terreno, se le ordenó dar un largo rodeo por la izquierda y con esto logró desalojar a los Aliados de sus trincheras, lo mismo que la vez anterior. Toda la columna avanzó entonces sin interrupción hasta el pie de la colina donde Cañas tenía la totalidad de su fuerza, que sumaba probablemente 800 hombres[62].

El enemigo, en su mayor parte compuesto de costarricenses, ocupaba exactamente la misma posición en que hacía poco más de un año se emboscaron los demócratas para esperar a Corral que venía de Rivas a San Juan del Sur. El coronel Natzmer sirvió de edecán a Valle en setiembre de 1855 y conocía por lo tanto las faldas de la colina

---

[61] Walker se refiere aquí al combate llamado por los costarricenses de Rancho Grande. Este combate tuvo lugar el 10de noviembre de 1856 y duró dos horas. N. del T.

[62] Cañas sólo tenía en ese combate 400 hombres, de los cuales 300 eran costarricenses y los demás nicaragüenses. En cambio, Walker disponía de 600 norteamericanos y varias piezas de artillería. N. del T.

donde se situaron en aquel entonces los demócratas. Por lo tanto, se le ordenó que con los zapadores y minadores fuese a abrir un camino en dirección de la cumbre de la colina y a retaguardia de las trincheras enemigas. Siguióle el capitán Johnson con una compañía de rifleros y protegió a los trabajadores. También se mandó al capitán Green a retaguardia de la compañía de Johnson; pero, separándose éste de los que iban adelante, se extravió en la espesura de la maleza y no se le volvió a ver hasta después de varias horas.

Para cubrir el movimiento de Natzmer se llevó el obús hacia la curva que hace el camino frente a las primeras trincheras de Cañas y se lanzaron varias granadas contra éstas; pero el fuego de los Aliados era tan nutrido y certero que se creyó prudente retirar el cañón y ponerlo a cubierto después de algunos disparos. Esta vez los artilleros se portaron con una sangre fría digna de alabanza, y gracias a la entereza de que dieron pruebas en la pelea recobraron algo de la fama que habían perdido el 10. Entretanto los costarricenses hacían un fuego irregular de fusiles y rifles, porque tenían rifleros, y el capitán Stith perdió la vida por haberse expuesto un instante con su alta estatura en el centro del camino.

En hora y media el coronel Natzmer pudo llegar al punto a que se dirigía; pero el enemigo notó este movimiento y. temeroso de las consecuencias que pudiera tener dispuso la retirada. Cuando Johnson llegó con sus rifleros a las trincheras, éstas estaban desiertas y Cañas iba ya de camino para San Juan del Sur. Los americanos los persiguieron entonces, y como algunos de los batidores estaban bien montados picaron a las órdenes de Henningsen la retaguardia del enemigo. Cañas dirigió su retirada con serenidad hasta San Juan, aprovechando varios puntos del camino para detener a los americanos; pero al final, cerca del sitio donde el camino del Tránsito cruza el riachuelo que desemboca en el mar, en el lindero de la ciudad, Henningsen, seguido del capitán Leslie, del teniente Gaskill y de unos pocos batidores, cargó contra los soldados de infantería que iban en retirada y los desbarató enteramente, empujándolos a paso acelerado al través de la población y del río hasta la vereda que conduce a Rivas por la costa. El enemigo iba tan desbandado después de pasar por San Juan que habría sido inútil seguirlo persiguiendo.

En la confusión de la retirada algunos costarricenses huyeron de las filas y tomaron el camino del Guanacaste. De suerte que Cañas llegó a Rivas con una fuerza, no sólo disminuida por la muerte y la deserción, sino también descorazonada y desmoralizada por la derrota[63]. Era pues evidente que no podría hacer nada por el momento para estorbar el tránsito; con dificultad habría de atreverse a salir de las trincheras de Rivas. Walker estaba por esta razón ansioso de volverse inmediatamente a Granada y atacar de nuevo a Belloso en momentos en que Cañas le pedía auxilio desde el departamento Meridional. Por consiguiente, salió Walker el 13 de San Juan para La Virgen y embarcó su fuerza en el vapor del lago, llegando en la misma noche a Granada. Al coronel Markham se le dejó en La Virgen con el primero de infantería.

En la mañana del 15 los americanos se encontraban de nuevo en el camino que va de Granada a Masaya. La fuerza se componía de los rifleros de Sanders, una compañía del segundo de rifleros, la infantería de Jaquess, un cuerpo de batidores mandado por Waters, algunos zapadores y secciones de las compañías de artillería. Había unos 560 hombres por todo[64]. Formaban la artillería un obús de doce libras, dos cañoncitos de bronce tomados a los Aliados y dos morteros de los pequeños. Como el tren de mulas que llevaba las municiones era largo y el día caluroso, la marcha fue lenta y fatigosa. No había andado la fuerza más de la mitad del camino en dirección de Masaya, cuando supo Walker que Jerez había salido para Rivas con 700 ú 800 hombres. A consecuencia de este informe se ordenó a Jaquess regresar a Granada con su infantería y seguir para La Virgen en un vapor del lago. De suerte que la fuerza que llevaba Walker quedó reducida a menos de 300 hombres.

El mayor Henry, no obstante que apenas podía andar, siguió la columna que marchaba sobre Masaya, montado en una mula. A dos o tres millas de la entrada de la ciudad, Henry y el coronel Thompson consiguieron pasarle adelante a la avanzada, y habiendo encontrado

---

[63] Esto es inexacto. Cañas llegó a Rivas con toda la fuerza costarricense que le acompañaba. N. del T.

[64] En la traducción del Señor Carnevalini se dice 500 hombres, sin duda por errata de imprenta. El historiador Montúfar consigna esta misma cifra, tomándola de la citada traducción. N. del T.

un piquete enemigo cargaron contra él a todo galope. Los del piquete huyeron como gamos, dejando uno de ellos el sombrero con un hueco abierto por una bala del revólver de Henry y la paja ordinaria de la copa salpicada de sangre. Este incidente, a la vez que pone de manifiesto el excesivo valor de algunos de los oficiales, demuestra también lo difícil que era mantenerlo dentro de los límites del orden y de la disciplina, aunque lo probable es que Henry y Thompson no se dieran cuenta de haber dejado atrás a la guardia, debido a la negligencia del oficial que la mandaba.

Al acercarse los batidores a las pequeñas chozas que están a la entrada de Masaya, el enemigo abrió un fuego nutrido de fusilería y Waters, llevando sus jinetes a la derecha del camino para ponerlos a cubierto en la espesa vegetación tropical, dio paso a los rifleros. Al entrar por la plazuela de San Sebastián, el camino atraviesa por un tajo a cuyos lados se encuentran diseminadas algunas chocitas de cañas en medio de pequeños platanares. Los enemigos apostados en estos platanares dirigieron el más mortífero de los fuegos contra los rifleros al avanzar éstos; sin embargo, Sanders formó el plan de llegar a la plazuela desplegando su gente a uno y otro lado del camino; por su parte Henningsen, habiendo llevado el obús hasta cerca del enemigo, lanzó sobre él una lluvia de metralla. Durante varios minutos hubo una pelea furiosa; pero al fin fue disminuyendo poco a poco el fuego, y los Aliados, replegándose al centro de la ciudad, dejaron los suburbios en poder de los americanos.

Pero no se había conquistado el terreno sin grandes pérdidas. Los nicaragüenses tenían más de 56 muertos y más de 40 heridos. El teniente Stahle, estimable oficial de artillería, cayó al pie de su cañón, y el mayor Schwartz fue herido. Además de éstos, varios de los mejores oficiales de los rifleros recibieron heridas graves. Las del capitán Ewbanks y del teniente C. H. West eran dolorosas y de peligro; el coronel Natzmer fue derribado por una bala perdida que recibió detrás de la oreja. Por otra parte, la proximidad de la noche y lo nerviosa que estaba la tropa, extenuada por la excitación y las muchas bajas, hizo que se creyese conveniente acampar en el terreno alto abandonado por el enemigo. Por consiguiente, se dio la orden de descargar las mulas y poner los piquetes para la noche.

Pero en la situación en que se encontraba la fuerza era mucho más fácil dar órdenes que hacerlas cumplir. Por causa de la obscuridad pasó algún tiempo antes de poder reunir los heridos cerca del centro del campamento, y a los cirujanos les fue algo difícil hacer las curas sin luz. Yendo el general en jefe de uno a otro lado para ver que se cumpliesen sus órdenes, encontró a muchos oficiales en tal estado de abatimiento y postración, que no podían imponerse a sus subalternos. Algunos de ellos habían tomado mucho licor durante la larga marcha, y esto y la excitación producida por el conflicto los había privado enteramente de fuerza moral. Tan sólo a costa de esfuerzos personales pudo Walker conseguir que se diese alguna seguridad al campamento, y durante toda la guerra de Nicaragua no le fue nunca tan difícil hacer cumplir sus órdenes como aquella noche. La voluntad de la tropa parecía hallarse momentáneamente paralizada por el fuego feroz que había soportado.

La noche fue larga y fastidiosa; pero al fin rayó el día, y la tropa, algo repuesta por el sueño corto y no interrumpido de que había disfrutado, estaba otra vez lista para entrar en acción. El mayor Schwartz, sirviéndose del obús y con admirable puntería, disparó algunas granadas que fueron a caer sobre las casas situadas cerca de la plazuela de San Sebastián. Enseguida el mayor Caycee avanzó con unos pocos hombres del segundo de rifleros, apoderándose de la plazuela que al parecer acababa de ser abandonada por el enemigo. Pronto estuvieron los heridos cómodamente instalados en la iglesita de San Sebastián, y después de haber tomado la tropa un abundante desayuno estaba tan animosa como nunca. Los zapadores comenzaron a trabajar cortando por entre las casas a uno y otro lado de la calle que desemboca en la esquina que está a mano derecha de la plaza mayor, viniendo de San Sebastián. Los boquetes abiertos en las casas de adobes durante el ataque del 12 de octubre sirvieron también.

Con todo, la obra de los zapadores era lenta, y mientras éstos iban avanzando al frente de la fuerza, protegidos por una compañía de rifleros, hubo que defender varias veces la plazuela contra los ataques de los Aliados; pero el enemigo, después de varios rechazos en que tuvo bajas, pareció convencerse de que estaba gastando inútilmente sus fuerzas en estos asaltos contra la retaguardia de los americanos. Además, se había avanzado tanto hacia la plaza mayor que resultaba inconveniente mantener comunicaciones con San Sebastián, y Walker lanzó todas sus fuerzas disponibles contra el enemigo; para proteger su retaguardia fue quemando las casas que dejaba atrás. Avanzando en esta forma durante los días 16 y 17, los americanos llegaron en la tarde del último a veinticinco o treinta yardas de las casas ocupadas por el enemigo en la plaza.

El general Henningsen había establecido una batería de morteros en una choza situada cerca del enemigo; algunas granadas que disparó resultaron muy eficaces; pero las espoletas eran demasiado cortas, como se había notado ya, y las granadas de que disponían los nicaragüenses eran tan pocas que no se justificaba ningún despilfarro a este respecto. Esta fue en realidad la razón principal de los pocos resultados que se obtuvieron con los morteros y obuses (cuando se empleaban granadas en los últimos) durante toda la campaña. Además de las espoletas defectuosas y de la corta cantidad de granadas, los efectos de tres días de trabajo y de lucha se hacían sentir en el cansancio de la tropa y la casi total imposibilidad de obtener que se hiciesen las guardias como se debe.

No obstante que los Aliados estaban claramente desalentados por el avance de los americanos, habría sido necesario algún tiempo más para sacarlos de la ciudad, y Walker, inquieto como estaba respecto del Tránsito, resolvió retirarse a Granada, paso previo al abandono del departamento Oriental.

Por consiguiente, cerca de la medianoche del 17y después de un descanso de pocas horas que se tomó en la primera noche, los americanos abandonaron silenciosamente las casas que ocupaban, saliendo para Granada en formación de marcha. En la obscuridad la fuerza estuvo durante un rato dividida, pero pronto se juntó, prosiguiendo su camino en dirección del lago. Durante los tres días hubo cerca de cien bajas—una tercera parte de la fuerza total que atacó a Masaya—y la larga fila de heridos montados a caballo retardaba forzosamente la marcha hacia Granada. Pero no obstante el agotamiento de la tropa se marchó con regularidad y cohesión. El general Henningsen, con un obús, mantuvo la retaguardia bien cubierta y a salvo de toda molestia que el enemigo hubiese tratado de causarle; pero los Aliados no molestaron a los americanos que iban en retirada; estaban probablemente bastante contentos de verse libres de tan importunos vecinos. Por la mañana del 18, Walker entró de nuevo en Granada y poco después comunicó a Henningsen su resolución de abandonar esta plaza.

CAPÍTULO X: La retirada de Granada

La obstinada resistencia que opusieron los Aliados en Masaya se debió principalmente a que habían recibido un refuerzo de unos ochocientos guatemaltecos el mismo día del ataque[65]. Estos guatemaltecos fueron los que se situaron en los platanares algunas horas después de haber llegado a Masaya, e ignorantes como estaban de los efectos de los rifles americanos mantuvieron su posición durante más tiempo que lo hubiese hecho cualquiera otra tropa de los Aliados. Sin embargo, en los tres días de pelea los nuevos soldados de Belloso perdieron el brío, y las bajas que tuvo éste fueron tales que se supuso le sería difícil moverse sin ser reforzado[66]. Por esto Walker creyó posible evacuar a Granada sin que lo estorbase el enemigo. Pero había resuelto no solamente abandonar la ciudad, sino destruirla también, y como para esto hacía falta pericia y entereza, resolvió confiar la tarea a Henningsen.

El 19 comenzaron los preparativos para retirarse de Granada. Los enfermos y heridos del hospital se llevaron a un vapor que debía transportarlos a la isla de Ometepe. Para moverse tan rápidamente como era posible, se tomaron los dos vapores del lago, "San Carlos" y "La Virgen". El 20 se presentó Walker en La Virgen con el objeto de ver que todo estuviese listo para marchar a San Jorge o a Rivas después de la destrucción de Granada. Suponía que los haberes del gobierno y los almacenes estarían en La Virgen el 21 o el 22 a más tardar; pero el movimiento se demoró por varios motivos. En Granada había una gran cantidad de cosas dispersas en la población, pertenecientes a oficiales y soldados, y cada cual deseaba salvar todo lo suyo. Además, tan pronto como llegó a saberse que la ciudad iba a ser destruida comenzó el saqueo, y como había abundancia de licor, casi todos los que podían prestar servicio estaban bajo su influencia. Para Henningsen fue imposible refrenar las pasiones de los oficiales, y éstos perdieron a su vez toda autoridad sobre sus subalternos. Sin embargo, el 22 ya había trasladado Fry a la isla las mujeres y los

---

[65] Este refuerzo constaba en realidad de 600 hombres. N. del T.
[66] En estos combates de Masaya los Aliados sólo tuvieron 43muertos y 82 heridos, según los partes oficiales. N. del T.

niños, lo mismo que los enfermos y heridos; disponía de una guardia de 60 hombres. Henningsen puso a bordo del vapor la mayor parte de los pertrechos de la artillería y estaba procediendo a la destrucción de la ciudad. A medida que se desarrollaba el incendio, la excitación producida por el espectáculo aumentaba la sed de licor y los soldados pensaban que era una lástima desperdiciar tanto vino bueno y tanto coñac. A pesar de las guardias y los centinelas, de las órdenes y de los oficiales, siguió la borrachera, y el aspecto que presentaba la ciudad era más bien el de una bacanal desenfrenada que el de un campo militar. Belloso no tardó en saber, por supuesto, lo que estaba pasando en Granada y en la tarde del 24 los Aliados atacaron la ciudad.

Las tropas de infantería de Markham y Jaquess se encontraban en La Virgen muy desorganizadas. Por tocar a su fin la estación lluviosa había muchas fiebres en el campamento, y el contraste entre los cuarteles de Granada y los de La Virgen, así como la escasez de legumbres para las raciones en este último lugar, abatía el ánimo de los oficiales no menos que el de los soldados. Algunos hombres excepcionales parecían alegrarse ante la perspectiva de las dificultades, del peligro y de las privaciones; pero estos caracteres son raros en todos los tiempos y en todos los pueblos. Constituyen por desgracia la excepción y no la regla.

Para colmo de males se recibió de San Juan del Sur, en la mañana del 23, la noticia de que la goleta «Granada» había salido del puerto para pelear con un bergantín costarricense y de que los vecinos de la ciudad habían estado mirando el combate a la luz de los fogonazos de los cañones, hasta que una gran llamarada muy brillante, acompañada de un ruido muy grande como el de un trueno, les hizo suponer que uno de los dos barcos había volado. Durante la noche del 23 llegaron de tiempo en tiempo correos a La Virgen, anunciando que en San Juan existía la creencia general de que Fayssoux había hecho volar la goleta antes de permitir que cayese en poder del enemigo. Esta noticia, a la vez que da a conocer la opinión de las gentes sobre el resultado inevitable de un combate entre un barco del tamaño del bergantín costarricense y la goletita, indica también lo que pensaban del carácter del comandante de la "Granada". La circunstancia de no haber entrado la goleta en el puerto durante la noche vino a confirmar la creencia del vecindario, y en La Virgen eran pocos los que como el general en jefe dudaban de la exactitud de las consecuencias que se deducían de la llamarada y la explosión.

Sin embargo, en la mañana del 24 vieron que la goleta venía entrando en el puerto, y si bien parecía haber en la cubierta más gente que la que formaba de ordinario su tripulación, ancló en el lugar de costumbre. Poco después corrió la noticia de que el barco enemigo era el que había volado la noche anterior. El cuaderno de bitácora de la goleta refiere así la historia, con fecha 23[67]:

"Empieza el día con ligeras brisas del nordeste y tiempo agradable. A las 4 p. m. ví una vela cerca del puerto; se levó el ancla, saliendo a su encuentro. A las 5 y 45 el barco que venía izó la bandera de Costa Rica. A las 6 estaba a una distancia de 400 yardas; nos soltó una andanada y nos hizo fuego de fusilería. A las 8 lo hicimos volar. A las 10 habíamos cogido en el mar a su capitán y cuarenta hombres. El nombre del barco era «Once de Abril», su capitán Antonio Valle Riestra; tripulación 144 soldados y oficiales; cañones 4, del calibre de 9 libras. El capitán dice que estaba a punto de rendirse cuando voló el barco. Todos se perdieron y fueron muertos, excepto los que recogí. Tuve un hombre muerto, Jas. Elliot; Mathew Pilkington fue herido de peligro, Dennis Kane de gravedad y otros seis levemente. Ligeras brisas; me dirigí al puerto"[68].

La sencillez de la narración revela un rasgo del carácter de su autor; pero a fin de que se le aprecie en todo lo que vale, es necesario hacer comentarios sobre el tamaño de la goleta, su tripulación y armamento. La "Granada" tenía unas setenta y cinco toneladas de capacidad y llevaba a bordo, durante el combate con el «Once de Abril», veintiocho personas por todo, entre las cuales un muchacho y cuatro ciudadanos de San Juan. Tenía dos carronadas de seis libras y sólo 180 tiros de bala rasa y de metralla. No es extraño, por lo tanto, que las gentes que estaban en tierra supusieran que después de un combate de dos horas a corta distancia (porque sabían, según dijeron,

---

[67] Hay aquí un error de fecha. El combate entre el "Once de Abril" y la "Granada" ocurrió el 22 de noviembre de 1856 y no el 23. N. del T.

[68] Esta relación de Fayssoux parece escrita a posteriori. Desde luego es muy extraño el error respecto de la fecha del combate. Llama también la atención que diga que el "Once de Abril" voló a las 8 de la noche, cuando esto fue a las 10. N. del T.

que Fayssoux se arrimaría al bergantín) la "Granada" se hallaba tan fuera de combate que su comandante se había resuelto a hacerla volar.

La destrucción del bergantín la motivó una de las balas disparadas por la goleta, que probablemente fue a pegar contra un pedazo de hierro o en algunos fulminantes en la santabárbara; pero los costarricenses y las gentes de Nicaragua se imaginaron que se debía a un nuevo proyectil inventado por los americanos[69]. Muchos de los prisioneros tenían grandes quemaduras y se mostraron agradecidos y algo extrañados de las atenciones de los cirujanos. El estado del capitán era grave, pero al cabo de algún tiempo sus quemaduras sanaron y se le dio un pasaje en el vapor para Panamá[70]. Los prisioneros que podían andar se pusieron pronto en libertad, dándoles pasaportes para Costa Rica. Cuando llegaron a su país, sus informes contribuyeron mucho a borrar las prevenciones que habían suscitado los Moras contra los americanos, y, por último, los prisioneros libertados tuvieron que callar de orden del gobierno; pero nunca se pudo obligar a ninguno de ellos a volver a Nicaragua.

Al día siguiente del combate con el "Once de Abril", Fayssoux fue ascendido al grado de capitán y se le donó la hacienda del Rosario, cerca de Rivas, por los señalados servicios prestados a la República. El resultado de este primer combate naval con el enemigo, la desigualdad en el número de los tripulantes y de los cañones, así como el carácter del conflicto, dieron nuevo ánimo a las tropas que estaban en La Virgen. Hasta las viviendas miserables y las raciones mezquinas de la aldea se echaron un rato en olvido para celebrar la nueva gloria que la "Granada" había conquistado a la bandera nicáragüense de la estrella roja. Y cuando por la tarde del 24 se recibió la noticia de que Henningsen había sido atacado en Granada, no se interrumpió el regocijo por el triunfo de la goleta en San Juan.

---

[69] La voladura del «Once de Abril» fue causada por el incendio que se declaró a bordo después de una hora de combate y llegó a la santabárbara a las diez de la noche. N. del T.

[70] Las quemaduras del capitán Valle Riestra tardaron dos años en sanar del todo. N. del T.

Hacia las tres de la tarde del 24 los Aliados atacaron a Henningsen por tres puntos y casi al mismo tiempo[71]. Una columna enemiga apareció en Jalteva, otra por el lado de la iglesia de San Francisco y la tercera atacó la de Guadalupe por la calle que va de la plaza mayor a la playa del lago. El mayor Swingle hizo desaparecer en breve la fuerza que estaba en Jalteva, disparándole algunos cañonazos, a la vez que O'Neal contuvo el avance del enemigo por el lado de San Francisco; pero los Aliados tuvieron mejor éxito en la iglesia de Guadalupe. No sólo se apoderaron de ella, sino también de la de Esquipulas, situada entre la de Guadalupe y la plaza mayor. De suerte que una pequeña tropa que estaba en el fuerte y en el muelle, ocupada en mandar la carga a bordo de los vapores, quedó enteramente incomunicada con Henningsen y el grueso de la fuerza americana.

Poco después de haber aparecido el enemigo en torno de Granada cayó el teniente[72] O'Neal, y su hermano Calvin, medio loco a causa de su muerte, se fue a ver a Henningsen para pedirle que le permitiese cargar contra el enemigo que estaba formándose cerca de la iglesia de San Francisco. Los Aliados eran quinientos o seiscientos; pero en su furia O'Neal no pensaba en el número; su dolor por la muerte de su hermano ahogaba en él cualquier otro sentimiento. En un momento oportuno el general le dio 32 rifleros escogidos y carta blanca para con el enemigo. O'Neal, descalzo y en mangas de camisa, saltó sobre su caballo y llamando a sus rifleros para que le siguiesen se precipitó en medio de los Aliados que se formaban cerca de la vieja iglesia. Los soldados, enardecidos por el arrebato de su jefe, lo siguieron corriendo con igual furia y sembrando la muerte y la destrucción en los enemigos llenos de terror. Los Aliados estaban enteramente desprevenidos para una carga tan súbita y atrevida como la de O'Neal y se sintieron como viajeros desvalidos ante el simún. La matanza que hicieron los 32 rifleros fue espantosa y tan lejos fueron a parar O'Neal y los suyos, arrastrados por la "furia del combate", que a Henningsen

---

[71] Los incidentes que hubo en Granada entre el 24 de noviembre y el 12 de diciembre, los conoce el autor principalmente por los "Recuerdos de Nicaragua" por el general C. F. Henningsen, autor de los "Recuerdos de Rusia" y de "Doce Meses de campaña en España". N. del A.

[72] Así en el texto inglés; pero es de suponer que quiso decir teniente coronel, porque anteriormente aparece O'Neal con el grado de mayor. N. del T.

le costó trabajo hacerlos volver a la plaza mayor. Al regreso pasaron por calles casi obstruidas por los cadáveres de los guatemaltecos que habían matado. Esta carga cerró bien la pelea el primer día del ataque.

El 25, al amanecer, Henningsen había concentrado ya su fuerza y pudo cerciorarse del número exacto a que alcanzaba. No tenía más que 227 hombres aptos para empuñar las armas y una impedimenta de 73 heridos y 70 mujeres, niños y enfermos. Veintisiete hombres quedaron aislados en el muelle; el capitán Hesse y otros veintidós habían sido muertos o hechos prisioneros en la iglesia de Guadalupe. Henningsen disponía también de siete cañones y cuatro morteros; pero las municiones eran tan pocas que éstos estaban lejos de tener la utilidad que. pudieron haber tenido. Durante la noche del 24 se reconcentró esta fuerza cerca de la plaza mayor, ocupando las casas de adobes situadas en ambos lados de la calle principal que va de dicha plaza al lago, pasando por las iglesias de Esquipulas y Guadalupe. Se construyó un parapeto desde la parroquia, a un lado de la boca de la mencionada calle, hasta el cuartel que estaba al otro lado; también se hallaban los americanos protegidos en parte por los edificios que ardían en torno y cerca de la plaza mayor.

Durante el día 25 Henningsen, a la vez que estuvo repeliendo los avances que el enemigo trataba constantemente de hacer, acometió en dirección de Esquipulas, desalojando a los Aliados de las chozas y casuchas de la vecindad; por la tarde pudo apoderarse de la iglesia. Las cenizas calientes impidieron al enemigo ocuparla, pero éste había aspillerado varias casuchas vecinas, por lo que durante algún tiempo no dejó que los americanos la tomasen. Con todo, después de una segunda carga los Aliados fueron barridos de las trincheras que tenían en los matorrales y de las chozas que ocupaban, quedando así despejado el camino para el avance de los americanos hacia Guadalupe. Hubo pocos muertos durante el día y los heridos lo fueron levemente.

El 26 se destruyeron las casas situadas en la plaza mayor, excepto la iglesia, el cuartel y una o dos más; pero las operaciones fueron demoradas por el excesivo consumo de licor y era difícil conseguir que se ejecutasen los trabajos cuando y como se ordenaba hacerlos. El mismo general comandante no pudo mantener reunida una fuerza suficiente para que le ayudase en los ataques contra la iglesia de

Guadalupe. En los esfuerzos desplegados para tomarla se gastó gran parte de la pequeña existencia que había de balas rasas y de granadas, sin causar ningún daño a las fortificaciones enemigas; en cambio los americanos sentían bastante desaliento al ver que los Aliados consiguieron desbaratar las defensas que ellos habían levantado de prisa. Cerca del anochecer desistió Henningsen del ataque a la iglesia de Guadalupe en que tuvo dieciséis bajas entre muertos y heridos. Además de estas bajas, varios oficiales fueron heridos durante el día en diversos puntos, entre ellos el coronel Jones, quien recibió un balazo que lo tuvo de espaldas durante muchas semanas. Por fortuna, después de este día fue escasa la existencia de coñac en el campo de los americanos; y como los soldados aliados encontraron algo del licor que había quedado en la ciudad, es probable que Belloso experimentase alguna dificultad para repartirlo.

Poco después de haber renunciado al ataque de la iglesia de Guadalupe, oyó Henningsen un fuego violento hacia el norte y luego largos alaridos, al parecer en la misma dirección. En aquel entonces se imaginó que podía ser una fuerza de socorro desembarcada al norte de Granada; pero en realidad era el fuego que hacían y los gritos que daban los Aliados en el ataque contra los del antiguo fuerte, parcialmente destruido para construir un muelle. Este punto lo defendió durante dos días el capitán Grier, de la policía, con unos veinticinco hombres de su cuerpo y otros funcionarios civiles del gobierno. Por la tarde del 25, no habiendo recibido Walker noticias de Granada después del ataque, tomó el vapor "San Carlos" y éste fue a anclar cerca del muelle temprano de la mañana del 26.

El general en jefe, al ver ondear la bandera de la estrella roja sobre la iglesia parroquial y el humo de las casas incendiadas que brotaba constantemente en nuevas direcciones, supuso que no habiendo terminado Henningsen la destrucción de la ciudad cuando lo atacaron, se había quedado en ella, más para dar entero cumplimiento a las órdenes recibidas que por ninguna razón de necesidad impuesta por los Aliados; pero viendo cuán indispensable era la posesión del fuerte para mantener expeditas las comunicaciones de Henningsen con el lago, Walker mandó averiguar al muelle cómo estaban sus defensas y cuáles eran sus necesidades. Grier le hizo decir que el ánimo de su gente era bueno, que creía poder sostener su posición y por el momento sólo deseaba algunos víveres y municiones. Al anochecer se despachó un bote del "San Carlos" al muelle con lo pedido; pero el edecán que fue en el bote informó a su regreso que la gente se estaba descorazonando. El cambio se debía a la deserción de un joven venezolano de apellido Tejada, a quien los americanos sacaron de donde estaba con grillos el 13 de octubre de 1855. La idea de que Tejada había informado al enemigo con exactitud de cuántos eran y del estado en que se encontraban, enervaba a aquellos hombres haciéndoles temer un ataque al fuerte. Por su denuedo y la destreza con que emplearon sus armas, habían hecho creer a los Aliados que eran muchos más; pero el desertor, al desvanecer la equivocación del enemigo, hizo también que Grier y los suyos perdiesen la confianza.

No bien hubo regresado el edecán al "San Carlos" se oyó a bordo del vapor el mismo fuego nutrido, escuchado por Henningsen en la noche del 26. Los frecuentes fogonazos que formaban un círculo de fuego en torno del muelle y el sonido profundo y largo de las descargas de fusilería, tan distinto del estampido breve y agudo de los rifles, indicaban que la mayor parte de la tarea la estaba haciendo el enemigo; los gritos procedentes de tierra tampoco eran de los que brotan de las robustas gargantas de los americanos cuando éstos retan o triunfan. A poco llegó al vapor un hombre a nado diciendo que había huido del muelle y refirió la historia de la captura de éste por los Aliados. El desertor Tejada no sólo había revelado al enemigo el número de los que estaban con Grier, sino también la manera de llegar al muelle situado a retaguardia de los americanos, por medio de una gran lancha de hierro que había en la playa. Al propio tiempo que Grier fue atacado por detrás, una gran fuerza le acometió de frente; de modo que, paralizados por este asalto simultáneo, así como por el número de los enemigos, los americanos fueron casi todos muertos, heridos o hechos prisioneros sin gran lucha. La diferente conducta que observaron estos antes y después de la deserción de Tejada, es buena prueba del acierto de la sentencia del gran capitán, citada tan a menudo: "En la guerra, la relación entre lo moral y lo físico es de tres a uno".

El 27 Henningsen sacó a sus heridos de la iglesia parroquial y la dificultad que hubo para dar principio a esta tarea pone de manifiesto la falta de inclinación de su gente a toda faena que no fuese la de pelear. Algunos de los negros de Jamaica que habían estado trabajando en el vapor del lago y que se cogieron por casualidad en la población, se utilizaron en los trabajos de fuerza; los presos de la cárcel tampoco resultaron del todo inútiles. Después de sacar a los heridos, se pusieron algunas libras de pólvora en mal estado debajo de una de las torres de la iglesia y se dio fuego a todas las casas que quedaban en la plaza mayor. Al salir de ésta los americanos, el enemigo trató de acosarlos, pero lo contuvieron unos pocos rifleros desde las torres de la iglesia hasta que Henningsen estuvo listo para retirarse. Una vez todo preparado, los americanos abandonaron la plaza; al emprender la retirada encendieron con un fósforo un reguero de pólvora que iba hasta la mina colocada debajo de la iglesia. El fuego llegó a la pólvora, volando al aire la torre en el momento preciso en que la muchedumbre enemiga, demasiado impaciente, penetraba en la plaza por cuya posesión había luchado tanto.

La ciudad estaba ya casi enteramente destruida y después de reunir toda su fuerza, Henningsen resolvió hacer una nueva tentativa contra la iglesia de Guadalupe. Ya podía contar con sesenta hombres aptos para dar el asalto, y el feliz éxito de las operaciones anteriores había levantado el ánimo de su gente. Además de los sesenta rifleros disponibles para el ataque, había 34 artilleros que manejaban los tres cañones de a seis, y después de disparar rápidamente siete tiros cada pieza contra la iglesia de Guadalupe, los rifleros se lanzaron al asalto; pero el enemigo la desocupó antes de llegar a ella los americanos; así fue tomado, sin perder un solo hombre, el punto más importante que había entre la plaza mayor y el lago. Inmediatamente se llevaron a la iglesia de Guadalupe los heridos, las municiones, los almacenes y la artillería, y se le ordenó al mayor Henry que fuese con veintisiete hombres a tomar posesión de dos chozas situadas en la parte baja del terreno comprendido entre la iglesia y el lago.

Henry cumplió en el acto la orden, no tardando en informar que según las apariencias el enemigo lo atacaría pronto. Hizo saber también que había abandonado una de las chozas, añadiendo que le era posible sostenerse en la otra durante la noche. Henningsen lo instó mucho para que se mantuviese en la choza tanto tiempo como pudiera, ofreciéndole reforzarlo; pero como aún no había cesado la confusión causada por el traslado a la iglesia de Guadalupe, sólo diez rifleros y el coronel Schwartz con su obús se pudieron enviar en auxilio de Henry. Poco después del anochecer, el enemigo, al amparo de los tupidos platanares y de los mangos, se fue deslizando hacia la choza con la esperanza de sorprender a los americanos; pero un ojo avizor vigilaba sus movimientos, y Henry descubrió con el disparo de algunos tiros de rifle la posición que aquél ocupaba, así como la fuerza que traía por las descargas de fusiles con que le contestaron. Entonces el obús lanzó su metralla sobre las filas aliadas, sembrando la muerte y la confusión en la numerosa columna que atacaba la posición ocupada por Henry. El enemigo fue rechazado y tuvo muchas bajas.

Después del rechazo de los Aliados, Henningsen reorganizó su fuerza encontrándola más numerosa de lo que pensaba. Con cuarenta de los mejores soldados formó una guardia, teniéndola de reserva para los casos de apuro y urgencia. A una compañía de quince hombres se le confió la custodia de las puertas y ventanas de la iglesia de Guadalupe, y veinte fueron escogidos para defender la pared que estaba a retaguardia. Para cada uno de los seis cañones que había en la iglesia se destinaron diez hombres y todavía sobraron treinta. Con éstos se formó una segunda guardia que fue a reforzar a Henry en la choza situada en la parte baja. Se ve, pues, que en aquel momento había 210 combatientes aptos para el servicio.

El aumento de fuerza que representaba esta nueva y más eficaz organización, no fue el único que recibió Henningsen. Repuesta de los efectos de la crápula en que había estado sumida en la población y viendo la necesidad de hacer un esfuerzo laborioso, la tropa estaba más anuente a trabajar. Durante la noche del 27 lo hizo con un tesón que fue una sorpresa para su jefe, y al amanecer del 28 había concluido ya un parapeto de adobes que el general no esperaba ver terminado tan pronto. El mayor Swingle, con su actividad y su inteligencia, contribuyó mucho a apresurar el trabajo de la tropa, y difícilmente habría podido Henningsen encontrar un hombre más apto para ejecutar cualquier orden que se le diese. Pero la concentración en la iglesia de Guadalupe, si bien permitió a Henningsen organizar su gente de modo de tenerla más a man0, presentaba inconvenientes y peligros. El hacinamiento de más de trescientas personas, muchas de las cuales estaban enfermas o heridas, tenía que afectar el estado sanitario del campo; por otra parte, lo expuesto de la posición que ocupaba Henry, dominada por varios puntos en poder del enemigo, hacía imposible mandar allí a los no combatientes mientras no se atrincherase como era necesario hacerlo.

El 28 el enemigo envió al campo americano, con bandera de parlamento, a un renegado llamado Price, junto con un edecán de Zavala que traía una carta para el "comandante en jefe de los restos de las fuerzas de Walker". En esta carta se le pedía que por humanidad se rindiese con su tropa, ofreciendo dar garantías y pasaportes a todos. Por su parte, Price, al entrar en el campo, instó a los soldados para que depusiesen las armas por cuanto los rodeaban tres mil aliados; pero a Price se le arrestó inmediatamente, haciéndole callar, y en el acto se dio una respuesta altiva a la injuriosa proposición de los jefes de las fuerzas enemigas. Era evidente que el edecán había sido enviado en calidad de espía, porque entró sin tener los ojos vendados, o sea sin las formalidades del caso; y Henningsen mostró su desprecio por los jefes aliados, diciendo al oficial que podía recorrer su campo y mirar todas sus obras de defensa.

Viendo la necesidad de emplear medios más vigorosos que las palabras para expulsar a los americanos de sus posiciones, el enemigo hizo varios esfuerzos para recuperar la iglesia de Guadalupe. A las tres de la tarde del 28 trató de tomarla por asalto, pero fue rechazado infligiéndole muchas bajas. A las ocho de la noche intentó sorprender la posición. La noche estaba obscura y una fuerza numerosa pudo llegar a distancia de ochenta yardas del parapeto, a espaldas de la iglesia, sin ser descubierta. El mayor Swingle, con dos cañones de a seis, ametralló rápidamente las columnas que se iban acercando, y como los fogonazos de los fusiles del enemigo delataban su posición, los efectos de los cañones fueron mortíferos. En poco tiempo se rechazó de nuevo a los Aliados, sin tener que prodigar los fulminantes de rifle que ya iban escaseando en el campo de Henningsen. Hubo después varios otros ataques débiles contra la iglesia; pero claramente se veía que los oficiales aliados no lograban que sus soldados diesen un asalto.

Las trincheras que se estaban construyendo cerca de la posición ocupada por Henry no se encontraban lo bastantes adelantadas para permitir el traslado de los enfermos y heridos antes del 1° de diciembre. Entretanto el cólera y el tifo hicieron su aparición en la iglesia de Guadalupe. El hacinamiento de gentes, la cantidad de enfermos y heridos y el aire viciado por los cadáveres enemigos en descomposición favorecían el desarrollo de las enfermedades, agravándolo la exposición al relente y a la lluvia. El campo se mantenía con carne de mula y de caballo y pequeñas raciones de harina y de café; pero esta alimentación bastante sana influía poco en el mal. Muchos de los Aliados morían también del cólera y de fiebre, y sin embargo disponían de alimentos de excelente calidad y muy variados. Uno de los oficiales enemigos que murieron del cólera fue el jefe de las fuerzas guatemaltecas, general M. Paredes. Por su fallecimiento recayó en Zavala el mando del contingente de Guatemala.

De todos los enemigos que rodeaban a los americanos, el más temible era el cólera. Por consiguiente, importaba apresurar el traslado de los enfermos y heridos a la posición atrincherada de la parte baja, y después de que éstos se sacaron de la iglesia de Guadalupe disminuyeron las enfermedades y desapareció el cólera casi por completo. Quedaron en la iglesia unos 75 hombres; pero esta guarnición fue reducida poco a poco a treinta rifleros mandados por el teniente Sumpter Williamson, quien por su valor indómito y su carácter jovial era capaz de sostener la posición, aun con sólo la pequeña fuerza de que disponía, contra toda tentativa del enemigo, y en la mano de Henningsen estaba siempre reforzarlo con facilidad en toda emergencia.

Pero el cólera no se despidió antes de llevarse algunas de las personas más útiles del campo americano. Una de ellas fue Mrs. Bingham, mujer del actor Edward Bringham. En los peores días de la peste en la iglesia de Guadalupe, se dedicó constantemente a cuidar a los enfermos, y su bondad y atenciones inagotables salvaron probablemente a muchos de la epidemia; pero al fin fue atacada ella también y el mal se la llevó en pocas horas.

Después de haber trasladado la mayor parte de su fuerza a la posición ocupada por Henry, Henningsen se empeñó en abrirse paso hasta el lago, manteniendo expeditas sus comunicaciones con Williamson en la iglesia. Durante varios días estuvo el enemigo batallando constantemente para cortar estas comunicaciones, pero todas sus tentativas fracasaron; y mientras los americanos mantenían su posición, los oficiales de artillería iban aumentando la existencia de municiones. El mayor Rawle, uno de los primeros cincuenta y ocho, estaba dotado de una laboriosidad incansable, y el mayor Swingle era hombre de mucha expedición y muy ingenioso para todas las cosas mecánicas. Fabricaron balas de cañón rellenando con pedacitos de hierro un molde hecho en la arena con una bala de seis libras y vaciando después plomo derretido sobre los pedazos de hierro para hacerlos de una pieza. De este modo se aumentó mucho la potencia de la artillería y el general pudo contar con ella para abrirse paso por entre las filas enemigas, si tal cosa llegaba a ser necesaria o conveniente.

El 8 escribió Zavala otra carta a Henningsen suplicándole que se rindiese y diciéndole que no podía esperar ningún auxilio de Walker, por cuanto los vapores habían llegado a San Juan del Sur y San Juan del Norte sin traer pasajeros para Nicaragua; pero el general nicaragüense no se dignó dar respuesta alguna por escrito al oficial guatemalteco. Se contentó con mandarle a decir que sólo parlamentaría "por boca de cañón". La tropa empezaba a desanimarse viendo aparecer con frecuencia los vapores en el lago, sin que desembarcase ninguna fuerza de socorro; y como el enemigo no hacía ningún movimiento, hubo necesidad de enviar a los americanos al ataque de unos ingenios de añil situados a la derecha de éstos, a fin de que no continuasen en la situación en que los habían puesto los Aliados. Las provisiones estaban casi agotadas y los soldados habían empezado ya a discutir entre ellos sobre la necesidad de abrirse paso por entre las líneas enemigas, cuando en la mañana del 12 apareció de nuevo el vapor "La Virgen" cerca del puerto.

En tanto que las numerosas tropas, constantemente reforzadas, traídas por los Aliados contra Henningsen estorbaban del modo que se ha visto la retirada de Granada, las fuerzas del departamento Meridional no estaban listas para socorrer a sus compañeros sitiados. Walker permanecía casi todo el tiempo en el lago, observando el avance de Henningsen y tratando de averiguar qué posición ocupaba éste; y cuando de tiempo en tiempo volvía a La Virgen, generalmente encontraba a su gente nerviosa y con temor de ser atacada por Cañas y Jerez que estaban en Rivas. Jaquess, jefe de las fuerzas de La Virgen, sabía más de táctica que de otros ramos del arte militar, de mayor importancia en la guerra irregular; dejaba que circulasen en su campamento las noticias más alarmantes sobre las fuerzas y los recursos de que disponía el enemigo. Su tropa estaba extenuada por las excesivas guardias y había perdido el ánimo a causa del estado de zozobra y desvelo constantes en que la mantenían.

En el campamento de la isla de Ometepe, adonde fue provisionalmente trasladado el hospital mayor del ejército, no había menos malestar que en la infantería de La Virgen. Fry contaba con unos sesenta hombres aptos para el servicio y varios buenos oficiales. El enemigo, cualquiera que fuese su número, no podía llegar a la isla, aun cuando hubiera podido distraer fuerzas de las posiciones que ocupaba; pero corrían constantemente rumores de que pasaban lanchones de San Jorge a Ometepe con armas para los indios de la parte oriental de la isla. Bien sabía Walker que eran pocos los indios de Ometepe que podían emplearse contra los americanos, aunque los Aliados hubieran estado en condiciones de proveerlos a todos de armas, y por esto confiaba en la imposibilidad de un ataque serio contra el pueblecito donde se había puesto el hospital.

Por la mañana del 2 de diciembre el general en jefe fue a bordo del vapor del lago para irse a Granada. Momentos antes de aparejar, un correo procedente de San Juan anunció la llegada del "Orizaba" con 80 hombres para Nicaragua. Cuando se estaba levantó el ancla, una canoíta tripulada por tres hombres, que venía en dirección de Ometepe, se acercó al vapor. Los de la canoa subieron a bordo e informaron que los americanos de la isla habían sido atacados la noche anterior por una numerosa partida de indios. Cada uno de los tres refería el cuento a su modo; pero como habían pasado la noche a la intemperie y temblaban a causa del aire húmedo y desapacible, era más caritativo atribuir la confusión de su relato al frío que al miedo. En el instante se dio al vapor la orden de salir para la isla y el general en jefe se llevó al más inteligente de los tres fugitivos para la cámara. Habiéndole hecho tomar medio vaso de whisky, trató de hacerle decir la verdad de lo que estaba pasando en Ometepe. Cuanto pudo sacarle fue que todo bicho viviente, enfermos y heridos, mujeres y niños habían sido probablemente asesinados. Y aquel cobardón no se avergonzaba de vivir y de contar el cuento.

Al acercarse el vapor a la isla, se vio uno de los lanchones de hierro empleados por la Compañía del Tránsito para el embarque y desembarque de la carga y de los pasajeros, que iba al garete en el lago, sin velas ni timón, lleno de una muchedumbre de hombres, mujeres y niños con la más variada indumentaria y en los más diversos estados de ánimo. Era un consuelo ver que no todos habían perecido en la isla; pero el desamparo en que aparecían los pasajeros de la lancha era para dar compasión y lástima. Entre éstos, dos o tres señoras que se habían criado con mimo, soportaban sus penalidades y sufrimientos con mayor paciencia que los hombres más robustos; en cambio algunas mujeres con aspecto de marimachos, tan pronto como se vieron seguras a bordo del vapor soltaron la sin hueso, dando libre curso a sus sentimientos por largo tiempo contenidos. No tardó el vapor en anclar cerca del pueblo donde estaba acantonado Fry y éste informó inmediatamente que los indios habían atacado a los americanos únicamente para tener ocasión de saquear los baúles, desapareciendo poco antes del amanecer.

Algunos hombres capaces de empuñar las armas y hasta varios oficiales se habían cubierto de infamia abandonando a las mujeres y los niños, así como a los enfermos y heridos, a la primera voz de alarma. Dos o tres de estos hombres —sólo por cortesía se les puede llamar así— huyeron a tierra firme antes de que saliesen de La Virgen los pasajeros del "Orizaba", y así fue como llegó a los Estados Unidos la noticia de que todos los que estaban en Ometepe habían sido sacrificados por los indios.

De la isla se fue Walker a Granada, donde sólo se detuvo el tiempo necesario para ver que Henningsen había llegado a las chozas situadas a medio camino entre la iglesia de Guadalupe y el lago. Regresando luego a La Virgen, se puso a organizar los reclutas traídos de California por el "Orizaba". La gente de Jaquess se animó con la llegada de éstos, y poco después el grueso de las tropas acantonadas en La Virgen estuvo listo para marchar a San Jorge. Por la tarde del 3 de diciembre los americanos ocuparon a San Jorge sin oposición de Cañas que se hallaba en Rivas con 700 u 800 hombres. Los enfermos, los, almacenes del ejército y los haberes del gobierno se llevaron en los vapores del lago, desde La Virgen a San Jorge, y el buen aire de este pueblo, así como los mejores alojamientos y la mejor alimentación, hicieron que disminuyese la lista de enfermos y aumentara la fuerza material de las diversas compañías.

Cuando casi todas las tropas americanas del departamento Meridional se hubieron concentrado en San Jorge, se trajo allí el hospital de la isla de Ometepe junto con las mujeres y los niños. Numerosas mujeres del país y sus familias habían seguido el ejército al retirarse éste de Granada, y a muchas de estas gentes les daban alojamientos y raciones los oficiales nicaragüenses encargados de hacer este servicio. Los baúles y cofres de la mayor parte habían pasado por el saqueo que los indios hicieron en la isla; pero el aire delicioso del mes de diciembre ístmico hacía que las pérdidas fuesen menos dolorosas de lo que puede suponerse.

Entretanto arribó a San Juan del Norte el vapor de Nueva Orleans con cerca de 250 pasajeros para Nicaragua. Por la tarde del 6 llegaron éstos a La Virgen y en la mañana del 7 a San Jorge. Estaban principalmente bajo la dirección de Lockridge, el cual había ido a los Estados Unidos en el verano anterior para fomentar la emigración a Centro América. Una pequeña compañía de esta gente, a las órdenes del capitán G. W. Crawford, fue destinada a los batidores; con el resto se organizó un nuevo cuerpo llamado el segundo de rifleros (el antiguo segundo de rifleros había sido disuelto), que se puso a las órdenes del mayor W. P. Lewis. La mayor parte de los que formaban la compañía de Crawford tenían sillas de montar y revólveres traídos por ellos de los Estados Unidos; se les dotó del rifle comúnmente llamado Misisipí. La gente de Lewis fue armada con fusiles Minié.

Lockridge trajo a San Jorge unos 235 hombres, que unidos a los de California hicieron ascender el número de reclutas a más de 300. La mayor parte de los de California fueron distribuidos en dos compañías que mandaban respectivamente los capitanes Farrell y Wilson. A Farrell se le ordenó unirse a Waters para servir con los batidores; Wilson fue incorporado a la nueva tropa de Lewis. Estos reclutas mostraban ánimo y todos ellos estaban ansiosos de ver una pelea. No tuvieron que aguardar mucho para entrar en actividad. Se le ordenó a Sanders que tomara la compañía de Higley, la más numerosa de la fuerza de Lewis, y se fuese a Granada con el objeto de cerciorarse de cuál era la posición de Henningsen. Suponíase que éste había podido llegar hasta el lago; en tal caso bastaba la compañía de Higley para ayudarle a embarcarse. Pero Sanders regresó con la noticia de que Henningsen no parecía haber avanzado de la posición que ocupaba el 2 entre la iglesia de Guadalupe y la playa, y había la certeza de que le era enteramente imposible comunicarse con el lago. Por vía de Nandaime llegaron también rumores, propalados por gentes del país, de que los americanos estaban sufriendo de la peste y de hambre en la iglesia de Guadalupe.

Así fue que el 11 se mandó a las compañías de Higley y Wilson unirse a Waters, y con estas compañías y las de batidores de Leslie, Farrell y Crawford se formó un cuerpo de 160 hombres. Pronto puso Waters su gente a bordo del vapor «La Virgen» y el general en jefe acompañó la fuerza. Además de los batidores y de las dos compañías de rifleros, varios voluntarios pidieron permiso para ir con Waters. Lockridge parecía muy deseoso de pelear, y aunque no se le dio ningún grado definido, por el momento hacía de segundo comandante de los batidores. Temprano de la mañana del 12 ancló el vapor en Granada, fuera del alcance de los cañones enemigos, y se dieron a las oficiales instrucciones de mantener la tropa oculta en la parte baja del buque. Durante el día se observaron las posiciones del enemigo hasta donde fue posible, y el afán que tenía éste de impedir un desembarco lo manifestó haciendo alarde de numerosos soldados en la playa. Estos ejecutaban marchas y contramarchas y eran evidentes los esfuerzos que se hacían para formarlos de modo que pareciesen más numerosos de lo que realmente eran.

Entre las ocho y las nueve de la noche, el vapor, con todas sus luces apagadas, se fue por el lago al mismo punto en que desembarcaron los demócratas en la noche del 12 de octubre de 1855. Este lugar estaba situado a más de una legua del fuerte y del muelle de Granada y el agua era allí tan profunda que permitía acercarse a tierra. Inmediatamente comenzó el desembarco; al llegar a la playa el primer bote, un piquete del enemigo hizo una sola descarga y echó a correr. Al cabo de unas dos horas toda la fuerza estaba en tierra y Waters recibió la orden de ir en auxilio de Henningsen, manteniéndose tan cerca de la playa como le fuera posible, a fin de no perder la posibilidad de comunicarse con el general en jefe, el cual se quedó a bordo del vapor. Enseguida se retiró éste, volviendo a fondear tan cerca como pudo del mismo sitio en que estuvo durante el día.

Poco después de haber anclado el vapor cerca del muelle y hacia la medianoche del 12, las largas hileras de fogonazos, seguidos del estruendo de las descargas de fusilería y de la réplica rápida y colérica de los rifles, anunciaron que había comenzado el conflicto entre Waters y el enemigo. Luego cesaron los fogonazos y los estampidos; pero a poco volvieron a verse los unos y a sonar los otros con más claridad y mayor fuerza todavía, lo que indicaba que el intrépido jefe de los batidores venía empujando al enemigo. Durante algunos minutos los fogonazos y estallidos fueron aún más fuertes que antes, pero pronto cesaron súbitamente y esto significaba que los americanos seguían avanzando. A poco de haber sonado las últimas descargas se oyó en el agua un ruido, gritos como pidiendo socorro dados por un mensajero que traía noticias. Se bajó un botecito y algunos minutos después se vio trepar una figura negruzca por la baranda del vapor.

Al principio Walker temió que las noticias procediesen de Waters, y como estaba obscuro y el mensajero no era un hombre blanco, el general en jefe comenzó a interrogarlo en español; pero le respondieron en inglés, en el inglés chapurrado de un muchacho kanaka que había venido a Centro América en el "Vesta" el año 1855. Kanaka John estuvo metido en el agua durante varias horas y traía en una botella lacrada una carta de Henningsen con noticias sobre el estado en que se encontraba su fuerza y la indicación de ciertas señales que debían hacerse, caso de intentar un desembarco. Estas señales se hicieron tan pronto como se leyó la carta, pero no alcanzaron a verlas las personas a quienes estaban destinadas.

Después de desembarcar, Waters siguió adelante por una faja de tierra angosta, teniendo a la izquierda el lago y a la derecha una laguna. Al acercarse a un lugar en que esta última llega a treinta o cuarenta yardas de aquél, el enemigo le hizo fuego desde una trinchera construida entre ambos. Lo nutrido de las descargas indicaba que el enemigo era más numeroso y hubo un momento en que titubearon los americanos. Waters había ordenado a Leslie asaltar las trincheras con su compañía; pero como su tropa vacilaba y se originó alguna confusión, Leslie echó mano de los primeros que se ofrecieron y poniéndose al frente de ellos desalojó al enemigo de su posición. Se reanudó la marcha hacia Granada; pero al llegar Waters a un sitio llamado "Las Minas de Carbón", lo detuvo de nuevo una gran fuerza de los Aliados. El enemigo era más numeroso allí que en la primera trinchera, pero su posición no era tan buena y pronto fue desalojado mediante una vigorosa carga de Higley y su compañía.

Al acercarse a la ciudad, Waters cruzó a la derecha para tomar el camino de Tipitapa, que corre por terreno más alto que el de la orilla del lago. Hacia el amanecer había llegado ya a los suburbios de la ciudad y se iba aproximando a unas chozas de cañas cuando recibió de nuevo el fuego de los Aliados. El enemigo estaba metido en fuertes trincheras, pero el capitán Crawford, pasando con su compañía a un punto en que el terreno iba en ascenso, pudo envolver el flanco izquierdo de los Aliados. Un prisionero tomado en este lugar dio a Waters tales informes que resolvió seguir en el acto para Guadalupe. Llevaba una impedimenta de treinta heridos y era preciso llegar a reunirse con Henningsen sin tener más bajas. Por consiguiente, Leslie fue enviado adelante para dar aviso a Henningsen de la próxima llegada de Waters. Así fueron reforzados, en la mañana del 13, los americanos de la iglesia de Guadalupe por la tropa desembarcada la noche anterior.

Buena fue para Henningsen la llegada de Waters, porque las existencias de su proveeduría estaban ya casi agotadas y una plaga tan espantosa como el cólera —la deserción— había empezado a ralear sus filas ya debilitadas. Aun después de haber llegado Waters, no eran pocas las dificultades con que Henningsen tenía que luchar; pero la vigorosa pelea de los americanos durante la noche hizo formar a los Aliados una idea exagerada de sus fuerzas, y Belloso se desalentó por la fiereza de los ataques contra sus trincheras. Empezó a creer que ni la madera ni la tierra eran segura protección contra los soldados que habían tomado tres posiciones bien defendidas en el espacio de casi otras tantas horas, y los movimientos de sus fuerzas no tardaron en delatar su debilidad y su irresolución. El fuerte fue abandonado y se dio fuego a las barracas que habían construido en él. No es menester decir que tan pronto como hubo visto Henningsen que el enemigo había desocupado el fuerte, tomó posesión de él. De modo que sin más obstáculos se estableció la comunicación con el barco.

Inmediatamente se hicieron los preparativos necesarios para embarcar toda la fuerza en el vapor "La Virgen". A causa de los muchos enfermos y heridos, la operación fue lenta y los soldados que la ejecutaron estaban extenuados, unos por motivo de sus largas fatigas y de la vida a la intemperie, otros por la marcha y los combates de la noche anterior. De los 419 hombres que tenía Henningsen cuando Granada fue asaltada, 120 murieron del cólera y del tifo,110 fueron matados o heridos, cerca de 40 desertaron y 2 cayeron prisioneros. En la tropa de Waters hubo 14 muertos y 30 heridos. Por desgracia, Leslie recibió un balazo en la cabeza, después de haber llegado a Guadalupe, y su muerte fue una pérdida que no podía remediarse fácilmente, porque los servicios que prestaba como explorador eran inestimables. El teniente Taylor, que había dejado su puesto de San Carlos en uso de licencia, obtuvo permiso para marchar con Waters y cayó muerto en una de las trincheras situadas fuera de la ciudad.

Eran cerca de las dos de la madrugada del 14 cuando todo estuvo a bordo del vapor. Al salir, el general Henningsen fijó en una lanza un cartel que decía: "Aquí fue Granada"[73], palabras bien calculadas para atizar las pasiones de partido, no extinguidas aún en los antiguos legitimistas y demócratas. En tanto que uno de los partidos se lamentaba y gemía por la pérdida de su querida ciudad capital, el otro no podía contener sus sentimientos de triunfo y alborozo. Pero la destrucción de Granada no ha dejado de provocar censuras en otras partes que no son Centro América. Ha sido denunciada como un acto de vandalismo, inútil en sus consecuencias para quien lo ordenó. En cuanto a la justicia de ese acto, pocos podrán discutirla; porque los habitantes de aquella ciudad debían vidas y haciendas a los americanos que estaban al servicio de Nicaragua, y sin embargo se unieron a los enemigos que batallaban por expulsar de Centro América a sus protectores. Sirvieron a los enemigos de Nicaragua del modo más criminal, espiando a los americanos que defendieron sus intereses e informando de todos sus movimientos a los Aliados. Conforme a las leyes de la guerra la ciudad había perdido el derecho de existir, y la conveniencia de destruirla era tan evidente como la

---

[73] En castellano en el texto.

justicia de la medida. Esta destrucción envalentonó a los leoneses, amigos de los americanos, a la vez que fue para los legitimistas un golpe del que no se han repuesto nunca. El cariño de los antiguos chamorristas por Granada era grande y peculiar. Amaban a su principal ciudad como a una mujer; al cabo de los años todavía asoman las lágrimas a sus ojos cuando hablan de la pérdida de su querida Granada. Y razón tenían de sentir tanto cariño por la ciudad, porque ésta les suministraba los recursos que les permitían mantenerse en el poder y dominar las pasiones exaltadas, como decían ellos, de los demócratas leoneses. La destrucción de Granada fue por lo tanto un gran paso hacia la destrucción del partido legitimista, y así consiguieron los americanos de Nicaragua poner fuera de combate a su enemigo más acérrimo y tenaz.

Al zarpar el vapor se soltó un fuerte viento del este, obligándolo a ponerse a cubierto de la isla de Ometepe y a permanecer durante varias horas a sotavento del hermoso volcán que brota, por decirlo así, de las aguas del lago. Cuando se calmó el viento, el vapor «La Virgen» puso la proa a San Jorge y pronto estuvo en tierra todo lo que llevaba a bordo. Las fuerzas enemigas que se hallaban en Rivas, al saber que Henningsen había sido rescatado y temerosas de la artillería que ya estaba a la disposición de los americanos, evacuaron furtivamente la plaza y fueron a reunirse de prisa con Belloso en Masaya. Por la mañana del 16 los americanos se encontraban de nuevo en posesión de Rivas.

CAPÍTULO XI: Operaciones en el San Juan

Gran parte de los tipos y materiales de imprenta y el papel perteneciente a la oficina de "El Nicaragüense" fueron destruidos o se perdieron en la retirada de Granada. Por este motivo y pocos días después de haberse trasladado el cuartel general del ejército a Rivas, Rogers, subsecretario de Hacienda, se fue a San Juan del Norte con el objeto de comprar los materiales necesarios para la publicación del periódico que había sido suspendida. Unos oficiales en goce de licencia bajaron el río en el mismo vapor que Rogers. Lockridge, que había desplegado actividad consiguiendo emigrantes para Nicaragua, iba también a bordo de camino para Nueva Orleans. Parecía muy deseoso de servir la causa de los americanos de Nicaragua, y como no había en el ejército ningún puesto a propósito para él, se le envió a los Estados Unidos con la esperanza de que fuese útil allá. Emilio Thomas y su hermano Carlos fueron igualmente a San Juan del Norte en aquella ocasión.

Cuando estos pasajeros navegaban río abajo, vieron unas balsas sospechosas que venían flotando por la boca del San Carlos, y Emilio Thomas, hombre cuidadoso y discreto, conocedor del país y de sus habitantes, aconsejó averiguar lo que significaba aquel hecho extraño. Algunos han querido echar a Rogers toda la culpa de que se dejara de seguir el consejo de Thomas, y no faltaron personas que atribuyeran la negligencia a un propósito deliberado; pero cualesquiera que hayan sido los pecados anteriores de Rogers, es preciso reconocer que sirvió la causa de Nicaragua con una rectitud de miras y una actuación tan honrada, que debieron haber avergonzado a los que hablaron mal de él. Y aquella vez iban a bordo del vapor oficiales obligados por su profesión a averiguar lo que significaban las balsas, siendo así que esto no tenía que ver con el cargo servido por Rogers, ni con las órdenes que llevaba. La responsabilidad de no haber hecho caso de las balsas debe recaer sobre otros y no sobre el subsecretario de Hacienda.

No hacía mucho tiempo que el vapor había pasado por la boca del San Carlos cuando se vio claramente lo que significaban las balsas.

El 23 de diciembre[74], mientras estaba comiendo la compañía estacionada en la desembocadura del Sarapiquí[75], fue sorprendida por una columna de unos 120 costarricenses al mando de un individuo llamado Spencer[76]. Cuando Thompson, comandante del Sarapiquí, fue atacado por Spencer, no tenía centinelas puestos y las armas de los soldados estaban a corta distancia del lugar en que éstos comían. Spencer llegó a retaguardia del campamento americano y habiendo hecho que un soldado subiese a un árbol, pudo enterarse con certeza del estado del campo de Thompson. La sorpresa fue completa y la mayor parte de los americanos quedaron muertos o heridos. Thompson cayó prisionero; su conducta y su valor han sido encomiados por los costarricenses y éstos le pusieron en libertad poco después de haberlo llevado a San Juan del Norte. Bien hacen los costarricenses en elogiar a Thompson, ya que por haber descuidado éste criminalmente sus deberes, pudieron ellos apoderarse del puesto de la boca del Sarapiquí, asegurando así el buen éxito de sus operaciones posteriores.

Spencer había marchado con sus costarricenses hasta un punto situado en el río de San Carlos, algunas millas aguas arriba de su desembocadura, y desde allí hizo bajar su gente en balsas hasta la boca del Sarapiquí. Además de la fuerza que atacó a Thompson el 23, una tropa numerosa marchó al río de San Carlos a las órdenes del general José Joaquín Mora, hermano del presidente Juan Rafael Mora y comandante en jefe del ejército costarricense. La marcha resultó muy difícil por las condiciones del terreno que fue necesario atravesar, porque la región comprendida entre San José y el San Carlos está enteramente desierta y carece en absoluto de medios de subsistencia. El camino seguido por Mora no era más que un sendero y sus soldados tenían a veces que abrirse paso con los machetes por dentro del monte muy espeso. El resultado de la marcha dependía totalmente del buen éxito de los esfuerzos de Spencer para apoderarse del río San Juan y de los barcos que viajaban en él; y, como ya se ha

---

[74] Debiera decir el 22 de diciembre. N. del T.

[75] En el lugar llamado La Trinidad. N. del T.

[76] Esta expedición la mandaban el teniente coronel D. Pedro Barillier y el capitán don Máximo Blanco. Spencer servía de consejero por el conocimiento que tenía del manejo de los vapores. N. del T.

visto, Spencer debió su primer triunfo y el más importante al burdo y criminal descuido de Thompson en el Sarapiquí.

Después de la sorpresa de Thompson, Spencer volvió a sus balsas y se fue a San Juan del Norte, llegando por la noche del 23; en la mañana del 24 tenía ya en su poder todos los vapores del río fondeados en Punta Arenas4. El agente comercial de los Estados Unidos en San Juan del Norte hizo una visita al comandante de las fuerzas inglesas que estaban en el puerto, para pedirle que protegiese los intereses americanos contra los soldados de Costa Rica. A esta solicitud el capitán Erskine del "Orion" contestó que "había tomado medidas desembarcando un destacamento de marinos de uno de los barcos de Su Majestad, para proteger las personas y los bienes particulares del capitán Joseph Scott, de su familia y de todos los ciudadanos de los Estados Unidos de América"; pero en lo tocante a la captura de los vapores añadía:

"Sin embargo y para evitar toda mala inteligencia creo de mi deber manifestar que como los vapores y otros bienes pertenecientes a la Compañía Accesoria del Tránsito están actualmente en disputa entre dos compañías, cuyos representantes se hallan presentes, autorizando uno de ellos la captura, no me juzgo facultado para tomar medidas que pudieran afectar los intereses de cualquiera de las partes. Respecto de la participación de una fuerza de Costa Rica en el apresamiento y traspaso de los vapores mencionados, debo observar que como estos vapores se han estado usando durante algunos meses para embarcar hombres y municiones de guerra en este puerto y llevarlos a la parte con la cual Costa Rica está en guerra, resulta que en mi carácter de neutral el derecho de gentes me prohíbe impedir que uno de los beligerantes realice dichas operaciones".

De parte de un oficial británico era por supuesto un simple acto de cortesía proteger las propiedades americanas en Punta Arenas; pero la sutileza del distingo entre la propiedad disputada y la no disputada, era un invento de conveniencia para el caso. Si el capitán Erskine deseaba proteger las propiedades americanas, claro está que debía amparar a los que estaban poseyendo. En cuanto a la cuestión de saber si a Costa Rica le asistía el derecho de capturar los vapores, ésta se plantea mejor preguntando por qué no tenían los Estados Unidos en San Juan del Norte una fuerza naval en aquel entonces.

Habiéndose apoderado Spencer de los vapores del río que estaban en el puerto de San Juan, se fue a la boca del San Carlos y comunicó el feliz resultado de las operaciones al general Mora, el cual se hallaba en El Muelle algunas millas aguas arriba del mismo río. Al acercarse el vaporcito que Spencer mandó por el San Carlos a un piquete costarricense montado en una balsa, los soldados, atemorizados por el aspecto y el ruido de una embarcación nunca vista por ellos, se tiraron al agua y perecieron ahogados, bregando por llegar a la orilla[77]. Según informes costarricenses, Mora tenía en El Muelle 800 hombres y aguardaba 300 más que debían llegar de un momento a otro[78]. Para abastecer a esta fuerza, 600 hombres se ocupaban en llevar provisiones desde la capital hasta el río. Gran parte del transporte entre estos dos puntos se hacía a hombros, porque la vereda es mala hasta para las mulas.

Los costarricenses ocuparon inmediatamente el Castillo, y habiendo tomado Spencer el vapor que atraviesa el raudal del Toro logró fácilmente, ocultando su gente, apoderarse del vapor del lago, "La Virgen", a la sazón anclado en la boca del río Sábalos en espera de que Rogers regresase de San Juan del Norte. Siguiendo luego para el fuerte de San Carlos, hizo venir a bordo del vapor con engaños al comandante, capitán Kruger. El primer teniente de Kruger había sido enviado al cuartel general para asuntos relativos a la guarnición de San Carlos, y a su segundo teniente, Tayloe, lo mataron en Granada al marchar con Waters como voluntario en auxilio de Henningsen. De modo que después de la captura de Kruger por Spencer el fuerte quedó a cargo de un sargento, y Kruger se olvidó de sus deberes hasta el punto de dejarse arrancar por Spencer, con amenazas de muerte, una orden para que el sargento entregase el fuerte al enemigo. El sargento, tomado por sorpresa, es menos culpable por haber obedecido la orden que su capitán por haberla firmado.

Así se adueñaron los costarricenses del río de San Juan, desde el fuerte de San Carlos hasta el mar; también tenían en su poder el más

---

[77] 5Alude Walker a los 50 costarricenses que a las órdenes del capitán Ezequiel Pi bajaban en botes y balsas por el San Carlos, cuando se encontraron con el vaporcito "Bulwer". Creyendo que en él venían fllibusteros, huyeron a tierra y seis murieron ahogados. N. del T.

[78] El general Mora sólo llevaba 500 hombres. N. del T.

pequeño de los vapores del lago, "La Virgen", en el cual tomaron algunas armas y municiones destinadas al ejército de Nicaragua. Pero la ocupación del río y la toma del vapor eran relativamente inútiles para ellos y sin perjuicio para Walker, si no capturaban el «San Carlos». La pérdida del río habría podido repararse fácilmente con las fuerzas que estaban en Rivas; pero la del dominio del lago era mucho más seria. Spencer sabía bien que no le era posible arriesgarse a salir al lago en el vapor "La Virgen", mientras estuviese en poder de los americanos el "San Carlos", más grande y más rápido; por lo tanto, persuadió a Mora de que no moviese a sus costarricenses hasta que el "San Carlos2 entrase en el río con pasajeros de California para los Estados del Atlántico.

Temprano de la tarde del 2 de enero de 1857, arribó el «Sierra Nevada» a San Juan del Sur procedente de San Francisco. Pocas horas después sus pasajeros estaban a bordo del «San Carlos», listo para atravesar el lago. En Rivas había habido alguna inquietud por el mucho atraso del vapor "La Virgen" en el río; pero era fácil imaginar motivos para explicarlo. De suerte que el "San Carlos" se acercó sin desconfianza al fuerte del mismo nombre, con sus pasajeros, y entró en el río sin haber visto nada sospechoso en tierra; pero una vez que el vapor hubo pasado delante del fuerte, Spencer, que se hallaba con una fuerza costarricense en uno de los vapores del río, interpeló al "San Carlos" intimándole rendición. A bordo de éste estaban unos oficiales nicaragüenses que se dirigían a los Estados Unidos; pero en medio de la confusión originada por la sorpresa, Spencer subió al "San Carlos", apoderándose de él. El capitán del vapor, un danés intrépido y de sangre fría, propuso hacerlo volver al lago, pasando bajo los cañones del fuerte, y esto habría sido posible sin correr gran peligro ni perder muchas vidas; pero Harris, el cual estaba interesado, junto con su suegro Morgan, en el tránsito por Nicaragua, acertó a estar a bordo del vapor y no puso dar al capitán Ericsson el permiso de hacer lo que proyectaba. Con la rendición del "San Carlos" los costarricenses consiguieron tener el dominio del lago, pudiendo así comunicarse rápida y fácilmente con los Aliados de Masaya, a la vez que Walker quedaba privado de toda comunicación directa con el mar Caribe.

Es evidente que el buen éxito de las operaciones de Mora en el río de San Juan se debió a la habilidad y arrojo de Spencer[79]. La marcha hasta el río de San Carlos, con todos sus gastos y todas sus fatigas, habría sido inútil sin el auxilio de la mano atrevida que se apoderó de los vapores del río. El triunfo de Spencer fue la recompensa de una audacia que en la guerra suple a menudo los planes bien madurados y las combinaciones sesudas. La fortuna que proverbialmente favorece a los hombres valerosos, ayudó por cierto mucho a Spencer en sus operaciones. Más tarde quiso Mora depreciar los servicios que le prestó Spencer, y la dureza de éste para con los soldados obligó al general costarricense a deshacerse de él; pero sería difícil exagerar las ventajas que a los Aliados procuraron los servicios del villano y asesino que por amor al lucro no tuvo escrúpulos en mancharse las manos con la sangre de sus compatriotas que batallaban por sostener los derechos de su raza contra un enemigo cruel y vengativo.

Por desgracia para la especie humana, Spencer no fue el único americano que colaboró con los costarricenses para despojar a los nicaragüenses naturalizados de los derechos que habían adquirido en Centro América. No ha de causar sorpresa la conducta de los patrones inmediatos de Spencer, ya que el oro es el dios que idolatran y en Efeso habrían perseguido al apóstol por enseñar una religión que venía a destruir su comercio de ídolos[80]. De hombres como éstos sólo los necios pueden esperar alguna elevación de principios o actos desinteresados; pero hay derecho para esperar sentimientos de mayor elevación y acciones más nobles de parte de los que aspiran a gobernar Estados y a dirigir su política. Como las operaciones de Spencer cortaron el tránsito americano por Nicaragua, no deja de ser importante indagar si además de los Moras de Costa Rica y sus aliados de Centro América, hay algunos otros hombres públicos que sean directa o indirectamente responsables de este hecho. Esto es

---

[79] Walker, por orgullo de raza y odio a los costarricenses que le asestaron los más rudos golpes que recibió en la guerra de Nicaragua, atribuye todo el mérito de la admirable campaña del San Juan al norteamericano Spencer; pero si bien es cierto que los consejos y datos suministrados por éste fueron preciosos, también lo es que sin el valor y abnegación de las tropas costarricenses no habría sido posible realizar las hazañas que hirieron de muerte a los filibusteros. N. del T.

[80] Spencer obraba por cuenta de Cornelius Vanderbilt N. del T.

especialmente oportuno en vista de que nada menos que el presidente de los Estados Unidos[81], en un solemne mensaje anual dirigido al congreso, declaró con la más indecente inexactitud que el tránsito fue cortado en febrero de 1856 por la revocatoria de las concesiones de las Compañías del Canal y Accesoria del Tránsito.

Desde el mes de abril de 1856, el secretario de Estado americano Mr. Marcy había sido notificado por el gobierno de Costa Rica de que éste meditaba la captura de los vapores del río y del lago y por consiguiente la destrucción del tránsito. En aquel entonces Mr. Marcy respondió que este acto no sería mirado con indiferencia por los Estados Unidos. El lenguaje del secretario significaba que el gobierno americano consideraba de su deber impedir semejante cosa; y esta actitud era digna de un ministro americano. No cabe dudar de que Costa Rica, en guerra con Nicaragua, tenía el derecho, no sólo de impedir que esta nación emplease la propiedad de los neutrales para transportar militares y pertrechos, sino también el de tomar esa propiedad y hacer uso de ella, con tanto derecho como Nicaragua. Pero esto no implicaba para Costa Rica el derecho de confiscar propiedades neutrales empleadas por el enemigo con fines de transporte.

Los barcos neutrales están sujetos a ser capturados en el mar por un beligerante si éste encuentra a bordo pertrechos de guerra o individuos pertenecientes al enemigo; porque en el mar este acto, de parte de un neutral, es voluntario y no obligado. Pero en tierra o en el territorio de un país que está en guerra, en el cual la propiedad de los neutrales se encuentra enteramente bajo el dominio del soberano beligerante, el acto involuntario del neutral no puede hacerle incurrir en la pérdida de su propiedad. De modo que Mr. Marcy estaba en lo cierto al decir virtualmente a Costa Rica que el hecho de emplear Nicaragua propiedades americanas no implicaba su decomiso por el enemigo si caían en manos de éste, y mucho menos podía justificar la anulación de un privilegio como el que tenían los propietarios de los vapores del lago y del río para transitar por el Istmo. Cuando Walker vio la declaración hecha por M. Marcy al ministro de Costa Rica, tuvo la seguridad de que los Aliados no se arriesgarían a interrumpir el

---

[81] Su excelencia James Buchanan. N. del A.

tránsito exponiéndose a una ruptura con los Estados Unidos. En vista de tal declaración, tampoco es probable que Costa Rica se hubiese atrevido a cortarlo sin tener antes la certeza de que este paso no provocaría actos de guerra de parte de la República americana.

Hasta aquí hemos podido ver la resuelta oposición del secretario de Estado al movimiento americano en Nicaragua; pero tuvo que ceder de mala gana ante la voluntad del presidente en lo relativo a la recepción del padre Vigil. En mayo de 1856 Mr. Pierce aspiraba a que el partido demócrata le nombrase su candidato para la reelección; de aquí que pudiera resolverse a seguir una política que le era antipática a su primer ministro. Después de la convención de Cincinnati, ya le fue más fácil al secretario manejar al presidente; y habiéndose hecho salir de Washington al padre Vigil, Mr. Marcy se vio libre de la presencia de un ministro de Nicaragua. Ordenó inmediatamente a Mr. Wheeler que preguntase los motivos de la revocatoria de la concesión accesoria del Tránsito; sin embargo, en agosto se llevó chasco con una respuesta que justificaba plenamente el proceder del gobierno de Rivas; pero si Mr. Wheeler no se plegó a los propósitos del secretario, era fácil conseguir el auxilio británico para expulsar a los americanos de Nicaragua. Y con tal que Mr. Marcy permitiera en silencio al poderío británico que lo hiciese así, podía abrigar la esperanza de que poderosos intereses de la ciudad de Nueva York le ayudasen en sus planes ambiciosos.

Es difícil imaginar que un secretario de Estado americano se prestara a hacerse cómplice de un plan encaminado a expulsar a sus compatriotas del Istmo; pero las pasiones dominantes de Mr. Marcy eran la vanidad de sus opiniones y la ambición de figurar en puestos públicos, y una de ellas había sido herida por la recepción del padre Vigil y la otra se sentía halagada con la esperanza de ganar una fuerte influencia en su Estado. Por otra parte, las pruebas de esta complicidad son demasiado claras para no ser notadas hasta por los menos atentos. Hacia mediados de setiembre de 1856 la Gran Bretaña estacionó en San Juan del Norte una poderosa flota de ocho barcos con varios centenares de cañones y el propósito evidente de influir en el resultado de la guerra en Centro América. No se enviaron allí barcos de los Estados Unidos para vigilar los movimientos o averiguar las intenciones de la flota británica. En el mes de abril anterior se transparentaron los propósitos de la flota, al tratar el navío británico "Eurydice" de impedir que los pasajeros del "Orizaba" subiesen por el río. En aquel entonces el comodoro del escuadrón americano del Caribe había recibido instrucciones de mostrar la bandera de los Estados Unidos en San Juan del Norte; y si era conveniente desplegar esta bandera cuando sólo había un barco británico en el puerto, ¡cuánto más urgente era hacerlo en momentos en que varios centenares de cañones ingleses apuntaban al tránsito ístmico!

El secretario del Estado no sólo permitió tranquilamente que una poderosa flota inglesa se estacionase en San Juan del Norte, para aguardar allí que se presentara la ocasión favorable de proceder contra los nicaragüenses naturalizados, sino también que Costa Rica le notificase su intención de cortar el tránsito, caso de tener la fuerza militar necesaria para ello. El 1° de noviembre el presidente de Costa Rica publicó un decreto cuyo artículo segundo dispone que "La navegación del río San Juan del Norte es prohibida a toda clase de embarcaciones mientras duren las hostilidades contra los invasores del suelo centroamericano".

Y el artículo cuarto del mismo decreto ordena que "Los jefes y fuerzas militares de la República harán efectiva esta declaratoria, usando de cuantos medios estén a su alcance". Esta era una declaración pública y explícita por la cual se le notificó a Mr. Marcy que, si deseaba que no se cortara el Tránsito durante las hostilidades entre Nicaragua y Costa Rica, debía situar barcos americanos en San Juan del Norte para oponer la fuerza a la fuerza. Los Estados Unidos tenían en Costa Rica un cónsul para que les diese aviso de los actos del gobierno de este país; y tan enterado estaba el de Su Majestad Británica, Allan Wallis, del movimiento contra el Tránsito, que refiriéndose evidentemente a él publicó en San José, el 26 de noviembre, el siguiente aviso:

"A todos los residentes en esta República que consideren ser súbditos británicos, se les ruega enviar a este despacho, tan pronto como sea posible y a más tardar antes del 20 del mes próximo, sus nombres, profesiones u ocupaciones y lugares de residencia, junto con los nombres de los miembros de sus familias, si las tienen".

Por extraña que la cosa parezca, el secretario de Estado, después de haberse cumplido lo que mandaba el decreto de Mora del 1° de noviembre, no dio ningunos pasos para restablecer el tránsito o proteger contra la intromisión de las fuerzas navales británicas a los que procuraban hacerlo. Estos hechos y otros que adelante se dirán, relativos a la conducta observada por oficiales de la marina americana en las costas nicaragüenses del Pacífico, conducen irresistiblemente a la conclusión de que Mr. Marcy colaboró con el gobierno británico en la política seguida por éste en Centro América.

Se hace necesario echar una ojeada a las interioridades de la política del secretario de Estado, para la debida inteligencia de los acontecimientos posteriores a las operaciones de Spencer en el río de San Juan. Apenas habían tenido tiempo los soldados costarricenses que acompañaron a los pasajeros de California a Punta Arenas de salir en viaje de regreso, río arriba, cuando el vapor "Texas" arribó al puerto de San Juan del Norte con cerca de 200 hombres destinados al servicio de Nicaragua; pero como no fueron recibidos por el gobierno no podían obrar en nombre de éste. Por esta razón Mr. Harris, agente de los propietarios de los vapores del lago y del río, escogió a Lockridge, que se hallaba en San Juan del Norte, como la persona llamada a recuperar los barcos y restituirlos a los contratistas del Tránsito. Según se ha dicho ya, Lockridge había sido enviado a Nueva Orleans en misión especial, y si la tarea de reabrir el tránsito hubiera sido una empresa estrictamente militar, el mando hubiera correspondido, como es natural, al teniente coronel Rudler, el más antiguo de los oficiales que estaban en San Juan del Norte y el mismo a quien se había confiado últimamente la defensa de la frontera del río.

Rudler tenía licencia para ir a los Estados Unidos; pero le bastaba romperla y reasumir su derecho de mandar en el río, para ejercer autoridad completa sobre cualquier expedición que se tratase de llevar a cabo en nombre de Nicaragua. Pero el mérito es modesto y discreto y la presunción osada y petulante. Por consiguiente, se le dio a Lockridge el mando de la tropa de la cual se esperaba que desalojase a los costarricenses del río, y Rudler salió para Nueva Orleans. Además de los que vinieron en el "Texas", el general C. R. Wheat y el coronel Anderson llegaron el 9 de enero[82] a Punta Arenas, con otros

---

[82] 9 de enero de 1857. N. del T.

cuarenta hombres de Nueva York, en el vapor "James Adger". No faltaban armas ni municiones para la gente de Lockridge y los pertrechos y bastimentos eran abundantes.

Lockridge se quedó algunos días en Punta Arenas trabajando con Joseph N. Scott en arreglar uno de los vapores viejos del río, que ya estaba en desuso, para servirse de él; pero los oficiales de la marina británica no le dejaron trabajar sin ponerle trabas. En la mañana del 16 de enero, el capitán Cockburn del navío "Cossack" de S. M. B. desembarcó en Punta Arenas, preguntando por el comandante de los hombres armados que ocupaban aquel lugar. Al encontrarse con Lockridge, el capitán Cockburn le hizo saber que tenía órdenes del capitán Erskine, del barco de S. M. B. "Orion" y "el oficial más antiguo de los navíos y barcos de S. M. empleados en las costas de Centro América", para brindar protección a todos los súbditos británicos que estuviesen detenidos y a quienes se hiciera prestar servicio militar contra su voluntad. De acuerdo con sus instrucciones, el capitán Cockburn pidió una lista de todos los que estaban en Punta Arenas y solicitó que se les hiciese formar en su presencia, para poderles leer las órdenes del capitán Erskine. De manera que se sacó la gente a la playa y Cockburn le leyó la orden del capitán Erskine, que terminaba diciendo:

"Si algunos de los individuos de que se trata pidiesen protección como súbditos británicos y sus peticiones le pareciesen a usted bien fundadas, hará usted saber al oficial comandante que a dichos individuos se les debe permitir retirarse del sitio en que se encuentran; y, en caso de que se acceda a esto, les dará usted un pasaje para Greytown o se los llevará a bordo del barco de su mando, para que en él aguarden mi resolución sobre lo que con ellos ha de hacerse, conforme lo deseen. En caso de que el mencionado oficial se opusiera a lo que llevo indicado, le comunicará usted: primero, que, a ninguno, quienquiera que sea, de los que se encuentran bajo sus órdenes, se le permitirá salir del lugar en que actualmente está, para ir río arriba o a cualquier otro sitio, mientras mi solicitud no haya sido resuelta de conformidad; y, segundo, que para hacer respetar los derechos de los súbditos británicos tomaré las medidas que me parezcan más convenientes".

Diez hombres pidieron y recibieron protección en virtud de la orden de Erskine y se los llevaron de la punta en el bote de Cockburn. Las instrucciones del gobierno de S. M. deben haber sido realmente rigurosas, para que oficiales honorables se vieran por ellas inducidos a rebajarse hasta el punto de incitar a aquellos hombres a desertar la causa que habían abrazado voluntariamente; porque no contento Cockburn con leer las órdenes de Erskine, informó a toda la gente de Lockridge de los peligros que iba a correr atacando las grandes fuerzas que los costarricenses habían concentrado en el río.

Así fue que la desmoralización de la gente de Lockridge empezó desde antes de salir de Punta Arenas. Los americanos —cuando menos los buenos— estaban por supuesto indignados de la conducta observada por los británicos. No es propio de la humana condición respetar a los que ejercen autoridad, cuando éstos se han visto humillados por los actos de otros. De consiguiente, para Lockridge era indispensable ponerse fuera del alcance de la intromisión británica; porque no sólo perdía hombres a diario por la manera de proceder de los ingleses, sino que constantemente disminuía la eficacia de los que quedaban. Al fin se acabó de alistar el vaporcito para subir el río y Lockridge se fue con su fuerza a un punto situado varias millas aguas abajo de la boca del Sarapiquí.

Por la mañana del 4 de febrero llegó de nuevo el "Texas" a San Juan del Norte, procedente de Nueva Orleans y trayendo a bordo a H. T. Titus, llamado en Kansas el coronel Titus, con unos ciento ochenta hombres. Muchos de ellos habían sido compañeros de éste en Kansas y es probable que la mayor parte fuesen de mejor estofa que su jefe; pero el aire fanfarrón de Titus había engañado a muchos y el conflicto en que decían tomó parte, le había dado cierta notoriedad periodística, haciendo que su nombre fuese conocido como el del jefe de "los pícaros de la frontera"[83].Lockridge formó con Titus y los suyos un cuerpo aparte, y entre éstos y los que mandaba Anderson no tardó en surgir un sentimiento que más se parecía a rivalidad que a emulación. El capitán Doubleday, que antes había servido en Nicaragua, formaba parte de la tropa de Anderson, así como varios otros que estaban en el mismo caso. Toda la gente de Titus era enteramente nueva en el país.

---

[83] "Border ruffians"

Poco después de la llegada de Titus se apoderó Lockridge, mediante una reñida escaramuza, de la punta de Cody, altura situada frente por frente de la boca del Sarapiquí, y desde allí emprendió Wheat un cañoneo contra las defensas construidas por los costarricenses del otro lado del río San Juan; pero el fuego de los cañones de Wheat no era como para impresionar seriamente al enemigo, y no fue sino después de haber atravesado el coronel Anderson el río, logrando hostigar el flanco y la retaguardia de los costarricenses con rifleros, cuando los americanos desalojaron al enemigo del Sarapiquí, apoderándose de sus dos márgenes. Los costarricenses dejaron muertos y heridos, dos cañones, algunas armas, municiones de guerra y uniformes militares. Entre las cosas que se tomaron había algo más importante aún: unas cartas del general Mora con detalles sobre el estado de sus tropas en el San Juan y pidiendo con urgencia el envío de refuerzos para poder sostener sus posiciones en el río.

Los costarricenses fueron desalojados de la boca del Sarapiquí en la mañana del 13 de febrero[84], y al siguiente día Titus y unos 130 hombres subieron el curso del río en el vaporcito «Rescue» para atacar el Castillo. La punta de Hipp quedó a cargo de Anderson, y la disputa que surgió entre éste y Titus sobre supremacía vino a aumentar la desorganización y el desorden que ya reinaban en la tropa de Lockridge. Las deserciones eran frecuentes y las fomentaba, por supuesto, la protección y ayuda que los ingleses daban a los desertores. Las fuertes lluvias hacían desagradable la vida de campamento y arduas sus obligaciones, y había que trabajar mucho para proteger a la tropa del mal tiempo. Esto dificultaba los movimientos y era menester mucho cuidado para que las municiones estuviesen en estado de poderlas aprovechar. Había enfermos de fiebre; pero si se considera la vida a la intemperie y las fatigas a que estaba sujeta la tropa, la salud de ésta no era mala.

Por otra parte, las dificultades con que luchaban los costarricenses no eran pocas. Después de apoderarse del San Juan y del lago, Mora se comunicó con los Aliados de Masaya y se emprendieron maniobras

---

[84] La guarnición de La Trinidad evacuó el punto por la noche del 13 de febrero de 1857. N. del T.

que se referirán más tarde con mayores detalles. Basta decir por ahora que para estas maniobras fue preciso emplear mucha gente de la que Mora tenía en el río. Además, los costarricenses procedentes de las altiplanicies de la región de San José sufrían mucho de fiebre al llegar a las tierras bajas del San Juan. De suerte que por la necesidad que los Aliados tenían de tropas en la parte occidental de Nicaragua y las enfermedades, la guarnición del Castillo quedó reducida a un número de hombres insignificante, y, al presentarse Titus frente a él, Cauty, un inglés que lo mandaba, tenía veinticinco hombres, según unos, o cincuenta, según otros[85].

Cuando Titus desembarcó cerca del fuerte del Castillo Viejo, las casas del pueblo estaban en llamas y el vaporcito «Machuca» ardía también rápidamente. Sin embargo, se consiguió soltar el vapor "J.N. Scott", y aunque su maquinaria estaba bastante deteriorada fue fácilmente compuesta en dos o tres días de trabajo. Poco después de llegar al Castillo, Titus le mandó a pedir a Cauty que se rindiese; la respuesta fue una proposición de armisticio de 24 horas, con promesa de rendirse si la guarnición no era socorrida dentro de este plazo. Por extraño que parezca, se aceptó la proposición de Cauty, y para este no fue difícil enviar un correo al fuerte de San Carlos con noticias de la situación en que se encontraba. Por supuesto, antes de expirar el armisticio, un refuerzo destinado a Cauty desembarcó a corta distancia del fuerte, aguas arriba del río, y al aparecer los costarricenses se retiró Titus en gran desorden y confusión. La retirada fue emprendida antes de averiguar, siquiera aproximadamente, el número de las fuerzas de socorro; y el hecho de que los americanos pudieran escapar sin proteger de ningún modo su retaguardia, prueba que el enemigo no era muy numeroso[86].

---

[85] 1La guarnición del Castillo constaba exactamente de 37 hombres. N. del T.

[86] 14En el relato de las acciones de guerra, Walker suele ser bastante verídico, excepto cuando se refiere a los costarricenses,a quienes siempre trata de deprimir. Así por ejemplo, en el presente caso dice que Titus, poco después de su llegada al Castillo, le mandó a pedir a Cauty que se rindiese, cuando es bien sabido que habiendo atacado Titus el Castillo el 16de febrero de 1857, no mandó el parlamentario sino el 18, después de combates reñidísimos, de los cuales Walker no dice una palabra, siendo así que no podía ignorarlos; pero su silencio se explica cuando se recuerda que esos combates constituyen una gloria para las armas costarricenses. N. del T.

Después de que se retiraron, o, mejor dicho, de que huyeron los americanos del Castillo, fueron a parar a la isla de San Carlos, situada río abajo, a pocas millas del fuerte. Lockridge hizo en esta isla algunas obras de defensa y construyó también, con mucho trabajo, albergues para protegerse del mal tiempo. El rechazo de carácter vergonzoso sufrido en el Castillo aumentó la desmoralización de toda la tropa que estaba en el río y por consiguiente tomaron incremento las deserciones. Por otra parte, era tal la hostilidad que reinaba contra Titus, que éste dejó el mando y se fue a San Juan del Norte con ánimo de seguir hasta Rivas por Panamá. Al llegar a San Juan del Norte, la insolencia con que habló a uno de los oficiales británicos fue motivo de que lo arrestasen durante algunas horas. Al mismo tiempo que arrestaron a Titus detuvieron el vapor "Rescue"; pero pronto lo soltaron, al ver que venía entrando en el puerto la corbeta "Saratoga" de la marina de guerra de los Estados Unidos. Este solo hecho pone de manifiesto cuán diferente habría sido la conducta de las fuerzas navales británicas si hubiese habido unos pocos barcos de los Estados Unidos en San Juan del Norte.

A fines de febrero envió Walker desde Rivas un edecán a Lockridge, por Panamá, para confirmarle la comandancia del río que se le había dado y hacerle saber lo mucho que importaba el pronto establecimiento de comunicaciones por la orilla o al través del lago. Se le mandó la orden de que si le parecía imposible tomar el Castillo y el fuerte de San Carlos sin hacer grandes sacrificios, abriera un camino desde el río hasta Chontales o hasta la margen meridional del lago y se viniese por tierra a Rivas. Más tarde se dirá el motivo de estas órdenes; basta manifestar por ahora que una de las razones principales que Walker tenía para sostenerse en Rivas, era el temor de que al llegar Lockridge al departamento Meridional pudiera verse en una situación difícil si encontraba la ciudad en poder de los Aliados. Baldwin llegó a San Juan del Norte hacia mediados de marzo y casi al mismo tiempo que unos 130 hombres de refuerzo procedentes principalmente de Mobila y Tejas y mandados por el mayor W.C. Capers y el capitán Marcellus French, respectivamente.

La fuerza de Lockridge había quedado tan reducida a causa de la deserción y las enfermedades, que con los refuerzos de Capers y French apenas llegó a 400hombres efectivos; pero la mayor parte de éstos eran de excelente calidad y con otro jefe habrían podido hacer mucho. La tropa de French, especialmente, se componía de muy buenos elementos, según la opinión general; pero esta gente llegó demasiado tarde, encontrándose en el río con pandillas desorganizadas por la mala conducta y la mala fortuna. Sin embargo, Lockridge resolvió hacer otro esfuerzo para apoderarse del Castillo Viejo y preparó casi toda su fuerza con el objeto de atacarlo.

Habiendo desembarcado a corta distancia del Castillo, río abajo y fuera del alcance de la vista del enemigo, llevó su gente por un sendero dentro del monte, hasta una posición situada cerca de una altura que llaman el cerro de Nelson. Desde esta altura se domina el fuerte y los costarricenses la habían fortificado y ocupaban la cima. En las faldas del cerro cortaron algunos árboles, formando unos como caballos de Frisia, y en torno de la cumbre quitaron la maleza hasta cierta distancia, siendo difícil y peligroso acercarse. Después de reconocer la posición enemiga, Lockridge consideró imprudente correr el riesgo de un ataque, y habiendo reunido a los principales oficiales para pedirles su opinión, todos estuvieron de acuerdo en la conveniencia de retirarse sin atacar al enemigo. Esta resolución era juiciosa, porque el resultado casi inevitable de un ataque a las fortificaciones costarricenses habría sido una derrota. El momento oportuno para tomar el Castillo se perdió por la incapacidad de Titus, y durante el mes que duraron los preparativos del segundo ataque, el enemigo no se cruzó de brazos. Aun cuando las obras de defensa de los costarricenses hubiesen sido menos fuertes, el estado moral de la tropa de Lockridge no era como para empeñarla en una empresa azarosa.

Después de retirarse Lockridge del Castillo, los soldados se pusieron a discutir planes para lo futuro y todos estaban de acuerdo, según parece, en la conveniencia de abandonar el río. Era evidente que el esfuerzo para reabrir el Tránsito había fracasado por completo; y el jefe, habiendo hecho formar su gente, le dijo que tenía el propósito de irse a Rivas, pasando por el istmo de Panamá, y que todos los que quisieran seguirlo diesen un paso al frente. Cerca de unos cien aceptaron la propuesta y los restantes fueron desarmados y virtualmente licenciados. Los que quedaron sin armas se pusieron enseguida a buscar los medios de llegar a la boca del río. Sin aguardar el vapor tomaron los botes que pudieron encontrar y algunos se fueron en balsas a San Juan del Norte. Aquella muchedumbre poseída de pánico se creía perseguida de cerca por los costarricenses, y la desesperación de salvarse que cada cual tenía aumentaba el miedo de los demás.

Los que consintieron en irse con Lockridge a Rivas bajaron el río con más calma que los fugitivos; pero la mala suerte los persiguió hasta el fin. Durante el viaje a San Juan del Norte voló el vapor "J. N. Scott", y varios de los que se proponían ir a Panamá perecieron y otros resultaron dolorosa y gravemente escaldados. Este accidente vino a desalentar del todo a los que aún le quedaban a Lockridge, y en el acto abandonaron la idea de atravesar el istmo neogranadino. Aquel plan resultaba de todos modos absurdo; porque era un desatino suponer, dadas las circunstancias, que, a reconocidos enemigos de Costa Rica, armados o sin armas, se les permitiese atravesar en grupo el territorio de un Estado neutral, o, mejor dicho, el de una república hostil a los llamados "filibusteros".

Huelga decir que los ingleses suministraron con placer, a todos los que llegaron a San Juan, los medios de salir de Centro América. De suerte que a muchos de los expedicionarios desvalidos y chasqueados los mandaron a Nueva Orleans en el vapor "Tartar" de S. M. B., y los pasajes de otros fueron pagados con libranzas expedidas por el capitán Erskine, el cual se dejó las armas de Lockridge para garantizarse contra las pérdidas que pudiese haber en aquéllas. Al cabo de pocos días casi todos los que quedaban de las fuerzas de Lockridge habían abandonado las costas de Nicaragua y la mayor parte hablaban con acritud de la debilidad e incompetencia del hombre que había pretendido llevarlos río arriba.

Sin embargo, al terminar la narración de las operaciones de Lockridge, no estará tal vez por demás decir que Walker se negó a escuchar las censuras dirigidas contra el infortunado comandante, hasta no enterarse plenamente de los hechos, y no fue sino al oír de boca del propio Lockridge la historia de su empresa, cuando Walker se formó una opinión sobre los méritos del jefe de la expedición del San Juan.

Durante las tentativas que hizo Lockridge para reabrir el Tránsito, los esfuerzos de los amigos de Nicaragua en los Estados Unidos fueron más activos y fructuosos que en todo tiempo anterior. Los Estados del Sur, convencidos de que les era imposible llevar esclavos a Kansas, estaban dispuestos a concentrar sus trabajos en Centro América; y los hombres que fueron al San Juan, no sólo eran de buena calidad, sino que se les proveyó de pertrechos y equipos excelentes. Si este esfuerzo y estos gastos se hubiesen hecho tres meses antes, los americanos habrían quedado establecidos en Nicaragua de manera inconmovible.

Desde el fracaso de Lockridge se han puesto en juego numerosas influencias para restablecer la línea americana de viaje al través del istmo de Nicaragua; pero siempre inútilmente. En los momentos precisos en que la juventud americana procuraba forzar la apertura del Tránsito en provecho de los dueños de la concesión otorgada por Rivas el 19 de febrero de 1856, éstos estaban tratando traidoramente con el gobierno de Costa Rica y buscando el modo de que una potencia que no tiene ni la sombra de un derecho para hacerlo, les concediese el privilegio. Ha habido rumores de concesiones de Costa Rica y de concesiones de Nicaragua, y el gobierno de la última república ha hecho arreglos con diferentes compañías para reabrir el Tránsito.

Los que en Nicaragua quieren mantener a los americanos fuera del país saben bien lo que les importa tener cerrado el «Camino real del filibusterismo», y todo lo que se hace tocante a concesiones para el Tránsito, no es más que «un engaño y una trampa». También se ha anunciado con frecuencia, semioficialmente, que el gobierno de los Estados Unidos estaba resuelto a abrir un camino al través de Nicaragua; pero como no se ha dado ninguna razón que justifique un acto tan violento de parte de los Estados Unidos, debe presumirse que estas declaraciones no tienen más objeto que impresionar al pueblo. Es lo cierto que el gobierno americano cortó con un acto arbitrario de fuerza el único esfuerzo que desde el mes de diciembre de 1856 se ha hecho, con visos de buen éxito, para que el tránsito por Nicaragua volviese a poder de ciudadanos de los Estados Unidos. En diciembre de 1857 el coronel Anderson, a la cabeza de 45 hombres, tomó los barcos del río y un vapor del lago a los costarricenses, restituyéndolos al agente que los reclamaba en nombre de los propietarios americanos, y a no ser por la conducta de las fuerzas navales americanas se habría podido restablecer en treinta días el tránsito por el Istmo. Los enemigos de los nicaragüenses naturalizados cerraron el Tránsito y ellos son los que lo mantienen cerrado.

Pero ya es tiempo de volver a Rivas y de seguir el curso de los acontecimientos por el lado del Pacífico.

CAPÍTULO XII: La defensa de Rivas

El 20 de diciembre de 1856 casi todos los americanos que estaban en Nicaragua se habían reconcentrado en Rivas y las tropas ganaron física y moralmente con el cambio. El hospital se estableció en un gran edificio situado en una pequeña altura, en las afueras de la ciudad, que llamaban la casa de Maliaño. Bajo la eficaz administración del Dr. Coleman, cirujano mayor, las salas estaban limpias y había una buena asistencia quirúrgica. La alimentación de los pacientes era de la mejor calidad, y aunque había muchos heridos, no resultó nada malo el haberlos puesto a todos en el mismo edificio. Las existencias de medicinas e instrumentos de cirugía eran grandes y el cuerpo de sanidad mucho más numeroso que el que acostumbran tener los ejércitos en los continentes oriental y occidental. Las invenciones publicadas acerca de que los pacientes carecían de asistencia médica y quirúrgica, lo han sido con el propósito de seducir a una opinión pública enfermiza y disculpar las faltas y los crímenes de los que desertaron de las filas de sus compatriotas en Centro América. Los cuarteles eran cómodos, la alimentación variada y abundante y el ánimo de la tropa alegre y placentero.

Las noticias relativas al enemigo tendían igualmente a robustecer la confianza de los americanos. Después de que Henningsen se retiró de Granada de modo tan triunfante como lo hizo, Belloso se replegó alicaído a Masaya, donde estuvo tratando de reunir los restos de las destrozadas fuerzas que intentaron cortar la retirada a las tropas encargadas de la destrucción del baluarte legitimista; pero los otros generales aliados ya no querían seguir peleando a las órdenes de Belloso. Habiendo sido derrotados en sus esfuerzos para acabar con Henningsen, los jefes del ejército aliado propendían naturalmente a echar la culpa de su derrota al general salvadoreño. Acusaban a Belloso, no sólo de falta de competencia, sino también de valor, y decían que la precipitación de su retirada a Masaya poco después de llegar Waters a la iglesia de Guadalupe, obedeció a un exceso de inquietud por su seguridad personal. Las disensiones que a consecuencia de esto surgieron en el campo de los Aliados, prometían disolver todo el ejército en breve tiempo, y de los cargos que entonces se hicieron a Belloso conoció más tarde una comisión militar en el Estado de San Salvador, de donde era natural.

Estas disensiones las agravaba el desaliento que a los oficiales aliados causaron las muchas bajas que tuvieron en la campaña contra los americanos. Es difícil calcular el número de hombres traídos por los Aliados al campo de operaciones antes de la retirada de Granada; per o no es ciertamente exagerado decir que desde principios de octubre hasta mediados de diciembre habían empleado 7.000 hombres[87]. Además de las bajas que tuvieron en Granada el 12 y el 13 de octubre, en el camino del Tránsito durante los combates del 11y 12 de noviembre y en Masaya en los tres días de lucha que allí hubo, los Aliados deben de haber perdido dos mil hombres en su ataque contra Henningsen. Los informes recibidos concuerdan en que Belloso no tenía más de 2.000 hombres a sus órdenes cuando se retiró a Masaya. De suerte que aun calculando los desertores en 500 —y es preciso hacer a este respecto un cálculo alto por el carácter obligatorio que tiene en Centro América el servicio militar— el enemigo debe de haber tenido 3.500 bajas entre muertos y heridos durante las diez primeras semanas posteriores a su salida de León[88].

Tampoco se libró Belloso enteramente del cólera después de llegar a Masaya. Así fue que el miedo a la plaga y a los rifles mortíferos de los americanos fomentó la deserción entre los Aliados. Tan desorganizadas llegaron a estar las fuerzas de Belloso, que los jefes de los diversos contingentes discutieron la conveniencia de una retirada a León; las tropas salvadoreñas se mostraban particularmente dispuestas a retirarse de la lucha. Según parece, el gobierno salvadoreño no estaba contento por las censuras de algunos generales de los otros Estados contra el comandante en jefe, y gran parte del partido liberal de aquel país, no dejándose llevar por las pasiones que arrastraron a los amigos de Cabañas a vengarse de los americanos por

---

[87] Puede afirmarse, con datos oficiales de la época, que los Aliados no tuvieron nunca mucho más de 3.000 hombres en la guerra contra Walker, quien siempre procura aumentar el número de sus enemigos y rebajar el de sus gentes. N. del T.
[88] Walker exagera de tal modo las bajas sufridas por los Aliados, que las hace llegar a una cifra más o menos igual al total de las fuerzas centroamericanas reunidas en Nicaragua. N. del T.

no haber querido volver a poner a éste en la presidencia de Honduras, se negaba a apoyar la guerra contra los nicaragüenses naturalizados.

Tal era de modo general el estado en que se encontraban respectivamente los beligerantes el 2 de enero de 1857, cuando el vapor "San Carlos" atravesó el lago con los pasajeros que de California se dirigían a los Estados del Atlántico, según se ha dicho ya. El parte de la mañana del 3 dará una idea exacta de las fuerzas americanas en aquel entonces. El total, incluyendo a los empleados de las diversas oficinas, alcanzaba a 919 hombres. De éstos, 25 eran empleados del servicio de municiones, 15 de la intendencia, 20 de la proveeduría y 12 de la banda de música; quedaban, pues, en las filas, 847. De este número, 8 pertenecían al estado mayor de plaza y de campo; 1 capitán y 29 soldados se encontraban destacados en comisión;3 capitanes, 3 tenientes y 2 soldados con licencia, y 2soldados ausentes sin permiso. De suerte que el total de los presentes quedaba reducido a 788, de los cuales había 60 en servicio extraordinario y 197 enfermos. El número de los combatientes era de 518, entre oficiales y soldados; pero muchos de los que figuraban como enfermos no tenían más que niguas en los pies y estaban en aptitud completa de ayudar a la defensa de la ciudad. La pereza y una tendencia a eludir las obligaciones del servicio, hacían aparecer en el rol de los enfermos a muchos de los que en caso de emergencia habrían figurado entre los mejores combatientes de la guarnición.

Henningsen fue ascendido a mayor general y Sanders a brigadier; de modo que a O'Neal se le dio el mando del primero de rifleros, del que se nombró a Leonard teniente coronel y a Dolan mayor; a su vez Jaquess mandaba la infantería y Lewis el segundo de rifleros. La artillería y los batidores se habían reducido mucho a causa de los duros servicios que acababan de prestar; el coronel Schwartz, cuya salud era mala, obtuvo licencia para irse a California poco después de llegar a Rivas. El coronel Waters conservó el mando de las pequeñas compañías de batidores y estaba constantemente a caballo a caza de provisiones y noticias.

Pocos días después de haber salido de La Virgen el "San Carlos" con los pasajeros, hubo inquietud porque no llegaban los vapores que habían ido al río. Su demora podría atribuirse a varias causas, siendo una de ellas la mala inteligencia entre los dos agentes de la compañía,

Scott y Macdonald. Por otra parte, era tan sumamente improbable la caída de todos los vapores en manos de los costarricenses, que, en caso de aparecer el enemigo en el río, suponíase que pronto llegarían a Rivas algunas noticias del suceso. Pasaron muchos días y al fin se dejaron ver los vapores en el lago; pero sus movimientos indicaban que habían pasado a manos de los Aliados. Entretanto el vapor "Sierra Nevada", que había estado aguardando a los pasajeros en San Juan del Sur, zarpó para Panamá; y no fue sino a su regreso, el 24 de enero, cuando Walker supo con certeza lo que había pasado en el río y que Lockridge se hallaba en Punta Arenas con una tropa de inmigrantes destinados a Nicaragua.

Antes de que regresase de Panamá el "Sierra Nevada", se había enviado al capitán Finney con unos cincuenta batidores hasta Nandaime, para averiguar qué noticias tenían de los vapores las gentes de las cercanías de Masaya, y también para saber si el enemigo estaba haciendo o no algunos movimientos de importancia. Regresó Finney con el informe de haber ido hasta Nandaime sin ver al enemigo ni tener ninguna noticia que indicase un avance de los Aliados, o que tuviesen éstos conocimiento de la captura de los vapores. Entre Nandaime y Rivas el país se hallaba tranquilo; las gentes estaban entregadas a sus faenas domésticas de costumbre y no las habían inquietado patrullas de los Aliados.

Entretanto, en Rivas se hacían preparativos de defensa. Poco después de haber ocupado esta plaza en diciembre, Walker ordenó a Henningsen que fortificase sus naturales ventajas, a fin de poder dejar allí una pequeña guarnición sin poner en peligro los almacenes del ejército y los demás que se habían acumulado en ella. En cumplimiento de esta orden, Henningsen había quemado todas las pequeñas chozas que había en las afueras de la ciudad y cortado la tupida maleza tropical que pudiera ocultar y proteger al enemigo.

Se estudió bien la disposición del terreno dentro y fuera del pueblo, y se reconocieron los numerosos senderos y veredas de travesía de las vecindades. Al mismo tiempo, Strobel estaba estudiando el trazado de un camino más directo entre Rivas y La Virgen; para este trabajo empleó principalmente hijos del país, quienes pueden cortar rápidamente con sus machetes los espesos matorrales que crecen en aquel suelo y clima exuberantes.

Una goletita que alguna vez perteneció al jefe de los Mosquitos fue traída por el río y el lago en el mes de diciembre; el gobierno la compró y se le estaban haciendo reparaciones cuando aparecieron los vapores en la isla de Ometepe. El 16 de enero Walker hizo que Fayssoux viniese a Rivas con el objeto de preguntarle su opinión acerca de la posibilidad de servirse de la goleta para recuperar los vapores. Fayssoux, no obstante hallarse enfermo de calenturas, llegó a Rivas algunas horas después de recibir el mensaje y dijo que creía que la goleta era de muy poca utilidad para el caso. Después se le dio fuego para evitar que cayese en manos del enemigo. Habría habido necesidad de una fuerte guarnición en La Virgen para tenerla segura.

Está por demás decir que al saberse que el enemigo era dueño del río y del lago, el ánimo y la confianza de las tropas acantonadas en Rivas decayeron mucho. Pero a pesar de que las dificultades se iban acumulando en torno de los americanos de Nicaragua, éstos no cejaron nunca, ni por un momento, en su resolución de mantener la disciplina y el orden dondequiera que ejercían autoridad. Un extracto del cuaderno de bitácora de la "Granada", correspondiente al 19 de enero, consigna el auxilio dado por su comandante a un barco de la misma nación que pocas semanas después manifestó su gratitud por este servicio, capturando la goleta nicaragüense. El diario dice:

"La tripulación está ocupada en las faenas de a bordo. Mandé cinco hombres y un oficial a llevar a bordo del "Narraganset" (un barco americano) a sus tripulantes amotinados. Presté al barco cuatro pares de esposas para aherrojarlos".

Este hecho puede parecer insignificante; pero al leerlo desde el punto de vista de acontecimientos posteriores, llega a ser instructivo y característico.

Mora, después de haberse apoderado del río de San Juan y de los vapores del lago, estableció su cuartel general en el fuerte de San Carlos. Pasaron algunos días antes de que se comunicara con los Aliados por el lago. Es probable que tuviese el propósito de llevar al río todas las fuerzas de que pudiera disponer y asegurar sus comunicaciones entre San Carlos y San José, antes de dar ningún paso que permitiese a Walker enterarse de lo acontecido en el San Juan; pero cuando le pareció haber puesto el río en estado de defensa, atravesó el lago hacia Granada para entrevistarse allí con los jefes de las fuerzas aliadas. Costa Rica, por motivo de su triunfo en el San Juan, había adquirido una influencia preponderante en los consejos de los Aliados; de modo que no fue difícil poner a Cañas a la cabeza del ejército de Masaya. La posesión del lago y del río y la clausura del Tránsito infundieron nueva vida a los jefes de las tropas aliadas, los cuales resolvieron avanzar hacia el departamento Meridional.

El 26 de enero Walker tuvo noticia del avance de los Aliados hacia El Obraje, pequeña aldea situada al sur del río Gil González y a unas tres leguas de distancia de Rivas. Por la tarde del mismo día O'Neal y sus rifleros, unos 160, un obús de doce libras y un cañoncito de bronce de a cuatro salieron al encuentro del enemigo, que según informes traía de 800 a 1.000 hombres. Una compañía de batidores fue también con O'Neal, y habiendo cabalgado Finney hasta las inmediaciones del Obraje, tropezó de pronto con un numeroso piquete que le hizo una descarga, dejándole mortalmente herido casi antes de notar la presencia del enemigo.

Al cerciorarse O'Neal de que éste era dueño del Obraje, hizo alto para pasar la noche a una milla más o menos del pueblo. A la mañana siguiente mandó una descubierta para probar la fuerza del enemigo, el cual le salió al encuentro tan numeroso que O'Neal creyó prudente replegar sus rifleros. En la escaramuza O'Neal perdió varios hombres, y cuando se recibió en Rivas su informe acerca de la fuerza que parecían tener los Aliados, Henningsen fue enviado al Obraje a reconocer las posiciones de éstos. Poco después informó que ocupaban la plaza mayor, provista de fuertes barricadas y protegida por terraplenes, y que no se podía tomar el pueblo sin perder un número de vidas enteramente desproporcionado con el valor y la importancia que tenía. Al recibir el informe de Henningsen, Walker ordenó a los rifleros replegarse a Rivas.

El enemigo permaneció en El Obraje durante la mañana del 28; pero hacia el anochecer de ese día llegaron a San Jorge algunos americanos con la noticia de que se habían visto pequeñas patrullas de aliados en las vecindades de este pueblo, situado cerca del lago y a unas dos millas al este de Rivas. A eso de las ocho de la noche, Cañas estaba ya en San Jorge y su gente ocupada activamente en hacer barricadas y otras obras de defensa. La rapidez con que los soldados centroamericanos construyen barricadas es casi increíble; una larga práctica los ha hecho en esto más diestros que el mismo populacho de París. De suerte que en pocas horas todas las calles que iban a desembocar en la plaza de San Jorge, lo mismo que las casas situadas en torno de ella, estaban bien fortificadas. Sin embargo, el hecho de haber salido secretamente del Obraje, así como la rapidez con que se construyeron las defensas en San Jorge, indicaban que los Aliados no estaban dispuestos a medirse con los americanos en campo abierto, o a librar una batalla decisiva. Era evidente que querían ser dueños de San Jorge para comunicarse con Mora por el lago y tener así mayores fuerzas destinadas a futuras operaciones ofensivas. Por lo tanto, Walker resolvió atacarlos sin demora.

En la mañana del 29 salió Henningsen para San Jorge con el primero y el segundo de rifleros, la infantería de Jaquess, algunos batidores, un obús de doce libras y un cañón de a seis. El segundo comandante era Sanders. Pronto lograron ambos rechazar al enemigo hasta sus trincheras de la plaza; pero debido a una mala inteligencia de las órdenes de Henningsen, Sanders, con una parte de los rifleros de Lewis, quedó separado del resto de la fuerza en una posición situada al norte del pueblo y cerca del camino que conduce al lago. De esto se originó el desorden, y como los americanos habían sufrido mucho a causa del fuego del enemigo, se les mandó retirarse para ganar tiempo y tomar nuevas disposiciones. Según parece, varios de los oficiales habían bebido demasiado licor durante la mañana y no entendieron bien las órdenes que se les dieron. Además, Sanders tenía celos de Henningsen y éste asegura que aquél confesó después haber hecho todo lo posible para frustrar el ataque contra San Jorge. Cierto es que Sanders era de carácter celoso, y aunque negó haber confesado lo referido, no cabe duda de que no le causaban mucho disgusto los incidentes que tendían a menoscabar la confianza que al general en jefe del ejército inspiraban la pericia y capacidad de Henningsen.

Después de retirar su tropa tan lejos del fuego del enemigo como pudo, Henningsen reconoció con mayor detenimiento las posiciones de los Aliados, a fin de hacer otra tentativa de tomarlas por asalto. Temprano de la tarde y antes de que Henningsen estuviese listo para atacar de nuevo, el enemigo salió con mucha gente de las trincheras, haciendo un vigoroso esfuerzo para sacar a los americanos de unos platanares que ocupaban. No había muchos rifleros en estos platanares cuando sobre ellos cayeron los Aliados súbitamente y de manera bastante inesperada; pero allí estaba el obús de doce libras y sus botes de metralla causaron mucho daño al enemigo. Nada puede ser más eficaz que esta arma para barrer u hostigar al enemigo en los platanares diseminados en las afueras de las poblaciones de Centro América. En esa salida del enemigo en San Jorge, el obús hizo las veces de cincuenta rifleros por lo menos, ateniéndose a un cálculo moderado.

El rechazo del enemigo en los platanares animó a la tropa y ya avanzada la tarde Henningsen hizo un nuevo ataque a las trincheras. Lewis iba a tratar de apoderarse de un punto situado al nordeste de la plaza, cerca de la iglesia, donde el enemigo tenía sus municiones de guerra y boca, en tanto que Jaquess debía penetrar con su infantería por el sur, cerca del camino que conduce a La Virgen. Lewis no pudo hacer avanzar a su gente más allá de unas ochenta o noventa yardas de las trincheras; pero la infantería hizo un esfuerzo valiente, aunque sin buen resultado, para desempeñar su cometido en el asalto general. Hasta aquel entonces la infantería no había tenido ocasión de medir las armas con el enemigo y en los demás cuerpos del ejército solía ser objeto de algunas burlas por este motivo. De suerte que Jaquess se sentía picado en su amor propio. Seguido del mayor Dusenberry marchó con su gente sobre la trinchera con más valor que prudencia, y durante varios segundos la infantería aguantó, sin flaquear, el fuego de los Aliados, que era de los más mortíferos. Jaquess recibió un balazo en el lomo y casi al mismo tiempo Dusenberry cayó mortalmente herido. Habiendo perdido así sus jefes, la infantería sufrió un revés en un momento crítico y se vio obligada a retirarse dejando varios muertos cerca de las trincheras y llevándose bastantes heridos.

Por los informes que le llegaron, Walker supuso que el mal resultado del ataque contra San Jorge se debía hasta cierto punto a la falta de colaboración cordial de Sanders y otros oficiales con Henningsen. Siempre hubo cierta prevención contra éste a causa de su origen y educación europeos, y es cosa imposible dominar o borrar prevenciones de esta clase, aun con ayuda de una disciplina militar de largo tiempo. Por consiguiente, fue llamado Henningsen; sin embargo, como Walker tenía poca confianza en la capacidad de

Sanders para un mando independiente, se envió a Waters a San Jorge con instrucciones que ponían realmente a sus órdenes las tropas; pero Waters no tardó en informar que juzgaba imposible tomar el pueblo con estas fuerzas; por lo tanto, se ordenó a Sanders regresar a Rivas.

Los americanos tuvieron el 29 de enero unas ochenta bajas entre muertos y heridos. Fueron matados los capitanes Russell y Wilkinson, entrambos oficiales de mérito; el mayor Dusenberry murió poco después de que lo llevaron a Rivas. Jaquess estuvo impedido para servir durante muchas semanas a causa de su herida, y el teniente coronel Leonard guardó cama durante meses a consecuencia de la jornada de San Jorge. El enemigo tuvo también muchas bajas, especialmente en los platanares cuando se encontró con el obús; pero era difícil obtener un dato siquiera aproximado a este respecto. Se cuidó de no dejar ver sus heridos, enviándolos a Ometepe y otros lugares, diseminándolos para que pareciesen menos. Asimismo, cuando alguien preguntaba por individuos desaparecidos, en vez de decir que los habían matado, los oficiales respondían que estaban en lugares distantes. De manera que los vapores del lago resultaban muy útiles para los Aliados, porque les permitían tener sus heridos donde no pudieran ser vistos, evitando así que sus muchas bajas desanimasen a los que se libraban de los rifles americanos.

Por la tarde del 30, Walker salió con el primero y el segundo de rifleros (unos 250 hombres en total) y un obús de a doce para San Juan del Sur, con el doble objeto de inspirar confianza a los soldados, haciéndoles ver que los Aliados temían medir sus armas con ellos en campo raso y de comunicarse con el vapor "Orizaba", al que aguardaban en el puerto hacia el 1° de febrero. La marcha hasta San Juan se hizo en corto tiempo y alegremente, y en el camino el enemigo no dio señales de vida. Por la noche del 1° de febrero llegó el "Orizaba" de San Francisco trayendo al capitán Buchanan y unos cuantos hombres más para el servicio de Nicaragua. Como de costumbre, individuos al servicio del Estado llevaron el carbón a bordo. Sin el auxilio del gobierno habría sido difícil para los vapores conseguir mano de obra a precios racionales. Una nota puesta al margen del cuaderno de bitácora de la goleta "Granada" por el capitán Fayssoux, permite ver si el comercio americano tenía razones o no para estar grato con las autoridades que a la sazón estaban en San Juan. En el diario de la goleta se lee con fecha 2 de febrero:

"Hay once individuos de la tripulación cargando carbón en el "Orizaba".

Y al margen figura la siguiente nota:

Estando M. Mars ebrio a bordo del "Orizaba", se puso a incitar a los de nuestra tripulación para que se declarasen en huelga pidiendo mayor salario y así lo hicieron; esto fue motivo de una riña entre él y el capitán; yo los separé, mandando a Mars a tierra y convencí a la gente de que siguiese cargando carbón".

Hacia las 4 de la tarde del 2 salió Walker de San Juan para La Virgen. En este lugar supo que Cañas había estado allí con cuatrocientos o quinientos hombres, retirándose tan pronto como tuvo noticia de que se venían acercando los americanos. Temprano de la mañana del 3 el vapor "La Virgen" apareció en la bahía del mismo nombre y la tropa se ocultó cuidadosamente con la esperanza de que se arrimase al muelle; pero al llegar a unos pocos centenares de yardas paró la máquina, sin anclar, como si estuviese mirando lo que pasaba en tierra. Al cabo de un rato trataron varios de pegarle a la timonera con los fusiles Minié, pero sin mayor resultado, y a poco rato viró de bordo el vapor alejándose del muelle y se fue para San Jorge; entonces los americanos siguieron su camino, llegando a Rivas hacia el mediodía del 3.

Al volver a Rivas se ordenó a los rifleros tomar tanto descanso como pudieran durante la tarde y la prima noche, porque podría haber necesidad de sus servicios antes del amanecer del 4. Poco después de la medianoche del 3 salió Walker con unos 200 rifleros para San Jorge. A una milla más o menos de Rivas tomó un camino a la izquierda, y a las 4 de la mañana del 4 de febrero se coló en el pueblo donde estaba el enemigo. Los Aliados fueron tomados enteramente por sorpresa, y un cuerpo de voluntarios escogidos y mandado por el doctor McAllenny penetró en una de las principales trincheras de la plaza y por encima de ella hizo fuego sobre los enemigos que corrían en todas direcciones; pero no se pudo lograr que el grueso de la tropa llegase a sostener la avanzada antes de que el enemigo se hubiese repuesto de la sorpresa. Luego fue ya demasiado tarde para tomar las trincheras sin perder mucha gente y se hizo retirar a los americanos a las inmediaciones del pueblo, fuera del alcance de los fusiles del enemigo. En el asalto a la trinchera los tenientes Blackman y Gray fueron mortalmente heridos, y estando los americanos en las afueras de la aldea recibió O'Neal su herida de muerte. Hacia las 8 a.m. del 4 los americanos se encontraban de regreso en Rivas.

En este ataque contra San Jorge, Jerez fue herido en la cara y durante varios días corrió la noticia de su muerte; pero su herida era menos peligrosa de lo que se dijo y pronto se repuso. La pérdida de O'Neal fue para los americanos un golpe más fuerte que todos los que ellos asestaron a los Aliados. Era joven y entusiasta, pero no le faltaban la rápida visión y la pronta resolución que hacen a un hombre apto para mandar en momentos de peligro. Por su edad no era más que un muchacho; no había cumplido los veintiún años cuando murió; pero el entendimiento madura de prisa en el campo de batalla y en O'Neal era natural el verdadero sentimiento del soldado de que poco importa morir tarde o temprano, siempre que sea en cumplimiento del deber. Después que se le trajo a Rivas se fue extinguiendo durante varios días, y es probable que su espíritu valeroso hubiese preferido partir de este mundo en medio de la tempestad de la batalla. Ojos llenos de inquietud siguieron la marcha de su agonía y en el campo no hubo nadie que no sintiera pesar al saber la noticia de su muerte.

Cuando se hallaba Walker en San Juan del Sur, se repartieron por primera vez en los suburbios de Rivas proclamas impresas de Juan Rafael Mora, en que prometía a los desertores garantías y pasaje libre para los Estados Unidos. Al mismo tiempo se enviaron a unos americanos cartas firmadas por los que habían desertado en Granada y otras partes, incitando a los oficiales y soldados a desertar de las filas de Walker y a pasarse al enemigo. Esto era un cambio completo en la política de Costa Rica. No hacía un año que Mora había declarado la guerra de exterminio contra los "filibusteros"; ahora trataba de que ésta fuese contra una sola persona y conjuraba a los americanos para que abandonasen a su jefe. Este cambio de política era una confesión tácita de haber fracasado la guerra en cuanto a sus propósitos e indicaba que el gabinete de Costa Rica tenía nuevos consejeros; venía a probar que cabezas que no eran centroamericanas se ocupaban en tramar la expulsión de los nicaragüenses naturalizados de su patria adoptiva; pero a todos los americanos interesa que los nombres de esos consejeros permanezcan en la obscuridad que merece su conducta.

A la vez que se construían trincheras en Rivas y se hacían preparativos más completos para la defensa de la ciudad, el coronel Swingle se ocupaba en trabajos que aumentaron mucho la eficacia de la artillería. El ingenio de Swingle para la mecánica era extraordinario. Además de los talleres bien organizados, establecidos por él en Rivas, obtuvo una maquinita de vapor en San Juan del Sur con la cual consiguió producir un soplo de aire que le permitía fundir el hierro; de suerte que fundió las primeras balas de cañón fabricadas en Centro América[89]. La escasez de balas había sido un obstáculo serio para el empleo de la artillería, y durante algún tiempo fue necesario echar mano de las que se pudieron fundir con plomo. Como la existencia de este metal era limitada, no convenía convertir una gran cantidad en balas de cañón. Se habían recogido campanas en las poblaciones del departamento Meridional, y Swingle las aprovechó para fundir balas rasas que resultaban más eficaces, si bien más caras que las de hierro.

Habiendo reunido una cantidad de balas de cañón, Henningsen salió en la madrugada del 7 de febrero para San Jorge, apoyado por los rifleros, con el propósito de cañonear a los Aliados. Preparó unas cajas de fusiles vacías para construir un parapeto rápidamente y sin ser molestado por el enemigo. Estando todavía obscuro llegó a un lugar situado a unas 600 yardas de las líneas de defensa de los Aliados, y antes de que clarease el día su obra estaba tan adelantada que su gente podía seguir trabajando en ella sin ser interrumpida por el fuego de la plaza. Terminado el parapeto, se rompió con los cañones de a seis un fuego rápido y muy certero. La impresión que causó al enemigo saltaba a la vista, no obstante haber afectado decir éste que las balas le hicieron poco daño[90]. Ningún americano fue herido y la

---

[89] Desde fines del siglo XVI se habían fabricado en Centro América, no sólo balas, sino también cañones. El año 1579 se fundieron en Guatemala, muy rápidamente y teniendo que improvisarlo todo, 16 cañones de bronce. Según relata un documento de la época, estas piezas eran "muy escogidas y mejores que en Málaga pudieran ser, por la mejoría del metal". N. del T.

[90] Según el parte del general Zavala, Henningsen disparó 110 cañonazos con el siguiente resultado: murieron 1 hombre, 2 mujeres y 1 niño del vecindario de San

tropa regresó a Rivas de buen humor por el trabajo hecho a tan poca costa. Estos frecuentes ataques contra el enemigo tenían por objeto mantenerlo en constante alarma; por otra parte, además de los muertos y heridos que se le causaban, el desorden que metía en sus filas la aparición de los americanos facilitaba siempre algunas deserciones. En espera del resultado de los esfuerzos de Lockridge para abrir el Tránsito, a Walker le convenía también que sus tropas viesen que no estaban enteramente a la defensiva.

Era menester infundir a los americanos confianza en sus propias fuerzas y hacerles ver la debilidad del enemigo, para curar la espantosa epidemia de la deserción —porque la deserción es una dolencia— que había empezado a desmoralizar las tropas en Rivas. A principios de febrero unos batidores desertaron con un oficial, tomando el camino de Costa Rica y llevándose sus caballos, sillas de montar y armas. El parte de la mañana del 6 de febrero registra veinte deserciones en veinticuatro horas; el del 8 del mismo mes, seis. En aquellos momentos las deserciones obedecían únicamente al miedo y la inquietud; porque la alimentación era excepcionalmente buena, habiéndose recibido gran cantidad de harina y otras provisiones de California en el mes de enero. Además, en aquel entonces los batidores recorrían en pelotones de diez y doce la mayor parte de los pueblos del departamento Meridional, trayendo cantidades de maíz, tabaco y azúcar para la tropa.

El espíritu de deserción era más común entre los que habían estado en California. La costumbre allí adquirida de andar errantes hacía que no se sujetasen a las exigencias de la vida militar. Por otra parte, los americanos están acostumbrados a discutir los asuntos públicos con entera libertad, y es difícil quitarles el hábito —sumamente peligroso en un campo militar— de externar sus opiniones sobre los actos públicos y los acontecimientos. Estas discusiones pueden a menudo ser fatales para la seguridad de un ejército. De suerte que los hábitos de libertad, al hacer al ciudadano más valeroso, pueden también perjudicar la lealtad que las palabras vedadas hacen flaquear con demasiada frecuencia. Los disparates y

---

Jorge; 2 oficiales y 9 soldados resultaron heridos. Casi todo el daño lo causó una bala que penetró en la iglesia. N. del T.

las noticias absurdas que se decían y propalaban contribuyeron más a fomentar la deserción en Rivas que todas las promesas del enemigo y todas las privaciones que pudieron padecer las tropas. Muchos oficiales no eran por desgracia más juiciosos que los soldados en esta materia, y sus reflexiones desalentadoras tuvieron los efectos más perniciosos. Además, cuando son oficiales los que cometen esta clase de faltas contra la disciplina, es muy difícil saber lo que debe hacerse; porque el hecho de castigarlas puede agravar los males causados.

El 6 de febrero la corbeta de guerra de los Estados Unidos "St. Mary's", al mando del comandante Charles Henry Davis, ancló en el puerto de San Juan del Sur; y algunos días después, el 10, el vapor de S. M. B. "Esk", comandante sir Robert McClure, arribó también al mismo puerto. Con fecha 11 el cuaderno de bitácora de la "Granada" dice:

"A las 9 a. m. el comandante del barco inglés mandó averiguar a bordo con qué derecho enarboló una bandera. Se le respondió que con el que nos da nuestro gobierno. A las 6 p. m. mandó de nuevo a amenazarme con hacerme preso o echarme a pique si no me presentaba a bordo de su barco con mi despacho, a lo cual me negué. Después de hacerme tres visitas y de proferir toda clase de amenazas, el teniente insistió en que yo le hiciese una visita amistosa al comandante. Se la hice".

Tan pronto como se tuvo noticia en Rivas de la conducta de sir Robert McClure, se le ordenó a Fayssoux no comunicarse con el comandante inglés ni permitir que lo hicieran sus oficiales y marineros, y no darse por entendido, en ninguna forma, de la presencia del "Esk" en el puerto. Pocas horas después sir Robert llegó a Rivas, y cuando se le hizo saber que se informaría debidamente al gobierno de S. M. de su conducta, llamándole la atención sobre ella, prodigó las satisfacciones, diciendo que su intención no había sido insultar a Fayssoux ni a su bandera. Después de que dio satisfacción, se revocó la orden comunicada a Fayssoux. En el cuaderno de bitácora de la goleta se lee con fecha 13:

"A las 11 a. m. el capitán Davis de la corbeta de guerra americana nos hizo una visita oficial. A las 12 m. el capitán McClure me devolvió mi visita amistosa".

El proceder de sir Robert McClure pone de manifiesto la manera de conducirse los oficiales de la marina británica respecto de Nicaragua. Siempre que se les hizo frente y resistencia desde el principio, depusieron su arrogancia; pero si sólo encontraban titubeos y concesiones, acentuaban con mayor fuerza su intromisión después de cada resultado favorable para ellos. El 19 zarpó el "Esk" con rumbo a Puntarenas.

Habiendo hecho conocer el comandante Davis su deseo de ir a Rivas para tratar de negocios, se mandó una escolta a fin de que lo trajese a la ciudad y el 18 llegó al cuartel general. Pasó la tarde y la noche en Rivas y al conversar con Walker le dio constantemente el tratamiento de presidente. Durante su permanencia, los oficiales que le acompañaban circularon libremente por el campo y se sorprendieron, al parecer, del aspecto de animación que presentaba. El comandante manifestó a Walker que el capitán del "Narraganset", barco carbonero fondeado en San Juan, iba a necesitar sus botes, que a la sazón estaban en Rivas, antes de hacerse a la vela. Estos botes se habían traído del Tránsito algunas semanas antes para usarlos en el lago; pero como ya no eran necesarios, Walker dijo a Davis que no tenía inconveniente en devolverlos al "Narraganset".

Al propio tiempo le expuso que los vapores del lago y del río, pertenecientes a los propietarios americanos de los vapores del océano que hacían el servicio entre Nicaragua y los Estados Unidos, estaban precisamente en iguales condiciones que los botes del "Narraganset", y que, si él reclamaba estos botes, debía hacer otro tanto con los Aliados respecto de los vapores. Tan imposible era para Morgan y Garrison seguir con su negocio de transportar pasajeros entre los puertos del Atlántico y del Pacífico de los Estados Unidos, sin los barcos que estaban en poder de los Aliados, como para el "Narraganset" aparejar sin sus botes. Davis reconoció, al parecer, la analogía de los casos y dijo que después de su partida de Rivas iría a San Jorge para hablar con el general de los Aliados sobre el asunto.

De Rivas se fue Davis a San Jorge; pero si mencionó los vapores del lago y del río sería por casualidad y ciertamente sin buen resultado. Preguntó al general de los Aliados si los americanos que trababan en los vaporcitos lo hacían contra su voluntad, porque así se aseguraba corrientemente en el país en aquel entonces; pero se dio por satisfecho con la simple afirmación de que lo hacían voluntariamente. Huelga decir que todo el que conozca el carácter y la moralidad de los oficiales hispanoamericanos, sabe que tales afirmaciones se hacen fácilmente y no significan nada en realidad. Sin embargo, Davis no dio ningún otro paso para averiguar lo que había respecto de los americanos que estaban en los vapores, y esto, así como otros hechos, hicieron ver a Walker que el comandante americano estaba más deseoso de presentarle reclamaciones a él que a los Aliados. Por lo tanto, al llegar el teniente de la "St.Mary's" en busca de los botes del "Narraganset", Walker le dijo que no podía entregarlos, a menos que Davis tratase a las dos partes beligerantes del mismo modo y presentara sus demandas a los Aliados con tanta energía como a los nicaragüenses.

A fines de febrero hubo varios encuentros entre los batidores y pequeñas patrullas enemigas. Algunos rifleros iban también a alarmar de noche el campo de los Aliados tirando sobre los piquetes; por su lado, el enemigo diseminaba pelotones en los platanares para hacer fuego desde allí sobre las calles de Rivas. Los batidores que estaban al servicio de la proveeduría (en un tiempo eran unos treinta) tuvieron algunas escaramuzas con los Aliados cuando salían a buscar víveres para los americanos, y en la tarde del 4 de marzo el enemigo tomó dos carros, varias carretas y unos bueyes que se habían enviado a traer maíz con los batidores. Esta captura se hizo a una milla tan sólo de Rivas y en la finca de un oficial del ejército aliado.

A la caída de la tarde del 4 de marzo, Caycee fue enviado con unos 40 batidores a San Juan del Sur, para escoltar al coronel Jaquess, a Mrs. Dusenberry, viuda del mayor a quien hirieron mortalmente en San Jorge, y otras personas que se dirigían a los Estados Unidos. Llegaron a San Juan sin haber visto al enemigo; pero el 5, viniendo Caycee de regreso para Rivas, se encontró de sopetón con 200 aliados[91] cuando acababa de pasar por la casa del Medio Camino y estaba a punto de dejar el Tránsito. El enemigo sorprendió a Caycee, matándole cuatro hombres e hiriéndole dos antes de que éste pudiera ponerse fuera del alcance de sus balas. Se replegó a San Juan,

---

[91] Eran en realidad 150 costarricenses al mando del sargento mayor D. Juan Estrada. N. del T.

quedándose allí hasta el 7. Entretanto supo Walker por un muchacho del país que una fuerza costarricense había salido de San Jorge con dirección al Tránsito y ordenó a Sanders que tuviese a los rifleros listos para marchar. El muchacho que trajo a Walker la noticia había visto pasar a los costarricenses por la falda del cerro, estando él escondido en los matorrales, y los pudo contar casi uno a uno. Dijo que serían unos 200 y se mandó a Sanders que fuera a reunirse con Caycee llevando unos 160 rifleros. Por la tarde del 5, yendo hacia el Tránsito, se encontró Sanders con el enemigo a poco menos de una legua de la hacienda del Jocote. Los rifleros iban muy desperdigados al asomar los costarricenses, y los capitanes Conway y Higley estaban desplegando sus compañías a cada lado del camino cuando los atacó el enemigo. Los costarricenses avanzaron rápida y resueltamente; los rifleros, por el contrario, titubearon, y a pesar de los esfuerzos de sus oficiales comenzaron a ceder.

Waters estaba con Sanders y trató varias veces inútilmente de contener el desorden que reinaba entre los americanos, no pudiendo hacer que los rifleros hiciesen frente a los costarricenses; éstos siguieron picando la retaguardia de los americanos hasta llegar al punto en que se bifurca el camino en dirección de Rivas y de San Jorge. El enemigo tomó el que conduce a este último lugar y es indudable que la idea de tener cortadas las comunicaciones con el grueso de su gente y la necesidad de abrirse paso para volver a donde estaba Cañas, aumentó el vigor de su ataque y lo hizo pelear con más apariencia de valor que de costumbre[92]. Sanders tuvo 28 bajas: 20 muertos y 8 heridos.[93]

La gran desproporción en que aparecen los muertos se explica por el hecho de haber dejado en el campo de batalla heridos a quienes remató el enemigo en su avance. Higley y Conway, excelentes oficiales ambos, figuraban entre los muertos. Algunos soldados y oficiales no aparecieron durante muchas horas, pero la mayor parte regresaron a Rivas al siguiente día.

---

[92] Walker no puede disimular el escozor que le causa esta derrota infligida en campo raso a sus mejores tropas fleros rifleros de Sanders), por el general nicaragüense don Fernando Chamorro con tropas de Nicaragua y Costa Rica. N. del T.

[93] Sanders dejó en el campo de batalla 28 muertos, 40 rifles, caballos, etc. N. del T.

Envalentonado el enemigo por el conflicto con Sanders, envió a los platanares que están al oriente de Rivas y cerca de la plaza una fuerte columna que llegó allí a las 10 de la noche del 5. Un desertor que venía con ella interpeló al centinela para que no tirase, "por cuanto eran batidores"; pero la voz muy alterada de aquel individuo delató su plan y fue dado la alarma. Algunos botes de metralla disparados a los platanares dispersaron la fuerza enemiga situada allí; y aunque las cornetas siguieron tocando asalto, el ánimo de los Aliados no parecía estar a la altura de su propósito. El fuego que hubo dentro de la población fue corto y mal dirigido; pero Dulaney, de la artillería, recibió en la garganta una bala de fusil que le causó una herida dolorosa, aunque no de peligro.

Por la tarde del 7 regresó Caycee a Rivas con los batidores y 70 hombres de California, a cargo del capitán Stewart. A estos recién llegados se les dieron armas del almacén de la "Granada", y el vapor en que vinieron de California trajo también una cantidad de armas y municiones para el servicio de Nicaragua. Con los soldados de Stewart se formó un cuerpo llamado la Guardia de la Estrella Roja, que se puso a las órdenes del mayor Stephen S. Tucker, el cual había servido anteriormente en los rifleros montados de los Estados Unidos. Tucker era un excelente militar, puntual en el cumplimiento de sus obligaciones y estricto en lo de hacer cumplir las suyas a los demás. Stewart, el capitán de la guardia, era un hombre bullicioso y charlatán, cuyas opiniones sobre los negocios públicos las había adquirido principalmente en los corrillos de las tabernas de los pueblos mineros de California, y las ideas de Tucker respecto de la disciplina y del cumplimiento del deber, resultaban sumamente desagradables para un hombre acostumbrado a adular a los demás con el fin de granjearse su benevolencia y sus favores.

Desde el primer día Tucker se mostró severo con sus subalternos y aspiraba a que éstos llegasen a ser los mejores soldados de Rivas. Durante un tiempo obtuvo un resultado admirable, y probablemente habría logrado todavía más, a no haber sido por la necia garrulidad del capitán de la guardia.

Al siguiente día de la llegada de Stewart y su gente se pasó revista a toda la tropa en la plaza de Rivas, y Walker le dirigió la palabra con el objeto de levantar los ánimos decaídos por lo del Jocote y el revés sufrido por Caycee en el Tránsito. Analizó la conducta seguida por los costarricenses al principio de la guerra, haciéndola contrastar con la política adoptada después por los Aliados, lo que demostraba que éstos habían sido humillados en el conflicto con los americanos. Aludió también a los esfuerzos que se hacían para que la tropa faltase a la fidelidad debida a su bandera, tratando de hacer aparecer a su jefe como un egoísta y un ingrato. Dijo que para los americanos era un insulto suponer que servían a un jefe; servían una causa y no a un hombre; y al preguntarles los Aliados qué recompensas habían recibido y cuáles eran las gracias concedidas por los sufrimientos de Rivas, Masaya y Granada, no hacían más que evocar nombres que debían llenar el alma de los soldados de devoción y entusiasmo por la causa que estaban sosteniendo. La perorata fue breve, pero hizo efecto en los oyentes y durante varios días la guarnición se mostró más animosa.

El 13 fue Caycee a San Juan con sus batidores para traer a Rivas las cartas y los periódicos que llegaron de Panamá en el «Sierra Nevada». En este vapor venía Titus de pasajero y era portador —según dijo más tarde Lockridge— del informe oficial sobre los sucesos del río; pero Walker no recibió este informe hasta muchos días después de haber llegado Titus a Rivas, y esto en forma de duplicado y por el siguiente vapor que trajo el correo de San Juan del Norte. De suerte que por algún tiempo las principales noticias sobre los acontecimientos del San Juan provenían de Titus y, como puede imaginarse fácilmente, eran muy inexactas. No había estado mucho tiempo en Rivas este individuo cuando ya sus informes eran tenidos como de ningún valor; porque sucedió que durante la enfermedad de uno de los edecanes de Walker, se le rogó a Titus hacer sus veces en el estado mayor del general en jefe, y en la primera comisión que se le confió, debiendo acercarse a un punto en que los Aliados y los americanos se encontraban frente a frente, Titus, no atreviéndose a ponerse al alcance de las balas enemigas, interrogó a un soldado y trajo al cuartel general el informe que éste le dio, como si fuese un hecho averiguado. Un momento después del regreso de Titus salió a caballo Henningsen y los informes que contrarios a los de Titus. No es menester decir que se prescindió en el acto de sus servicios.

Después el primer instante Walker no tuvo confianza en las noticias traídas por Titus sobre los asuntos del río. No se le dio ningún puesto en el ejército; al contrario, cuando solicitó que se le enviase a los Estados Unidos para actuar oficialmente en nombre de Nicaragua le fue denegada su petición. No obstante que tenía cierta fachada, tan sólo los observadores superficiales podían engañarse acerca de su verdadero carácter. Su aire era demasiado el de un perdonavidas para inspirar confianza en su honradez y lealtad. Por el relato que se hará de su conducta posterior, se podrá llegar a saber algo del hombre que al salir de Nueva Orleans se jactó de que no pasarían muchos días sin que el río San Juan quedase expedito para los americanos.

A las dos de la madrugada del 16 salió Walker para San Jorge con unos 400 hombres efectivos, dos cañones de hierro de a seis, un obús de a doce y cuatro morteros pequeños. Henningsen acompañó estas fuerzas para dirigir las operaciones de la artillería. El enemigo había sido reforzado con gente recién llegada de Guatemala y Costa Rica y pasaba de 2.000 hombres; el día anterior, precisamente, una columna de cuatrocientos o quinientos soldados había sido transportada en el vapor del lago desde Tortugas, punto situado a unas diez leguas al sur de La Virgen, hasta San Jorge. Sin embargo, al amanecer ya se habían apoderado los americanos de una iglesita situada a unas seiscientas yardas de la plaza donde estaba el enemigo. Poco después de tomar esta posición, los cañones de a seis rompieron el fuego contra los Aliados.

Se colocaron hombres en los árboles para observar la caída de las balas, porque la espesa vegetación que rodeaba el pueblo no permitía tener una vista despejada de la plaza, de modo que hasta cierto punto era necesario apuntar los cañones al azar. También se dispararon granadas de doce libras con los morteros, y si hubiese habido mayor cantidad de estos proyectiles, el fuego de las piezas habría hecho mucho. Las pocas granadas que se dispararon, no dejaron de causar daño al enemigo. Entre los incidentes característicos de ese día, puede citarse lo ocurrido al coronel Henry. Este había quedado en Rivas en cama; pero durante el fuego de artillería llegó montado en su mula para recibir otra bala enemiga antes de que terminase la jornada.

En tanto que la artillería hacía llover balas rasas y granadas sobre la plaza mayor, Tucker estaba construyendo con su Guardia de la

Estrella Roja un parapeto a unas 75 u 80 yardas a la izquierda y más allá de la iglesia ocupada por Walker. El sitio en que trabajaba Tucker lindaba con el camino que conduce en derechura a la plaza y éste lo iban preparando para emplazar en él un cañón que desde allí habría causado mucho daño a los Aliados; pero éstos observaron lo que hacía la gente de Tucker y antes de que se terminase el parapeto varios centenares de los recién llegados costarricenses salieron de la plaza y, avanzando por entre los platanares, cayeron con furia sobre la Guardia de la Estrella Roja. Tucker peleó fieramente durante varios minutos y su gente mostró tener buen ánimo y trabajó bien con sus fusiles Minié; pero era tal el número de los enemigos que se vio obligado a retirarse a la iglesia, después de tener varios muertos y heridos.

Los diversos caminos y senderos situados a retaguardia y en los flancos de la posición principal de los americanos en la iglesia, estaban bien vigilados y resguardados por los batidores y algunas compañías de infantería y de rifleros. La del capitán Northedge, que se encontraba a la izquierda, fue atacada casi al mismo tiempo que Tucker, pero mantuvo su posición y el enemigo se retiró. Hubo más o menos escaramuzas en los flancos y a retaguardia mientras la artillería estuvo agotando sus municiones; después de haber disparado unos 350 tiros, era evidente que en la plaza quedaban pocos enemigos; éstos iban tomando posiciones en el camino que va de San Jorge a Rivas, con el objeto de hostilizar a los americanos al regreso, cuando no de impedirles llegar a esta última ciudad. La tardanza de algunos batidores enviados a Rivas para averiguar si el camino estaba libre, era prueba de que los Aliados trataban de ocuparlo. De suerte que habiendo abandonado el enemigo casi totalmente a San Jorge y ofreciendo el combate en el camino de Rivas, Walker resolvió aceptarlo.

Poniendo a Waters y los batidores a la cabeza, a Henningsen con el obús de a doce a retaguardia, y los heridos y los cañones de a seis al centro de la columna, Walker tomó el camino real de San Jorge a Rivas. Al acercarse a una cuestecita a distancia de cerca de una milla de San Jorge, encontró a Waters peleando con el enemigo que estaba apostado a unas ciento cincuenta o doscientas yardas adelante, de cada lado de un tajo profundo. Cuando llegó el general en jefe hacía algunos minutos que los batidores habían empeñado el combate y

Walker, al ver cómo estaban apostados los contrarios, tomó la compañía más cercana, que acertó a ser la del capitán Clark de la infantería, dio un rodeo por la derecha, y, cayendo súbitamente sobre el flanco izquierdo del enemigo, lo echó al otro lado del camino y enseguida fuera de todas sus posiciones. Barriendo de este modo el paso a medida que avanzaban, llegaron los americanos a un punto llamado las Cuatro Esquinas, a una milla más o menos de Rivas, sin ningún otro tropiezo serio debido a los Aliados. Estos trataron varias veces de acercarse a la retaguardia, pero la actitud resuelta y desafiadora de Henningsen los mantuvo a distancia.

Mientras Walker fue a San Jorge, quedó Swingle como comandante de Rivas y el enemigo se acercó a las trincheras durante el día, pensando que podría penetrar en la ciudad sin correr mucho peligro; pero Swingle no era hombre con el cual se podía jugar y pronto cesaron los esfuerzos de los Aliados para poner los pies en la población. Luego ocuparon una casa situada a unas seiscientas yardas de la plaza de Rivas y cerca del camino que conduce de esta ciudad a las Cuatro Esquinas. Durante la tarde el enemigo fortificó sólidamente esta casa y al acercarse la cabeza de la columna americana, los Aliados rompieron un fuego violento de fusilería por las aspilleras que habían abierto en las paredes del edificio.

Hasta cierto punto se encontraban los americanos protegidos por el terreno que se extendía en declive entre la casa y el camino, y muchos de ellos pasaron sin que el fuego del enemigo les hiciese correr gran peligro; pero varios fueron heridos antes de llegar a una loma escarpada que los guarecía por completo de las balas de los Aliados. Walker avanzó en persona hasta Rivas, y habiéndose cerciorado de que el camino que corría a la izquierda de las Cuatro Esquinas estaba libre de enemigos, envió a Henningsen la orden de traer por allí a los heridos. También mandó que vinieran los cañones por esa vía; pero antes de que llegasen estas órdenes a Henningsen, ya venía la artillería por el camino angosto que tomó el grueso de la fuerza y no era posible retirarla. Después de haber pasado el general en jefe por la casa ocupada por los Aliados, llegó Dolan con sus rifleros y lanzó su caballo hasta pegar casi con los fusiles del enemigo, animando a su gente para que le siguiese. Su impetuosidad característica lo llevó demasiado lejos, cayendo ensangrentado y casi muerto; al parecer, a causa de varias heridas graves. A su notable vigor físico debe el haberse repuesto de las consecuencias de la temeridad desplegada aquel día. Poco después del anochecer casi todas las fuerzas americanas habían entrado en la plaza de Rivas; pero hasta por la mañana del 17 no estuvieron los cañones y morteros a salvo dentro de las trincheras.

El 16 de marzo tuvieron los americanos 13 muertos y 63 heridos, de los cuales 4, mortalmente. Entre los últimos estaba Lewis del segundo de rifleros. Una bala de fusil le atravesó el pecho al pasar a caballo por en medio del enemigo cerca de San Jorge, y unas de sus últimas palabras fueron: "Decid a mi madre que muero como siempre he deseado morir". Tucker fue herido en la mano derecha, pero no tan gravemente que le impidiese volver a su puesto algunos días después. La Guardia de la Estrella Roja sufrió mucho; el 17 tuvo dos muertos y cuatro heridos de muerte, y cerca de la mitad de los que la componían resultaron más o menos lastimados. Las bajas del enemigo, según informes de sus mismos oficiales, alcanzaron a 500 entre muertos y heridos. Un italiano que servía como oficial en el ejército aliado y que fue hecho prisionero después dio esa cifra, y un oficial costarricense que llegó el 17 a San Jorge y a quien apresaron los americanos el 11 de abril, manifestó que la vista de los numerosos heridos que llevaban al vapor del lago, al desembarcar los refuerzos procedentes de Tortugas, causó en el ánimo de éstos profunda y lúgubre impresión[94].

El 19 salió el coronel Waters para San Juan del Sur con 50 batidores, a fin de comunicarse con el vapor "Orizaba" que llegó ese día de San Francisco. El vapor trajo al capitán Chatfield y veinte hombres más para el servicio de Nicaragua; también algunas armas y 500 tiros de seis libras. Waters hizo llevar 300 a Rivas, y Chatfield y su gente acompañaron a los batidores al regreso. También recibió Walker por el "Orizaba" cartas de sus corresponsales de California, expresándole más que dudas sobre la fidelidad de Garrison a sus contratos y compromisos. El día de la salida reglamentaria del

---

[94] Walker exagera muchísimo en este caso, como siempre, las bajas de los Aliados, según puede juzgarse por las que tuvo la división costarricense, consignadas en el parte oficial del general Cañas. Estas no pasaron de 6 muertos y 21 heridos en los combates del 16 de marzo de 1857. N. del T.

"Orizaboa" era el 20 de marzo, y los amigos de Nicaragua en San Francisco se las habían arreglado de acuerdo con esto; pero dos o tres días antes del 5 de marzo recibieron los agentes de Morgan y Garrison cartas de estos señores ordenándoles despachar el "Orizaba" dos semanas antes del día fijado. El cambio era perjudicial para los planes de los amigos de Walker en California, y de esto se dedujo que los contratistas del Tránsito estaban a punto de jugar una mala pasada a los que habían arriesgado mucho para favorecer sus intereses.

Al día siguiente de los combates que hubo en San Jorge y en el camino de este lugar a Rivas, los Aliados recibieron refuerzos y trajeron también por el lago uno de los viejos cañones de a 24 que los españoles habían dejado en el país. Se situaron en una pequeña eminencia, a unas 1.200 yardas de Rivas, más allá de las Cuatro Esquinas y contigua a este lugar, y el 22 de marzo emplazaron allí el cañón de a 24 y abrieron sobre la ciudad un fuego irregular y mal dirigido. A largos intervalos disparaban sobre la plaza balas de a 24; pero éstas causaban poco daño o ninguno. Los soldados las recogían y llevaban al arsenal; después las fundió Swingle, devolviéndolas al enemigo en forma de balas de a seis. Sin embargo, el bombardeo del 22 —si así puede llamarse— fue un preliminar del ataque que los Aliados hicieron por la mañana del 23.

El lunes 23, al clarear el día, unos cuatrocientos o quinientos enemigos, arrastrándose a la sombra de los cacaotales situados detrás de la casa de Maliaño, llegaron sin ser descubiertos casi hasta la puerta trasera e hicieron una vigorosa tentativa de penetrar en el hospital; pero el doctor Dolman, con unos pocos hombres medio enfermos, les opuso resistencia con tanta resolución y serenidad, que dio tiempo para que el doctor Callaghan, a cuyo cargo estaba el hospital, lo pusiese en estado de defensa. Así fracasaron los esfuerzos de los Aliados para sorprender la casa de Maliaño, habiendo sido rechazados con muchas bajas y mayor bochorno para ellos, por haber atacado con tan mala fortuna y no menos crueldad un edificio ocupado casi exclusivamente por enfermos y heridos.

El ataque hecho al hospital formaba parte de un asalto general contra las posiciones americanas. Al norte de la ciudad, Cañas, con unos seiscientos o setecientos hombres, trató de llegar a las casas que estaban cerca de las trincheras; pero su gente fue rechazada por el fuego mortífero de los rifleros colocados detrás de las defensas de adobes. Viendo la inutilidad de los esfuerzos de la infantería para acercarse a las trincheras, Cañas hizo llevar un cañón de a cuatro, mandado por un italiano, a menos de doscientas yardas de las líneas americanas. Esta era una maniobra más atrevida que las que solía realizar el enemigo con su artillería, y la hizo más por error que de propósito.

El cañón disparó dos o tres veces; pero cuando estuvo al alcance de los rifles Misisipí, los artilleros fueron cayendo rápidamente y por último abandonaron la pieza. El italiano que la mandaba fue gravemente herido y cayó prisionero; y Rogers, con algunos de los nicaragüenses naturales del país[95], tomó el cañón y lo trajo arrastrando a la ciudad. Cañas tuvo que retirarse dejando en el campo a muchos de sus heridos, lo mismo que gran número de muertos.

La parte sur de la ciudad fue atacada por Fernando Chamorro con unos seiscientos hombres. Consiguió apoderarse de algunas casas deshabitadas, a distancia de una cuadra solamente de la plaza mayor, y se puso a hacer barricadas, con la rapidez de costumbre, en los lugares que ocupó. La Guardia de la Estrella Roja defendía la parte de la ciudad atacada por Chamorro, y Tucker tuvo que trabajar mucho para repeler los avances del. enemigo. Hubo un momento en que una compañia se apoderó de una casa ocupada por la guardia; pero fue un error, porque ésta le cortó las comunicaciones con el grueso del cuerpo a que aquélla pertenecía; y al tratar de salir de la casa, le mató varios hombres, hirió a otros e hizo prisioneros a los restantes. Henningsen tuvo alguna dificultad para sacar a Chamorro con los cañones de a seis de las casas que ocupó temprano del día, y después de haberlo conseguido cesó casi por completo el fuego del enemigo.

Los americanos tuvieron pocas bajas el 23; el informe dado inmediatamente después del combate consigna tres muertos y seis heridos. Las del enemigo tienen que haber llegado a cerca de 600[96]. Dejó en el campo de 40 a 50 muertos, y los pozos de las casas ocupadas por Chamorro estaban llenos de cadáveres. Los heridos tomados por los americanos se mandaron al hospital y se les atendió

---

[95] Por primera vez menciona Walker, y sólo de paso, las fuerzas auxiliares nicaragüenses que le acompañaron en Rivas hasta el último día. N. del T.

[96] Las bajas de los Aliados no pasaron de 200. N. del T.

lo mismo que a los demás pacientes. A los otros prisioneros se les puso a trabajar en las sepulturas de los muertos del enemigo, la construcción de trincheras y el servicio de policía de la ciudad.

Después del combate del 23 los Aliados se adueñaron de la casa de D. José María Hurtado, edificio grande y hermoso situado a menos de media milla de Rivas, en el camino de Granada. El 24 por la mañana una columna enemiga, probablemente de las tropas que estaban en la casa de Hurtado, trató de dar fuego a la de Santa Ursula, ocupada por algunos hombres de la infantería. Para esto emplearon combustibles cubiertos de una materia resinosa y ensartados en una bayoneta puesta en la extremidad de una vara larga. Acercándose por detrás de la casa, el enemigo metió la bayoneta por entre las tejas del techo hasta las cañas en que éstas descansan y de este modo prendió el fuego; pero la infantería rechazó a los incendiarios de la casa, matando e hiriendo a varios, y pronto fueron extinguidas las llamas.

Por la tarde del 25 empleó Henningsen un medio más seguro y eficaz para dar fuego a las barricadas enemigas, construidas en parte con madera y tallos de plátano. Disparó con uno de los cañones de seis libras unas balas rojas a la obra de madera de las trincheras y el humo que se levantó vino a probar que el tiro había producido su efecto. Habiendo recibido de California una cantidad de balas rasas y estando Swingle fundiendo más, los americanos no sólo podían contestar con sus piezas de a seis el fuego de los cañones enemigos, sino también tener una reserva de balas para un caso de apuro. Estas circunstancias hicieron, por supuesto, que aumentase mucho la eficacia de la artillería y le permitió a ésta mantener a los Aliados a conveniente distancia de las líneas de defensa de Rivas.

Después del rechazo del 23, el enemigo se propuso evidentemente sitiar la ciudad y cortarle los víveres. Además de ocupar la casa de Hurtado, tomó una posición en el camino de San Juan por la mañana del 26. En una tentativa desafortunada que hicieron contra ella algunos de la infantería y de los rifleros, murió por desgracia el capitana E.H.Clark. Con sus filas ya debilitadas por la deserción, mal podían los americanos sacrificar las vidas necesarias para expulsar a los Aliados, con rifles y fusiles, de sus posiciones atrincheradas; pero la artillería, al obligar al enemigo a extender sus líneas, impedía que el cerco fuese completo. De suerte que para Walker no fue difícil enviar constantemente correos, que lo eran naturales del país, al través de las líneas enemigas, para saber las noticias que circulaban.

Sin embargo, los Aliados tenían bastantes fuerzas para impedir que los destacamentos trajesen ganado y otras provisiones al campo americano desde puntos lejanos. El coronel Natzmer, que servía el cargo de proveedor general desde que Walker ocupó a Rivas en diciembre, había trabajado activamente durante los meses de enero y febrero para traer a la población acopios de provisiones que, dados los medios de que disponía, recomendaban su habilidad y competencia. Asimismo, el proveedor de la plaza, capitán J. S. West, había ayudado a su jefe en el cumplimiento de los deberes de la proveeduría, y aun después de que el enemigo hubo cortado la traída de bastimentos desde puntos distantes, West, con su bravura fría y resuelta, hizo mucho en lo de recoger raciones de plátanos en la zona disputada y peligrosa comprendida entre las líneas de los americanos y las de los Aliados; pero el 27 de marzo tuvo que hacer matar dos bueyes de la proveeduría, que ligeramente mezclados con carne de mula suministraron las raciones de la mañana siguiente.

Las tropas comieron la carne de mula como si fuese de buey, y al cabo de dos o tres días no se volvieron a servir más raciones que las de esta carne. Los muchos caballos y mulas pertenecientes a los batidores y a la proveeduría, procuraron raciones completas a todo el campo durante más de un mes, y las hojas de los árboles de mango que abundan en torno de Rivas sirvieron de excelente forraje para los animales. A fin de no colocar a Lockridge en una falsa posición, caso de que lograse llegar a Rivas desde el río, Walker estaba resuelto a sostenerse en la ciudad hasta el agotamiento de las provisiones. Además y no obstante que Cañas, a cambio del cuidado que se tuvo con sus enfermos y heridos después de su retirada en abril de 1856, había contraído la obligación de ver que los americanos fuesen tratados de la misma manera, Walker no quería dejar sus hospitales a merced de la tierna compasión de los generales aliados, a no ser en el último extremo.

El enemigo trajo otro cañón de a 24, emplazándolo del lado sur de la ciudad, y durante los últimos días de marzo y los diez primeros de abril mantuvo un fuego irregular cona sus grandes piezas, y de vez en cuando hacía descargas de fusiles sin apuntar, viniendo a caer las balas sobre las casas y en las calles. Pocas bajas causó este fuego irregular. Dos oficiales, el capitán Mann y el teniente Moore, fueron muertos por balas de a 24, y al jefe de día del 29 de marzo, teniente Graves, le rompió el brazo una bala de Minié cuando estaba visitando a caballo diversos puntos en los linderos de la ciudad. Los ayudantes del general en jefe, Hoof y Brady, que pasaban constantemente, de día y de noche, por diferentes sitios de la población expuestos a las balas, salieron ilesos; y eso que Brady montaba un brioso caballo blanco que debía necesariamente llamar la atención del enemigo. De vez en cuando se mandaban fuera de las líneas de defensa pequeñas patrullas de americanos, que acercándose a los piquetes enemigos los desalojaban, matando e hiriendo casi siempre algunos de los centinelas de los Aliados. Por su lado el enemigo le salía a veces al encuentro a los americanos, cuando éstos se aventuraban a ir en busca de plátanos, de lo que se originaban escaramuzas con más o menos bajas de una y otra parte.

Pero lo que más daño hacía a los americanos no eran las raciones cortas ni el fuego de los Aliados; lo que más afectaba el ánimo y la fidelidad de los defensores de Rivas, era la deserción vergonzosa. Mientras estuvo limitada principalmente a los naturales de Europa, no desquició seriamente la confianza recíproca de los soldados; pero cuando la plaga fatal vino a cundir entre los americanos, arrancó amargas lágrimas de agonía a todos los hombres leales, testigos de la vergüenza y deshonra de sus compatriotas. Algunas veces los desertores partían en grupos de diez o doce, y los centinelas y los piquetes se iban, llevándose el santo y seña de la noche. Callemos los nombres de los que tal hicieron, sintiendo pesar por la debilidad de la humana naturaleza, y no manchemos la atmósfera con el relato de sus crímenes y degradación. Hay en el mundo vergüenza e infamia bastantes para que no sea necesario irlas a buscar en campos donde debiera conquistarse gloria y honor [97].

Uno o dos días antes del 10 de abril recibieron los Aliados refuerzos de Guatemala y la quietud en que estuvieron durante ese día hizo presumir que tal vez iban a escoger el aniversario del combate

---

[97] Uno de los desertores fue el Dr. Cole, y del 2 al 5 de abril se presentaron en el campamento aliado 151 hombres de Walker. N. del T.

de Rivas, en abril de 1856, para hacer otro ataque general contra las líneas americanas de defensa. Suponían que las fuerzas de Rivas, debilitadas por una alimentación de que no tenían costumbre y desalentadas por las deserciones, cederían pronto ante un asalto vigoroso y simultáneo por todos lados; pero al pensar así menospreciaban el ánimo de sus adversarios. La verdad es que los nicaragüenses tenían la esperanza de que los Aliados se envalentonasen a atacarlos y estaban ojo avizor y bien preparados por la noche del 10 y en la mañana del 11.

Como se esperaba, el enemigo avanzó el 11 poco antes del amanecer y su primera embestida fue contra una casa del costado sur de la plaza y habitada por dos señoras americanas. A menudo se les había advertido lo peligroso de la situación; pero ellas persistieron en quedarse donde estaban, a pesar de las amonestaciones de varios oficiales. Esta tentativa del enemigo para penetrar en la plaza la hizo una fuerza costarricense, la cual, guiada por un legitimista llamado Bonilla conocedor del terreno, llegó a la casa, penetrando en ella antes de que se diese el alarma; pero al abrir la puerta que daba a la plaza, con el objeto de entrar en la casa siguiente situada a la derecha y ocupada por algunos hombres de la proveeduría, Sevier, un artillero, sacó a la carrera un obús de doce, a menos de treinta yardas de los costarricenses, y con un bote de metralla obligó al enemigo a guarecerse detrás de los adobes. De modo que el avance de los Aliados por el sur fue rechazado y la compañía que estaba en la casa frente a la plaza completamente acorralada por los de la proveeduría de un lado, Williamson y su compañía del otro, y a retaguardia por Pineda con los batidores de Buchanan. Pocos momentos después se puso Henningsen a acribillar la casa con balas rasas de a seis, y los costarricenses, echados en el suelo, no sabían cómo librarse del peligro que los rodeaba. Por último, Pineda, hablándoles en español, les intimó rendición, y los que se libraron de la muerte quedaron prisioneros.

Entretanto se acribillaba a cañonazos la casa ocupada por los costarricenses, los soldados guatemaltecos recién venidos, medio borrachos con aguardiente, eran llevados por sus oficiales cerca de las líneas americanas. Estos soldados, que probablemente no habían peleado nunca y no conocían el peligro de los rifles, se expusieron sin

315

necesidad a una distancia de sesenta o setenta yardas de las posiciones defendidas por McEachin y McMichael. Los que servían a las órdenes de estos dos oficiales dirigieron un fuego mortífero contra los indios tontos e ignorantes que Carrera había enviado a Nicaragua, y los americanos casi sentían lástima de estos reclutas forzados, al tener que matarlos como si fuesen un rebaño de carneros. Como tales los trataban sus jefes, y cuando al fin les mandaron retirarse, el suelo estaba sembrado de muertos y heridos.

El tercer punto de ataque, el día 11, fue la casa de Santa Úrsula. Por ese lado Martínez mandaba a los Aliados; pero no fue más afortunado que Mora al sur —José Joaquín Mora, el nuevo comandante en jefe— o que Zavala al norte. Las tropas que mandó Martínez contra Santa Úrsula no hicieron una acometida tan intrépida como la de los costarricenses contra la casa situada al sur de la plaza, ni se expusieron tan innecesariamente como los guatemaltecos ante McMichael y McEachin; pero el número de muertos que dejaron en el campo probaba que Chatfield y los de Santa Úrsula no desperdiciaron la ocasión de debilitar al enemigo. Los Aliados fueron completamente repelidos por todas partes y cuando se retiraron era evidente que se hallaban muy agotados y desmoralizados.

Las bajas de los americanos el 11 de abril fueron pocas, igual número que el 23 de marzo, tres muertos y seis heridos. Las de los Aliados superaron a las del ataque anterior. Después de la retirada de éstos los americanos enterraron 110 enemigos muertos; los prisioneros heridos se mandaron al campo aliado con bandera de parlamento, y se retuvieron más de 70 que no lo estaban. Además de los muertos encontrados por los nicaragüenses, se vieron cerca de cien cadáveres al día siguiente en el campo aliado, de modo que los muertos pasaron de 200. El total de las bajas tiene que haber sido de 700 a 800[98], y las tropas que ocupaban a Rivas notaron claramente la debilidad del enemigo durante varios días. Además de los prisioneros tomados por los americanos, se recogieron en el campo 250 fusiles, de los cuales muchos Minié y algunas municiones. Los Minié eran los que habían sido tomados en el vapor "La Virgen" cuando lo capturó

---

[98] Estas bajas alcanzaron en realidad a 320. N. del T.

Spencer, y las municiones eran también de las que encontraron los costarricenses con dichos fusiles.

En la noche del 11 se mandó al capitán Hankins a San Juan del Sur con dos muchachos del país a traer la correspondencia llegada de Panamá en el "Orizaba". Regresó a Rivas por la noche del 14, y como vino a caballo contribuyó a aumentar las existencias de la proveeduría. Las cartas procedentes del río de San Juan daban la noticia de la llegada de Capers y Marcellus French con sus respectivas tropas; por su lado, las de Nueva York confirmaban, por desgracia, los barruntos de los amigos de Walker en California, porque daban aviso de que Garrison y Morgan tenían la intención de parar el servicio de vapores. No es necesario indagar las razones que tuvieron estos individuos para portarse así; porque esto implicaría la investigación de transacciones sin interés, cuando no enteramente enfadosas. Basta decir que su conducta fue motivada por la debilidad y la timidez. En cuanto a su traición, Walker había creído que permanecerían fieles a los americanos de Nicaragua mientras así conviniera a sus intereses; pero esperaba de parte de ellos mostraron tener. Su conducta fue tan necia como tímida y puso en peligro su reputación de hábiles negociantes tanto como los perjudicó en su honradez e integridad.

Desde el 14 hasta el 23 hubo unas cuantas escaramuzas entre patrullas enemigas y pequeños destacamentos de los americanos que salieron a buscar plátanos; pero ninguna fue seria ni merecedora de especial mención. Una de ellas ocurrió en la mañana del 23; por la tarde de ese mismo día un parlamento trajo a Walker cartas en que le comunicaban que el teniente Huston de la "St. Mary's" estaba en el cuartel general de los Aliados, listo para conducir las mujeres y los niños de Rivas a San Juan del Sur, bajo la bandera de los Estados Unidos. Mora, en carta dirigida a Walker, le proponía enviar dos de sus edecanes con el teniente Huston a un punto conveniente entre los dos campos, donde el oficial de los Estados Unidos pudiera encontrarse con dos edecanes de Walker para llevarlo a Rivas.

De acuerdo con esta proposición, Hoof y Brady acompañaron al muchacho del país portador de las cartas de Mora hasta un lugar situado a medio camino de los dos campos; allí se detuvieron para aguardar al teniente Huston. Mientras estaban esperando, se les acercaron dos desertores y quisieron dirigirles la palabra; pero Hoof,

317

sacando su pistola, les mandó alejarse, amenazándoles con matarlos. Indignados contra los Aliados por haber permitido un insulto tan grande como dejar acercarse desertores a oficiales investidos del carácter de parlamentarios, Hoof y Brady regresaron a Rivas sin aguardar más tiempo la llegada del teniente Huston. Sin embargo, poco después entró éste en la ciudad acompañado de un cabo de marinos.

Inmediatamente después de haber entrado el teniente Huston en el campo nicaragüense, se le dijo que prohibiese a su cabo hablar con los soldados de lo que pasaba en San Juan del Sur. A pesar de la prohibición, el marino refirió las historias más exageradas acerca del número de hombres que los Aliados tenían en San Juan y de su fuerza en general. El teniente Huston pasó en Rivas la noche del 23 y repetidas veces se manifestó sorprendido del aspecto de animación y confianza que presentaba la plaza. Antes de partir con las mujeres, informó a Walker que el comandante Davis le había ordenado decirle que todas las comunicaciones que quisiese enviar a Macdonald, agente de los contratistas del Tránsito en San Juan, le serían fielmente entregadas a éste. Walker respondió "que no quería escribir a Macdonald"; pero añadiendo que el teniente Huston podía decir al comandante Davis —como si fuese una comunicación para Macdonald— "que consideraba su posición inexpugnable con las fuerzas de que disponía el enemigo, mientras le durasen las provisiones; que si Lockridge no había llegado a reunirse con él en Rivas al tiempo que se agotaran los almacenes de víveres, abandonaría la plaza para ir a reunirse con la fuerza que estaba en el río de San Juan; y que se consideraba en la posibilidad completa de llevar a cabo esta maniobra". Macdonald dijo después a Walker que nunca recibió este recado. De lo cual se deduce que el ofrecimiento de Davis sólo era una añagaza para hacer que Walker escribiese algo que pudiera justificar en apariencia la conducta posterior del comandante de la "St. Mary's".

Por la mañana del 24 las mujeres y los niños salieron de Rivas al cuidado del teniente Huston y bajo la protección de la bandera de los Estados Unidos. Entre ellas estaban varias señoras que arrostraron los peligros y las privaciones con un valor y una entereza que habrían avergonzado a muchos hombres. Su partida fue para Walker un gran alivio, porque así desaparecía uno de los mayores obstáculos para moverse de Rivas, y era razonable suponer que su ausencia infundiría nuevo ánimo y resolución a la tropa, a quien se le quitaba con esto un peso aflictivo de encima; pero lejos de ser así, las deserciones, que casi habían cesado desde el 11, comenzaron de nuevo después del 24, y, hacia el 26, Johnson, Titus y Bostwick habían desaparecido de Rivas. Al atardecer de ese mismo día, Walker fue informado de que a Bell, comandante de Santa Ursula, no se le había visto desde hacía varias horas, y cuando hubo reaparecido, las órdenes que dio sobre el cambio de centinelas parecieron sospechosas. Se le mandó presentarse en el cuartel general; pero poco después de haberle comunicado el edecán la orden, Bell montó en su mula y cabalgando de prisa pasó por frente de los centinelas y se fue huyendo al campo de los Aliados.

Pero a la vez que los americanos daban estas pruebas de deslealtad para consigo mismos y sus compatriotas, los nicaragüenses naturales del país que se encontraban en Rivas, estaban dando un ejemplo de fidelidad y entereza digno de la raza que se había naturalizado entre ellos. La mayor parte eran demócratas de San Jorge y se hallaban en Rivas por familias; padres e hijos peleaban juntos contra los enemigos que habían violado sus campos y sus hogares. Soportaban con paciencia y buen humor la escasa alimentación de la plaza, diciendo que no tenían tanta necesidad de raciones de carne como los americanos, acostumbrados a comerla todos los días. Por otra parte, en las frecuentes conversaciones entabladas entre los que ocupaban las trincheras de las respectivas fuerzas, Pineda decía a los nicaragüenses naturales del país que estaban con los Aliados, que él veía ondear la bandera de su país sobre los muros de Rivas, en tanto que sólo la de Costa Rica flotaba en el campamento situado afuera.

Algunos soldados le contestaban que ellos eran agarrados[99] y que los tenían sujetos a las trincheras; y se notó que los americanos nunca eran molestados por el fuego procedente de los lugares ocupados por los leoneses[100], El 27, Pineda lanzó en medio de éstos una proclama

---

[99] En español en el texto.

[100] En su versión castellana de la obra de Walker, Carnevalini pone aquí la siguiente nota: "Falso. Los leoneses peleaban con la misma decisión que las demás tropas. Muchos quedaron en los campos de batalla y varios de sus jefes merecían

que al poner en evidencia la elevación de su carácter, manifiesta también sus opiniones sobre la conducta de los americanos en Nicaragua.

"Hijo de Nicaragua como vosotros —decía esta proclama—, amante de la libertad y deseoso de ver ondear su bandera sobre nuestra patria, me alisté a su sombra desde temprana edad. Todos los sufrimientos que la tiranía puede acumular sobre la cabeza de un hombre, todos los horrores de la guerra civil que por tantos años nos ha azotado, los he padecido sin quejarme. Las cicatrices que ostento con orgullo son la mejor prueba de lo que digo. Siento que mi entusiasmo es más grande todavía, al encontrar en mi corazón la prueba de que ninguno de los grandes sacrificios hechos por mí, obedeció a un interés bajo o egoísta. Nunca, creo que nunca me habéis hallado culpable de ninguna maldad, y apelo a vosotros para que sirváis de testigos de la verdad de mis palabras. Fuisteis mis compañeros de armas y me otorgasteis vuestra confianza.

En tales circunstancias, ¿qué otro fin que vuestra dicha y bienestar podía proponerme? Mi propia felicidad, mi reputación, mis sentimientos personales, todo lo que poseo está comprometido en esta lucha por la libertad. Así es y apelo a esos jefes que os arrastran a esta sangrienta guerra de exterminio, para que digan si ellos no han sido indemnizados, si no han acumulado ganancias por su medio, en tanto que vosotros y yo no hemos recibido nada. La bandera de Nicaragua ondea sobre esta ciudad y es una ignominia dolorosa verla sitiada por los ejércitos de Costa Rica y Guatemala, y a vosotros, compatriotas, asaltándola con ellos".

En seguida, después de recordarles los servicios que les había hecho Walker, la proclama añadía:

---

ascensos y menciones honoríficas por su arrojo. (Nota del Traductor)". El historiador Montúfar reproduce esta nota a la página 941de su obra Walker en Centro América; pero por un error inexplicable le suprime la palabra "Falso" y le pone al final: "(Nota de Walker)" en vez de "(Nota del Traductor)". Extraviado por este error de Montúfar, don Manuel Carazo Peralta insertó la misma nota, como si fuera de Walker, en su traducción de la Historia de los Filibusteros de James Jeffrey Roche. N. del T.

"Por qué peleáis contra él, amigos míos, ¿dando así uno de los más extraños ejemplos de perfidia e ingratitud? No, esto no puede ser. Mi corazón está lleno de dolor; y creedme, compañeros de armas, creedme cuando os digo que mis ojos se llenan de lágrimas al oír las voces de los que solían estrechar mi mano con demostraciones cordiales de amistad. Al ver donde estáis, me permito deciros que despertéis de vuestro letargo y huyáis de las filas enemigas para uniros al único hombre que nos llevará seguros al seno de la paz y de la felicidad, poniendo fin a esta guerra desastrosa. Pero si seguís sirviendo como hasta aquí de instrumento a la barbarie, seréis acreedores a la reprobación, aunque dure algún tiempo la guerra y vuestra conducta alargue su término".

Entre el 27 y el 30 ocurrieron pocas cosas que pudieran influir en la situación de los beligerantes. Sin embargo, para la inteligencia de los sucesos del 30 se hace necesario relatar lo que pasó en San Juan del Sur antes de esta fecha. Entonces podremos ver cuán eficazmente colaboraron, del lado del Pacífico, las fuerzas navales de los Estados Unidos en la política seguida por los barcos británicos en el río de San Juan respecto de las partes beligerantes.

Por lo que hace a los acontecimientos de San Juan del Sur, se hará uso principalmente del cuaderno de bitácora de la goleta «Granada», y los extractos completos que de él se toman suministran acerca de ellos la narración más clara y fiel. El miércoles 8 de abril, estando fondeada la goleta en el puerto de San Juan, se consigna:

"A las 9 a. m. cien hombres del enemigo entraron en la población y dispararon algunos tiros contra la goleta y sobre uno o dos ciudadanos sin hacer daño; no contestamos sus disparos, por hallarse el vapor en la línea de tiro y lleno de pasajeros; pero largamos la cadena y fuimos a fondear fuera del alcance de las balas. Por intercesión del capitán Davis, de la corbeta de guerra de los Estados Unidos "St. Mary's", convinimos en no hacernos fuego, por cuanto podíamos poner en peligro vidas y propiedades americanas. A las 2 p. m. zarpó el "Orizaba" para California. A las 9 p.m. el enemigo salió de San Juan".

Luego se lee al margen del cuaderno, con fecha 15 de abril:

"A las 9 a. m. vino un enemigo y se entrevistó con Gottell".

Este Gottell era un alemán que pretendía haberse naturalizado en los Estados Unidos. Al siguiente día, Fayssoux observa al margen del cuaderno:

"Conversando con Gottell me confesó que el hombre susodicho vino del campo enemigo el martes".

El 17 se consigna lo siguiente:

"Al capitán Davis, de la corbeta de guerra de los Estados Unidos, le he presentado una acusación formal contra Gottell por haber violado éste su neutralidad. Me aseguró que Gottel sería castigado si reincidía. Mora rogó a Davis ir a Rivas a hablar con los soldados para que desamparen las filas de Walker.

Y al margen, con la misma fecha:

"El capitán Davis me leyó unas cartas de Mora. Más tarde supimos que había unos 150 enemigos en la población y sus alrededores. El teniente McCorkle de la "St. Mary's" vino a bordo y me dijo que el coronel Estrada deseaba que siguiese el armisticio anterior".

El 18 dice el cuaderno:

"A las 10 p.m. recibí una comunicación de tierra avisándome que Jerez viene con 200 hombres más y que van a romper el fuego contra la goleta al amanecer; largué la cadena y fui a fondear fuera del alcance del enemigo".

Al margen, con la misma fecha:

"El enemigo ofreció $2.000 a Michael Mars para que le entregara la goleta".

El 21 dice:

"El enemigo está en negociaciones con Thomas Edwards para la entrega de la goleta".

Con fecha 22, Faysooux anota en el cuaderno:

"Me entrevisté con el coronel Estrada, comandante de las fuerzas enemigas, a bordo de la corbeta de los Estados Unidos "St. Mary's". Me expresó su mucha gratitud por la manera como traté a sus compatriotas apresados por mí y me ofreció sus servicios".

El 23 se lee:

"He visto una carta del excapitán James Mullen en la cual manifiesta que Román Rivas desea verme y me ofrece $5.000 por entregar la goleta al enemigo. El coronel García, segundo comandante, me ha pedido una entrevista a bordo de la corbeta de los Estados Unidos "St. Mary's" para comunicarme algo de importancia. Presumo que se trata de otra tentativa de cohecho".

En seguida, con fecha 24, se lee el relato de una de las escenas más singulares, ocurrida a bordo de la "St. Mary's". Fácil es imaginar el objeto de Fayssoux al consentir en la entrevista; pero no lo es tanto adivinar por qué permitió Davis que en su barco se tratase de seducir a un oficial para hacerle faltar a la fidelidad. Tiene la palabra el cuaderno:

"Me entrevisté con el coronel García a bordo de la «St. Mary's». Me manifestó que Jerez le había escrito (de orden de Mora) para que se viese conmigo y tratase de hacer algún arreglo a fin de terminar pronto la guerra; que estando la goleta en el puerto, a las órdenes del general Walker, inspiraba mucho temor y podía demorar el final de la guerra. Me preguntó si yo tenía alguna proposición que hacerle; le dije que él había solicitado la entrevista y que yo esperaba saber con qué objeto. Entonces me dijo que querían que se llevaran la goleta del puerto o les fuera entregada a ellos. Le pregunté en qué condiciones; me respondió no estar preparado para proponer ningunas, pero que se nombraría un comisionado al efecto; que su objeto era saber si se me podía hablar del asunto. Le dije que oiría cualesquiera proposiciones del general Mora; que nuestra entrevista no había conducido a nada; que él no había propuesto ninguna manera de terminar la guerra; que quedábamos como antes. En este lance procedí con conocimiento y aprobación del capitán Davis y del coronel Macdonald, y en ningún momento perdí la calma, a pesar de ver hasta qué punto me querían deshonrar y el insulto que me inferían al enviar a un ladrón y traidor tan conocido a conferenciar conmigo".

"Con el capitán Charles H. Davis hice decir al coronel Estrada que si seguía construyendo trincheras al alcance de mis cañones iba a tirar sobre él. Convino en parar los trabajos hasta que el teniente Huston de la "St. Mary's" llegase de Rivas, adonde había ido con el objeto de traer a San Juan las señoras que allá estaban. El coronel Estrada manifestó que al hacer trincheras no se proponía nada contra esta goleta, sino tan sólo impedir el desembarco de tropas; que lo había hecho por ignorancia, sin intención de violar lo convenido entre él y yo. A las 4 p. m. llegaron al Hotel del Pacífico unas treinta mujeres y niños. No se trabaja en las trincheras".

El 26 sigue así:

"El capitán Davis habló de nuevo con el coronel Estrada acerca de las trincheras; dijo éste que nada más haría en ellas hasta no tener noticias de Rivas. El capitán Davis escribió al general Mora pidiéndole que confirmase el armisticio, por haber aumentado mucho el número de mujeres y porque yo consideraba de mi deber tirar sobre las trincheras siempre que estuviesen al alcance de mis cañones. El enemigo trajo y emplazó en la plaza un cañón viejo que encontró tirado en la calle. Dice el capitán Davis que el general Mora le había escrito varias veces manifestándose muy deseoso de que fuese él a verle para entablar negociaciones con el general Walker".

Al margen se consigna:

"He tenido que estar instando a cada rato al capitán Davis para que intervenga en lo de las trincheras".

Con fecha 27:

"A las 10 y 45 vi al enemigo haciendo una trinchera en el Hotel Columbia. Me preparé inmediatamente para tirar sobre la población. Al propio tiempo envié a decir al capitán Davis que, puesto que el enemigo estaba procediendo de mala fe, iba yo a hacerle fuego. Mandó al primer teniente Maury a preguntarme si quería aguardar hasta que él recibiese noticias de Rivas. Contesté que sí, con tal que el capitán Davis quisiera bajar a tierra en seguida y destruir las trincheras. El teniente Maury no pudo responder a esto. Entonces le dije que si no paraban el trabajo dentro de media hora, haría fuego. En seguida fue el teniente Maury a ver al coronel Estrada y le dijo que el capitán Davis consideraba terminado el armisticio y que yo iba a romper el fuego dentro de media hora. El coronel Estrada deseaba discutir la cuestión y de nuevo alegó ignorancia; pero el teniente Maury le dijo no tener nada que añadir; que yo haría fuego. Entonces convino Estrada en dejar la trinchera quieta y en respetar el armisticio. La primera carta fue enviada al coronel C. J. Macdonald y éste se la mostró al capitán Davis, el cual dijo que me apresaría si yo disparaba, por creerlo así de su deber. Se le rogó a Macdonald venir a bordo. Me dijo éste que no debía hacer fuego, porque Davis me apresaría. Macdonald pidió que se consignase por escrito esta amenaza. Davis prometió hacerlo así; pero después de conversar un poco más sobre el asunto, envió el recado antes referido al coronel Estrada. El capitán Davis le confesó a Macdonald que mi deber era hacer fuego si el enemigo no desistía; su manera de raciocinar es para mí enteramente incomprensible".

Y lo es igualmente para todos, en la suposición de la neutralidad de Davis. La nota puesta al margen del cuaderno de bitácora el 27 dice así:

"No obstante estar perfectamente enterado de la constante perfidia del enemigo y de su violación del armisticio al construir trincheras al alcance de mis cañones, lo dejé hacer hasta cierto punto, con la esperanza de aprovecharnos de ellas más tarde. Y por creerlo prudente, no insistí con el capitán Davis en que, cumpliendo con su deber, destruyese las que ya estaban comenzadas o concluidas; pero aproveché la oportunidad para dar a conocer a sus oficiales mi opinión sobre esto y decirles que fácilmente se contentaba Davis con promesas constantemente violadas, y que habiendo tenido yo ocasiones de obtener ventajas, había respetado escrupulosamente el armisticio".

Martes 28 de abril:

"Ví al enemigo haciendo una trinchera en el camino del Tránsito. A pesar de haber puesto el hecho en conocimiento del capitán Davis, no hizo nada al respecto; pero me dijo que el general Mora, en respuesta a una carta suya, decía que aun cuando consideraba de la mayor importancia fortificar a San Juan, no haría trincheras al alcance de mis cañones, por pedírselo así Davis. El teniente McCockle visitó el campo enemigo para cerciorarse de si eran ciertos los informes traídos del campo del general Walker por un individuo llamado Titus; se cree que este Titus sea un traidor".

Con fecha 29:

"A las 2 p. m. regresó el teniente McCorkle del campo aliado. Informa que nuestra gente está desertando en grandes partidas; que el general Mora dice que el general Walker no será comprendido en ningún tratado que se celebre".

Y luego:

"El capitán Davis visitó el campo de los Aliados con el propósito de hacer un tratado entre éstos y el general Walker".

Los hechos que relata clara y sencillamente el cuaderno de bitácora de la goleta, ponen de manifiesto que Davis estaba en comunicación constante con Mora y perfectamente enterado de lo que para Walker valía la «Granada» y de la importancia que los Aliados daban a la presencia de ésta en San Juan del Sur. Con pleno conocimiento de la inutilidad de los esfuerzos de Mora para hacerse de la goleta llegó Davis al cuartel general de los Aliados, desde el cual envió el 30 por la tarde una carta a Walker con un edecán del general en jefe costarricense, proponiéndole que abandonase a Rivas y se fuera a Panamá en la "St.Mary's", comprometiéndose Davis a garantizar su seguridad personal. Aun cuando el tono de la carta era ofensivo, Walker, pensando que Davis podía tener algunos informes que él no conociera y deseoso de no perder la oportunidad de saber lo que estaba pasando entre Davis y los Aliados, respondió que la proposición del comandante del barco americano le parecía vaga, insinuándole venir a Rivas.

Davis contestó que sentía que Walker encontrase vaga su proposición; que le proponía "abandonar la empresa y salir del país"; que podía dar crédito a la noticia de haber abandonado Lockridge el río San Juan, y, por último, que después de considerar detenidamente la invitación de ir a Rivas, había resuelto francamente no dar este paso. De suerte que el comandante americano se negó a ver con sus propios ojos el estado en que se encontraban las fuerzas de Rivas, antes de resolver lo que iba a hacer. En respuesta a la segunda carta de Davis, le propuso Walker enviar dos oficiales, Henningsen y Waters, a conferenciar con él, siempre que Mora les diese salvoconductos. Estos fueron enviados en el acto con una cartita de puño y letra de Zavala, pero firmada por Davis, diciendo que Henningsen y Waters fuesen inmediatamente al cuartel general de los Aliados, porque el comandante de la "St. Mary's" debía regresar pronto a San Juan del Sur.

De consiguiente Henningsen y Waters salieron para el cuartel general de los Aliados, y lo que allí pasó lo dirá mejor el informe que Henningsen presentó a Walker por escrito el 2 de mayo. Este informe dice así:

"De acuerdo con las instrucciones que usted me dio por la noche del 30 de abril, me dirigí con el coronel Waters al campo enemigo de las Cuatro Esquinas, para conferenciar en su nombre con el capitán Davis de la corbeta de guerra "St. Mary's" de los Estados Unidos. El capitán Davis manifestó que tenía datos que a su juicio hacían insostenible la situación de usted en Rivas y que por consiguiente y para evitar que se siguiese derramando sangre inútilmente, había entablado negociaciones con los Aliados para la evacuación de dicha plaza, siempre que le fuera posible obtener el concurso de usted".

"Estos datos eran: primero, que el coronel Lockridge se había retirado a los Estados Unidos con todas las fuerzas de usted, dejando al enemigo dueño del río de San Juan; segundo, que la Compañía del Tránsito tenía la intención de no mandar más vapores a San Juan del Sur; tercero, que usted sólo tenía ya provisiones para unos pocos días y que sus filas se estaban debilitando rápidamente por causa de la deserción. En tales circunstancias y considerando que la situación de usted en Rivas era desesperada, le proponía entregarle a él esta plaza y que usted y su estado mayor le acompañasen a San Juan del Sur para ser transportados a Panamá en la "St. Mary's", que el resto del ejército y los ciudadanos fueran también transportados a Panamá, vía Tortugas y Puntarenas, después de entregarle a él sus armas, conservando los oficiales sus espadas.

Respondíle que el entrar usted a considerar esta proposición, dependía de que se convenciese de haber evacuado Lockridge y su gente el río de San Juan, por cuanto el motivo principal que usted tenía para defender a Rivas hasta el último instante, era el temor de que Lockridge llegase y se encontrara con la ciudad en poder del enemigo; que en cuanto a ser la situación de usted desesperada, era cierto que no le sería posible mantenerse en Rivas mucho más tiempo, por falta de provisiones; pero que usted podría abrirse paso por entre las líneas enemigas y marchar en cualquier dirección en el momento actual; que si usted llegaba a debilitarse todavía más, siempre podría abrirse paso al Pacífico y embarcarse en San Juan o en algún otro punto de la costa en su goleta "Granada", que tenía a bordo dos cañones de a seis y un almacén de armas, cartuchos, pertrechos de artillería, pólvora y plomo.

Acerca de esto el capitán Davis observó que debía informarme desde luego que su resolución inquebrantable era no dejar salir del puerto la goleta "Granada", así como tomar posesión de ella antes de zarpar de San Juan del Sur, lo cual iba a tener que hacer dentro de pocos días; que estaba procediendo en virtud de instrucciones de su superior, de su comandante en jefe[101]; que después de haber terminado el gobierno anterior en Washington, se habían recibido instrucciones del nuevo, sin haber en ellas nada que pudiera alterar la línea de conducta que él se proponía seguir; pero que preferiría que yo tomara todo esto como si no se hubiese dicho, y que usted considerase que él estaba procediendo bajo su sola responsabilidad. Observéle que su resolución era de suma importancia y que probablemente provocaría un paso definitivo; por lo tanto, le pedí que me repitiese deliberadamente si tenía la firme determinación de apresar la goleta "Granada".

Contestó que estaba invariablemente resuelto a no permitir que la "Granada" saliese del puerto de San Juan y a apoderarse de ella antes de hacerse a la vela. Respecto de la evacuación del río de San Juan por el coronel Lockridge y su gente, dijo que estaba enteramente convencido de la certeza del hecho, así por las averiguaciones practicadas por su teniente McCorkle, como por haber leído un contrato de pasajes para los Estados Unidos, firmado por Scott y los oficiales del escuadrón británico, además de otras pruebas que confirmaban el hecho. Observé que podían haberle engañado con documentos falsos y le pregunté si C. J. Macdonald, agente de la Compañía del Tránsito, cuya experiencia hacía que su opinión fuera inapreciable, compartía sus convicciones.

El capitán Davis contestó que Mr. Macdonald se había convencido del hecho mediante el informe dado por el teniente McCorkle; pero que él, Davis, con plena conciencia de la responsabilidad que asumía, garantizaba la autenticidad de la noticia. Por consiguiente consentí en comunicar a usted esta conversación y en someterle las siguientes proposiciones del capitán Davis, únicas que tienen probabilidad de ser

---

[101] El comandante en jefe aludido era probablemente el comodoro Mervine. Este era, según se le ha dicho al autor, un antiguo e íntimo amigo del secretario Marcy, y ambos, Mervine y Davis, fueron enviados al Pacífico en enero de 1857. Los dos recibieron indudablemente instrucciones verbales mucho más precisas y terminantes que sus órdenes escritas. Poco después de llegar Davis a Panamá, directamente de Nueva York, tomó el mando de la «St. Mary's» y se hizo a la vela para San Juan del Sur. N. del A.

aceptadas, y son, a saber: que usted y diez y seis oficiales de su elección, con sus armas, caballos y bagajes, saldrán de Rivas para embarcarse en San Juan con destino a Panamá; que Rivas y su guarnición se rendirán al capitán Davis; que los oficiales, empleados públicos y ciudadanos, serán transportados por otra vía a Panamá, acompañándolos un oficial de los Estados Unidos y bajo la garantía de la bandera americana. A las 2 a. m. del 1º de mayo regresé a Rivas, habiendo prometido la respuesta de usted para las 10 de la mañana y volver personalmente si no se rompe la negociación".

En las proposiciones sometidas por Henningsen no se decía nada de los nicaragüenses hijos del país que estaban en Rivas. Walker informó a Henningsen que no firmaría ni convendría en nada si no se daban amplias garantías tocante a las personas y propiedades de los nicaragüenses del país. De suerte que al regresar Henningsen a las 10 a. m. del 1º de mayo con el borrador de un convenio que debían firmar Walker y Davis, este documento contenía una cláusula para la protección de todos los naturales de Centro América que se encontraban en Rivas. El convenio sometido a Davis y que éste firmó dice:

"Rivas, 1º de mayo de 1857.

"El general William Walker, por una parte, y el comandante H. Davis de la marina de los Estados Unidos, por otra, han celebrado un convenio en que se estipula lo siguiente:

"Primero, el general William Walker y diez y seis oficiales de su estado mayor saldrán de Rivas con sus espadas, pistolas y bagajes personales, garantizándoles el capitán Davis de la marina de los Estados Unidos que no serán molestados por el enemigo y se les permitirá embarcarse a bordo del barco de guerra de los Estados Unidos "St. Mary's", en el puerto de San Juan del Sur, obligándose dicho capitán Davis a transportarlos de modo seguro a Panamá en la "St.Mary's".

"Segundo, los oficiales del ejército del general Walker saldrán de Rivas con sus espadas, bajo la garantía y la protección del capitán Davis, el cual se obliga a hacer que se les transporte de modo seguro a Panamá, al cuidado de un oficial de los Estados Unidos.

"Tercero, los soldados y los individuos de clase, los ciudadanos y empleados de las oficinas, heridos o ilesos, se rendirán con sus armas al capitán Davis o a uno de sus oficiales, quedando bajo la protección y el mando de éste, el cual se obliga a hacer que se les transporte de modo seguro a Panamá, al cuidado de un oficial de los Estados Unidos, en distintos barcos que los desertores y sin que se les ponga en contacto con éstos.

"Cuarto, el capitán Davis se obliga a obtener la garantía y por el presente la da él de que a todos los naturales de Nicaragua o de Centro América que están actualmente en Rivas y se rindan bajo la protección del capitán Davis, se les permitirá residir en Nicaragua y se les garantizarán sus vidas y haciendas.

"Quinto, está convenido que a los oficiales que tengan sus esposas y familias en San Juan del Sur, se les permitirá quedarse allí bajo la protección del cónsul de los Estados Unidos, hasta que se les presente la oportunidad de embarcarse para Panamá o San Francisco.

"El general Walker y el capitán Davis se comprometen mutuamente a que este convenio se cumpla de buena fe".

Se notará que el convenio fue celebrado exclusivamente entre Walker y Davis y que en él no se menciona a los Aliados, sino con la expresión de "el enemigo". Y si no fuera por la extraña conducta observada después por el comandante Davis, tampoco sería necesario decir que no se hicieron ni celebraron más arreglos que el que firmaron las respectivas partes.

Después de haber aceptado Davis las condiciones del convenio, Henningsen regresó a Rivas y ordenó que los cañones, la fundición y las municiones se destruyesen, rompiendo los muñones y aserrando por el medio las cureñas de las piezas, quebrando la máquina de vapor, el fuelle y el cubilote de la fundición, y echando las municiones y la pólvora en los pozos del patio del arsenal.

"Así se destruyeron en el arsenal —dice el informe de Henningsen— dos obuses de bronce de a doce, tres cañones de hierro de a seis; cuatro morteros livianos de hierro de a doce; cuatro cañones de bronce tomados al enemigo, a saber: uno de a cuatro y tres de a cinco; en el parque, cincuenta y cinco mil cartuchos, trescientos mil fulminantes, quinientas libras de pólvora.

Quedaron sin destruir: cincuenta y cinco granadas, trescientas veinte balas de a veinticuatro (disparadas sobre Rivas por el enemigo), doscientas cuarenta balas de hierro de a seis, fundidas con proyectiles del enemigo, metal de campanas o plomo".

Mientras Swingle y Potter, dirigidos por Henningsen, ejecutaban las órdenes dadas para la destrucción de lo que había en el arsenal y el parque, Walker hizo venir al cirujano mayor Coleman y, habiéndole informado del convenio hecho con Davis, le dio instrucciones de quedarse al frente del hospital y ver que los enfermos y heridos fuesen debidamente atendidos. En seguida hizo Walker una lista de los oficiales que debían acompañarle a bordo de la "St. Mary's" y les notificó que se preparasen en el acto para ir a San Juan del Sur. Los oficiales escogidos fueron: Hennigsen, Hoof, Brady, Natzmer, Waters, Henry, Swingle, Rogers, Tucker, Kellum, McAllenny, West, Williamson, McEachin, McMichael, Hankins y Bacon. A eso de las cinco de la tarde el comandante Davis llegó con Zavala al cuartel general de Walker, y Henningsen y Davis se fueron a la plaza donde estaba formada toda la guarnición.

La orden del día, en la cual se insertó el convenio celebrado entre Walker y Davis, les fue leída a las tropas y se entregó la guarnición al comandante de la "St. Mary's". El estado de esta guarnición, al hacerse la entrega, era el siguiente: heridos y enfermos, dentro y fuera del hospital, cirujanos y enfermeros, 173; prisioneros, 102; oficiales, individuos de clase y soldados, excluidos los 16 que iban a San Juan,148; funcionarios públicos y ciudadanos armados, 86; soldados del país, 40. Mientras estaba Henningsen entregando la guarnición a Davis, Walker, acompañado de los oficiales que había escogido y del general Zavala, salió a caballo de Rivas, tomando el camino de San Juan del Sur. En la noche del 1° de mayo, pocas horas después de haber salido de Rivas, los oficiales nicaragüenses estaban a bordo de la "St. Mary's".

El comandante Davis no llegó a su barco hasta por la mañana del 2. A poco rato de estar a bordo propuso a Walker que se le entregase la goleta "Granada" sin hacer uso de la fuerza. La proposición fue por supuesto rechazada. Davis dijo entonces que Walker podría quedarse con las armas y municiones de la goleta, si se la entregaba a él. Esta era una propuesta de venta de la "Granada" con todas sus glorias del 23 de noviembre, por el miserable cargamento que tenía a bordo, y no había un solo militar al servicio de Nicaragua que no la hubiese rechazado con desprecio para el oficial que se olvidó de su honor hasta el punto de formularla. Momentos antes de la comida, el día 2, se fue Davis a tierra dejando a su primer teniente órdenes escritas para tomar la goleta. El cuaderno de bitácora de la "Granada" dice con fecha 2:

"A las 4 p. m. vino el teniente Maury a bordo de la goleta y me pidió que la entregase al capitán Davis. Preguntéle en virtud de qué. Me contestó que el capitán Davis creía de su deber apresarla, si yo no la entregaba, por considerarla comprendida en el tratado que celebró con el general Walker. Rehusé entregarla".

Entonces Maury regresó a la "St. Mary's" y pidió a Walker que ordenase a Fayssoux entregarle a él la goleta. Walker respondió que sólo daría la orden en el caso de que la "St. Mary's" hiciese una demostración de fuerza irresistible. Maury ordenó apuntar todos los cañones de una banda del barco a la goleta y entonces se le entregó la orden de rendición. El cuaderno de bitácora sigue diciendo:

"Maury regresó al cabo de media hora con una orden del general Walker para la entrega de la goleta a los Estados Unidos; venía acompañado de 100 hombres armados y un obús. A las 4 y 30 p. m. fue arriada la bandera nicaragüense; se enarboló en su lugar la de los Estados Unidos y mi tripulación se envió a tierra".

Por último, el 4 de mayo fue entregada la "Granada" a Costa Rica y la recibió en nombre de dicha República un ayudante de Cañas, un negro de Jamaica conocido con el nombre de capitán Murray.

Este final era digno de los trabajos combinados de las fuerzas navales británicas y de los Estados Unidos para expulsar a los americanos de Nicaragua. El descendiente de antepasados revolucionarios[102], cuyo nombre de Irvine era el mismo de un abuelo que fue general en la guerra de la Independencia; el nombre que por la pureza y la integridad de su carácter habría sido gala del ejército de cualquier potencia en uno u otro continente, se vio obligado a inclinarse ante un negro, súbdito de Su Majestad Británica, oficial al

---

[102] El abuelo paterno del capitán Fayssoux era cirujano mayor de las fuerzas de la Carolina durante la guerra de la Independencia; su abuelo materno fue el general Irvine, que mandaba una división a las órdenes de Washington cuando éste atravesó el Delaware. N. del A.

servicio de la República de Costa Rica. Un poeta no podría imaginar nada más sorprendente ni más característico.

***

Encontrándome ocioso contra mi voluntad, he procurado referir clara y concisamente la historia del principio, desarrollo y terminación —por ahora— de la guerra de Nicaragua. Es indudable que muchos actos de valor y algunos nombres meritorios no han sido mencionados como lo merecen, porque he debido escribir casi enteramente de memoria, disponiendo de pocos periódicos o documentos para refrescar la memoria de cosas que pasaron hace ya algún tiempo. He procurado sobre todo exponer tan claramente como me ha sido posible las causas de la guerra, el modo como ésta se hizo y las circunstancias relativas a su terminación.

Dije en la última orden general dictada en Rivas: "Reducidos como estamos a nuestra situación actual por la cobardía de algunos, la incapacidad de otros y la felonía de muchos, el ejército ha escrito sin embargo una página de historia americana inolvidable o imborrable. Debemos esperar que la posteridad nos hará justicia, si no nos la hacen ahora". Lo que por ignorancia llaman "filibusterismo" no es el producto de una pasión impaciente o de un deseo inmoderado; es el fruto de los instintos seguros e infalibles que obran de acuerdo con leyes tan antiguas como la Creación. Sólo los necios hablan de establecer relaciones perdurables, sin el empleo de la fuerza, entre la raza americana pura, tal como existe en los Estados Unidos, y la raza mestiza hispanoindia, tal como se encuentra en México y Centro América.

La historia del mundo no ofrece una visión tan utópica como la de una raza inferior sometiéndose mansa y pacíficamente a la influencia dominadora de un pueblo superior. Doquiera que la barbarie y la civilización o dos formas distintas de civilización se encuentren frente a frente, el resultado tiene que ser la guerra. Por consiguiente, la lucha entre el elemento viejo y el nuevo en la sociedad nicaragüense, no era pasajera o accidental, sino natural e inevitable. La guerra de Nicaragua ha sido la primera consecuencia clara y precisa del encuentro de las dos razas que habitan el norte y el centro del continente. Pero ya que la lucha se originó en leyes naturales, confío en que la narración anterior demuestra que los de la raza más fuerte estuvieron siempre con el derecho y la justicia, y si así sostuvieron su causa en Centro América, no deben dudar de su futuro triunfo. Ni los reyes ni los presidentes pueden contener un movimiento fundado en la verdad y guiado por la justicia, y los mismos obstáculos que se le ponen en el camino, no hacen más que preparar a los perjudicados para el desempeño del papel que les corresponde en la historia del mundo. Sólo un lector ciego en cuanto a las cosas del pasado no aprende que la Providencia adiestra a sus agentes destinados a realizar grandes designios, por medio de pruebas, sufrimientos y persecuciones. "Con la cruz vencerás". Esto mismo aparece tan claramente escrito en las páginas de la Historia, como cuando el atónito emperador lo vio brillar en el cielo con letras de luz. En las dificultades mismas con que los americanos de Nicaragua tuvieron que luchar, veo el presagio de su triunfo. Por consiguiente, séame permitido decir a los que fueron mis camaradas: Tened ánimo, no os descorazonéis ni perdáis la paciencia; porque es seguro que a la postre triunfarán nuestros trabajos y esfuerzos. No tenemos donde escoger: el honor y el deber nos mandan seguir adelante por el camino que emprendimos, y no podemos desoír la orden. Por los huesos de los muertos que yacen en Masaya, Rivas y Granada, yo os suplico que no abandonéis nunca la causa de Nicaragua. Que vuestro primer pensamiento al abrir los ojos por la mañana y el último al cerrarlos por la noche sea el de conseguir los medios para volver a la tierra de donde nos trajeron injustamente. Y con sólo que seamos fieles a nosotros mismos, aun es tiempo de que todo termine bien.

www.ingramcontent.com/pod-product-compliance
Lightning Source LLC
Chambersburg PA
CBHW061556120626
46550CB00004B/1508